汽车使用性能与检测技术

全国汽车类情境·体验·拓展·互动"十二五"理实一体化规划教材

主　编　栾庭森
副主编　付华山　刘　涛　李佳民
　　　　常俊涛
编　者　邬　婧　徐　伟　高　岩
　　　　谢计红　李小庆

哈尔滨工业大学出版社

内 容 简 介

本书在编写过程中注重以提高读者的职业实践能力和职业素质为宗旨,依据高等学校教育的培养目标、围绕高等学校教学特点,立足"学以致用、基础扎实、突出能力"的教学原则进行编写。以汽车检测国家职业标准为依据,科学确定本书的任务目标和课时计划,合理安排本书的知识结构和能力结构,注重知识的系统性;强调理论与实际的联系,注重各种理论分析方法的实用性和可操作性,以求提高学习者解决实际问题的能力。

本书适合于各类普通高等学校汽车检测与维修技术、汽车运用技术及汽车技术服务与营销等专业学生使用,也可作为培训机构的教学用书,还可供相关的工程技术人员参考。

图书在版编目(CIP)数据

汽车使用性能与检测技术/栾庭森主编. —哈尔滨:哈尔滨工业大学出版社,2014.7
ISBN 978-7-5603-4769-1

Ⅰ.①汽⋯ Ⅱ.①栾⋯ Ⅲ.①汽车-性能检测-高等职业教育-教材 Ⅳ.①U472.9

中国版本图书馆 CIP 数据核字(2014)第 121520 号

责任编辑	范业婷 高婉秋
出版发行	哈尔滨工业大学出版社
社　　址	哈尔滨市南岗区复华四道街 10 号　邮编 150006
传　　真	0451-86414749
网　　址	http://hitpress.hit.edu.cn
印　　刷	三河市越阳印务有限公司
开　　本	850mm×1168mm　1/16　印张 16.5　字数 499 千字
版　　次	2014 年 7 月第 1 版　2014 年 7 月第 1 次印刷
书　　号	ISBN 978-7-5603-4769-1
定　　价	35.00 元

(如因印装质量问题影响阅读,我社负责调换)

前言

本书以提高读者的职业实践能力和职业素质为宗旨,依据高等学校教育的培养目标,围绕高等学校教学特点,立足"学以致用、基础扎实、突出能力"的教学原则进行编写。除了对必要的检测原理及评价标准等内容做一定深度的阐述外,主要注重提高读者的实践能力,突出实用性和先进性。

随着汽车保有量的迅速增加,汽车对人类影响也越来越大。汽车品牌众多,使用性能差异较大。如何能够对汽车的使用性能进行正确评价及检测是汽车检测、维修人员应具备的基本能力。

本书应用

本书适合于各类普通高等学校汽车检测与维修技术、汽车运用技术及汽车技术服务与营销等专业学生使用,也可以作为培训机构的教学用书,还可供相关工程技术人员参考。

相应的工作任务及职业要求如下:

●检测工岗位。能够在汽车检测场(站)完成具体检测工位的汽车检测工作,并对检测结果进行评价。

●总检。能够对汽车综合性能进行评价,能根据检测结果分析汽车故障。

●汽车维修质量检验员。在汽车4S店及综合修理厂进行汽车维修前、维修过程中及维修后检验。

●汽车维修工。能够根据检测结果分析汽车故障,并借助维修手册进行汽车故障排除。

本书创新点、特色

1. 突出"做中教、做中学"的职业教育特色,适应课程与教学改革的多样性需求。体现专业与行业、职业岗位对接,专业课程内容与职业标准对接,教学过程与生产过程对接,学历证书与职业资格证书对接,职业教育与终身学习对接的职业教育教学改革方向。

2.体现项目教学的课程教学理念。以职业岗位的典型工作任务为驱动,按照工作过程系统化组织学习内容。每个学习任务中先陈述工作任务,然后给出完成工作任务所需的知识、检测方法、检测结果分析及评价。每个学习任务都包含知识学习和能力运用,是工作要求、工作对象、工具、方法与工作组织方式的有机整体。

3.采用全新的呈现形式。一是采用大量的可视化的表格和图形,帮助学生能够有条理地、简便地了解主要知识点;二是每个学习任务内容采用全新的编排模式:首先说明教学目标,然后给出任务描述和该项任务的工作引导,再根据工作引导展现教材内容。每个学习任务还增加了任务实施、扩展课堂和学习效果评价,以达到提升学生综合能力的学习目标。

4. 本教材配套资源丰富,配有资源库和PPT教学课件,为授课教师授课及学员学习提供方便。

本书内容

学习任务	内　　容	建议课时	授课类型
学习任务1	汽车使用性能及检测技术认知	10	理实一体化
学习任务2	车辆外观、灯光系统及底盘动态检查	6	理实一体化
学习任务3	汽车动力性检测	6	理实一体化
学习任务4	汽车燃油经济性检测	6	理实一体化
学习任务5	汽车行驶安全性能检测	14	理实一体化
学习任务6	前照灯检测	18	理实一体化
学习任务7	汽车排放与噪声检测	22	理实一体化

在编写过程中编者参考了相关学科资料,吸取了有关书籍和当前颁布的最新法规,在此一并向相关资料作者表示最诚挚的谢意。

由于编者的水平有限,书中难免存在不足之处,恳请专家、同仁和广大读者批评指正。

编　者

编审委员会

主　任：徐向阳
副主任：许洪国　陈传灿　陈　科　贝绍轶
委　员：（排名不分先后）

刘　锐	刘振楼	郭建明	卢　明
陈曙红	纪光兰	寿茂峰	徐　昭
高丽洁	王小飞	邵林波	付慧敏
罗　双	郭　玲	庞成立	王爱国
赵　彦	胡雄杰	赵殿明	汲羽丹
辛　莉	刘孟祥	贾喜君	徐立友
张明柱	姚焕新	刘　红	张芳玲
王清娟	廖中文	陈　翔	张　军
李胜琴	任成尧	高洪一	李群峰
黄经元	苗春龙	张思杨	刘文霞
栾庭森			

本书学习导航

任务目标
通过本任务的目标掌握具体的知识点。

任务描述
将任务的起因及需要的结果描述出来,有助于更加顺畅地完成任务。

课时计划
建议课时,供教师参考。

情境导入
通过实际工作情境的描述,引导学生思考,从而引出所需理论和实践内容。

任务实施
"情境导入"中具体问题的解决方法和步骤,包括说明、技术标准与要求、设备器材、作业准备、操作步骤、记录与分析等。

评价体会
从知识点和技能点考查学生对本任务内容的掌握情况,使学生的实践操作能力得到进一步提高。

任务工单
以工作页形式呈现。技能考核设置实训项目,以考评的方式,考核学生对知识的实际运用能力,包括相关资讯、计划与决策、实施、检查与评价等。

目录 CONTENTS

学习任务 1 汽车使用性能及检测技术认知 / 1

项目 1.1　汽车使用性能知识 / 2
项目 1.2　汽车使用性能检测法规解读 / 10

学习任务 2 车辆外观、灯光系统及底盘动态检查 / 25

项目 2.1　车辆外观及灯光系统检查 / 26
项目 2.2　底盘动态检查 / 32

学习任务 3 汽车动力性检测 / 39

项目 3.1　分析影响汽车动力性的因素 / 40
项目 3.2　汽车动力性检测 / 56

学习任务 4 汽车燃油经济性检测 / 66

项目 4.1　汽车燃油经济性评价指标及影响因素 / 67
项目 4.2　汽车燃油经济性的检测方法 / 75

学习任务 5 汽车行驶安全性能检测 / 92

项目 5.1　汽车制动性能检测 / 93
项目 5.2　汽车车轮侧滑及四轮定位检测 / 102
项目 5.3　汽车悬架检测 / 110
项目 5.4　汽车车速表检测 / 114
项目 5.5　汽车车轮动平衡检测及扒胎 / 117

学习任务 6 前照灯检测 / 130

项目 6.1　前照灯检测 / 131
项目 6.2　前照灯光束照射位置调整 / 140

学习任务 7 汽车排放与噪声检测 / 148

项目 7.1　分析汽车排放超标的原因 / 149
项目 7.2　点燃式发动机排气污染物检测 / 155
项目 7.3　压燃式发动机汽车排气烟度检测 / 164
项目 7.4　汽车噪声 / 172

参考文献 / 192

学习任务 1

汽车使用性能及检测技术认知

【任务目标】

1. 能够对具体车型的使用性能进行评价。
2. 能够识别汽车检测站的类型,并能描述其功能。
3. 能够分析汽车检测站的工艺布局。
4. 能够制定检测工作流程。
5. 能够独立查阅相关法规。
6. 能够解读法规中的内容。

【任务描述】

汽车是现代社会重要的交通工具,用来实现门到门的便捷服务。

汽车检测是评价车辆性能、判断故障原因、考核维修质量的重要手段,是车辆运输业对车辆技术管理的主要内容。它是检查、鉴定车辆技术状况和维修质量的重要手段,是促进维修技术发展,实现视情修理的重要保证。汽车性能检测主要包括:汽车的动力性、经济性、安全性和制动性等内容,并对汽车实行定期和不定期安全运行和环境保护方面的检测,目的是在汽车不解体情况下建立安全和公害监控体系,确保汽车具有符合要求的外观和车貌、良好的安全性能以及环境相容性,最终在安全、高效和低污染状态下运行。

【课时计划】

项 目	项目内容	参考课时	备 注
1.1	汽车使用性能知识	4	理实一体化
1.2	汽车使用性能检测法规解读	2	理实一体化
	综合实训	4	实验

项目 1.1　汽车使用性能知识

情境导入

某市由于近年来汽车保有量迅速增加,按需求在城东区新建一个汽车检测站,招收了一批新员工,要求对其培训上岗。公司请你作为培训师,完成对新员工的培训任务。

分析:

作为汽车检测站的员工,应该具备的相关知识和技能有:

(1)汽车使用性能评价指标;

(2)汽车检测站的职能;

(3)汽车检测站的检测项目和设备名称;

(4)汽车检测站的检测工艺;

(5)安全、环保意识。

理论引导

1.1.1　汽车使用性能分析

1. 汽车使用性能定义

一定使用条件下,汽车以最高效率工作的能力,称为汽车使用性能。它是决定汽车利用效率和方便性的结构特性表征。其主要内容包括:

(1)容量:额定装载质量、单位装载质量、货箱单位有效容积、货箱单位面积、座位数和可站立人数。

(2)使用方便性:操纵方便性、出车迅速性、乘客上下车和货物装卸方便性、可靠性和耐久性、维修性、防公害性。

(3)燃料经济性:最低燃料耗量、平均最低燃油耗量。

(4)速度性能:动力性、平均技术速度。

(5)越野性、机动性:最低离地间隙、接近角、离去角、前后轴荷分配、轮胎花纹及尺寸、驱动轴数、最小转弯半径等。

(6)安全性:稳定性、制动性。

(7)乘坐舒适性:平顺性、设备完备。

2. 汽车使用性能评价指标

汽车的使用性能评价指标主要有:动力性、燃油经济性、制动性、操控稳定性、行驶平顺性以及通过性等。

(1)动力性。

汽车的动力性是用汽车在良好路面上直线行驶时所能达到的平均行驶速度来表示的。汽车动力性主要用三个方面的指标来评定:最高车速、汽车的加速时间、汽车的爬坡能力。

最高车速是指汽车在平坦良好的路面上行驶时所能达到的最高速度。数值越大,动力性就越好。

汽车的加速时间表示汽车的加速能力,又称为速度反映能力,它对汽车的平均行驶车速有很大的影响,特别是轿车,对加速时间要求更高,常用原地起步加速时间以及超车加速时间来表示。

汽车的爬坡能力是指汽车满载时所能爬上的最大坡度。

一般轿车的最高行驶车速为 150～200 km/h，原地起步至车速 80 km/h 的加速时间为 7～20 s；载货汽车的最高行驶车速一般为 85～120 km/h，最大爬坡度为 25%～30%。

(2) 燃油经济性。

汽车的燃油经济性常用一定工况下汽车行驶百公里的燃油消耗或一定燃油量能使汽车行驶的里程来衡量。在我国和欧洲，汽车燃油经济性指标的单位为 L/100 km，而在美国，则用 MPG 或 mi/gall 表示，即每加仑燃油能行驶的千米数。燃油经济性与很多因素有关，如行驶速度，当汽车在接近于低速的中等车速行驶时，燃油消耗量最低，高速时耗油量随车速增加而迅速增加。另外，汽车的保养与调整也会影响到汽车的油耗量。

(3) 制动性。

汽车行驶时在短距离内停车且维持行驶方向稳定，以及汽车在长坡时维持一定车速的能力称为汽车的制动性。汽车的制动性能指标主要有制动效能、制动效能的恒定性、制动时汽车的方向稳定性和汽车的制动过程。

制动效能是指汽车的制动距离或制动减速度，用汽车在良好路面上以一定初速度制动到停车的制动距离来评价，制动距离越短制动性能越好。

制动效能的恒定性是指制动器的抗衰退性能，指汽车高速行驶下长坡连续制动时，制动器连续制动效能保持的程度。

制动时汽车的方向稳定性是指汽车制动时不发生跑偏、侧滑以及不失去转向能力的性能。主流车型均配置的 ABS、ESP 等就是为提高方向稳定性而配备的。

汽车的制动过程主要是指制动机构的作用时间。

(4) 操控稳定性。

汽车的操控稳定性是指司机在不感到紧张、疲劳的情况下，使汽车能按照司机通过转向系统给定的方向行驶，并且当遇到外界干扰时，汽车所能抵抗干扰而保持稳定行驶的能力。汽车操控稳定性通常用汽车的稳定转向特性来评价。转向特性有不足转向、过度转向以及中性转向三种状况。具有不足转向特性的汽车，在固定方向盘转角的情况下绕圆周加速行驶时，转弯半径会增大；具有过度转向特性的汽车在这种条件下转弯半径则会逐渐减小；具有中性转向特性的汽车转弯半径不变。易操控的汽车应当有适当的不足转向特性，以防止汽车出现突然甩尾现象。

(5) 行驶平顺性。

行驶平顺性是保持汽车在行驶过程中，乘员所处的振动环境具有一定的舒适度的性能。这与汽车的底盘参数、车身几何参数，以及汽车的动力性以及操控性等有密切关系。

(6) 通过性。

通过性是指车辆通过特殊路况的能力。通过能力强的车子，可以轻松翻越坡度较大的坡道，可以放心地驶入一定深度的河流，也可以高速地行驶在崎岖不平的山路上，在城市中也不用为停车上下路缘石而担心。总之良好的通过性可以让驾驶者到达更多想去的地方，充分体验征服自然的感觉。

1.1.2 汽车检测站知识

汽车检测站是受国家有关主管部门（公安或交通部门）的委托，按国家有关法律、法规和标准规定，借助现代先进的检测仪器和设备，综合运用现代检测技术，对汽车实施不解体检测的机构。汽车检测站能检测出车辆的各种参数并诊断出可能存在的故障，为全面、准确评价汽车的使用性能和技术状况提供可靠的依据。

1. 汽车检测站的组成和类型

汽车检测站主要由一条或几条检测线组成。独立而完整的检测站除检测线外，还应包括停车场、清洗站、泵气站、维修车间和办公区等组成部分。

根据检测站职能的不同，检测站可分为安全环保检测站和综合性能检测站。它们分属于公安部门和交通部门管理。

根据检测线自动化程度的不同,检测线可分为手动线(检测设备彼此独立)、半自动线(检测设备由计算机控制数据采集、处理和打印结果)和全自动线(在半自动线基础上添加操作过程的控制和指示)。

(1)安全环保检测站。

安全环保检测站(图1.1)是一种专门从事定期检查运行车辆是否符合有关安全技术标准、防止公害等法规的规定而执行监督任务的检测站,由公安部门管理,是国家的执法机构。它一般是针对汽车行驶安全和对环境的污染程度进行总体检测,并与国家有关标准比较,给出"合格"或"不合格"的结果,而不进行具体的故障诊断和分析。检测结果作为发放或吊扣车辆行驶证的依据。

图1.1 安全环保检测站

(2)维修检测站。

维修检测站(图1.2)通常由汽车运输企业或维修企业建立,其作用是为车辆维修部门服务。它以汽车性能检测和故障诊断为主要内容,这种检测站通过在汽车维修前进行技术状况检测和故障诊断,可以确定汽车的附加作业、小修项目以及车辆是否需要大修;同时通过对维修后的汽车进行技术检测,可以监控汽车的维修质量。

图1.2 维修检测站

(3)综合检测站。

综合检测站(图1.3)既能担负车辆安全、环保方面的检测任务,又能担负汽车维修中的技术检测,还能承担科研、制造和教学等部门的有关汽车性能的试验和参数测定。这种检测站设备多而齐全,自动化程度高,既可进行快速检测,以适应年检要求,又可以进行高精度的测试,以满足技术评定的需要。这种检测站的检测结果可作为交通运输管理部门发放或吊扣营运证的依据,以及作为确定维修单位车辆维修质量的凭证。

图1.3 综合检测站

2．汽车检测站检测项目

(1) 汽车检测站的类型与职能。

汽车检测站主要由一条至数条检测线组成。安全检测站一般由一条至数条安全环保检测线组成。其中，一条为大、小型汽车通用自动检测线，另一条为小型汽车(轴重小于等于500 kg)的专用自动检测线，除此以外，还配备一条新车检测线，以供新车登录、检测之用。如图1.4所示为双线综合检测站平面布置示意图。综合检测站一般由安全环保检测线和综合检测线组成，可以各一条，也可以各数条。我国交通系统建成的检测站大多属于综合检测站，一般由一条安全环保检测线和一条综合检测线组成。

图1.4 双线综合检测站平面布置图

①安全环保检测线。

安全环保检测线包括手动式和半自动式两种检测方式，一般由外观检查工位、侧滑制动车速表工位和灯光尾气工位三个工位组成。全自动式安全环保检测线既可以由上述三个工位组成，也可以由四个工位或五个工位组成。五个工位一般包括汽车资料输入及安全装置检查工位、侧滑制动车速表工位、灯光尾气工位、车底检查工位、综合判定及主控制室工位。五工位全自动安全环保检测线如图1.5所示。

安全环保检测线不管工位如何划分，也不管工位顺序如何编排，其检测项目是固定的，因而均布置成直线通道式，以便于进行流水作业。

②维修检测站。

维修检测站通常由汽车运输企业或维修企业建立，其作用是为车辆维修部门服务。它以汽车性能检测和故障诊断为主要内容，这种检测站通过对汽车维修前技术状况检测和故障诊断，可以确定汽车附加作业、小修项目以及车辆是否需要大修，同时通过对维修后的汽车进行技术检测，可以监控汽车的维修质量。

③综合检测线。

综合检测线一般有全能综合检测线和一般综合检测线两种类型。全能综合检测线设有包括安全环保检测线的主要检测设备在内的比较齐全的工位，而一般综合检测线设置的工位不包括安全环保检测线的主要检测设备。

综合检测线即为全能综合检测线。它由外观检查及车轮定位工位、制动工位和底盘测功工位组成，能对车辆技术状况进行全面检测诊断，必要时也能对车辆进行安全环保检测。这种检测线的检测设备多，检测项目齐全，与安全环保检测线互不干扰，因而检测效率相对较高，但建站费用也高。

综合检测线上各工位的车辆，由于检测项目不一，检测深度不同，很难在相同的时间内检测完毕，容易造

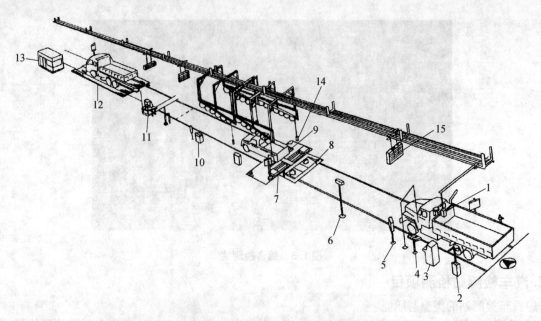

图 1.5　五工位全自动安全环保检测线

1—进线指示灯;2—烟度计;3—汽车资料登录计算机;4—安全装置检查不合格项目输入键盘;5—烟度计检验程序指示器;6—电视摄像机;7—制动试验台;8—侧滑试验台;9—车速表试验台;10—废气分析仪;11—前照灯检测仪;12—车底检查工位;13—主控制室;14—车速表检测申报开关;15—检验程序指示器

成检测堵车现象。为此可在各工位横向位置布置成尽头式或其他形式,以提高检测效率。

(2)汽车检测站的检测工艺。

①检测站工艺路线。

对于一个独立而完整的检测站,汽车进站后的工艺路线流程如图 1.6 所示。

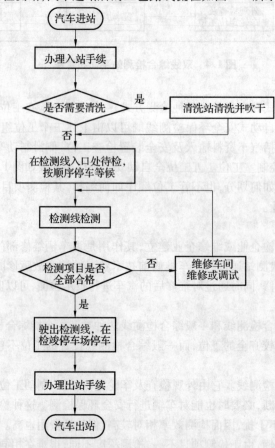

图 1.6　汽车进站后的工艺路线流程

②检测线工艺路线。

a. 安全环保检测线。

安全环保检测线工艺路线流程图如图 1.7 所示。

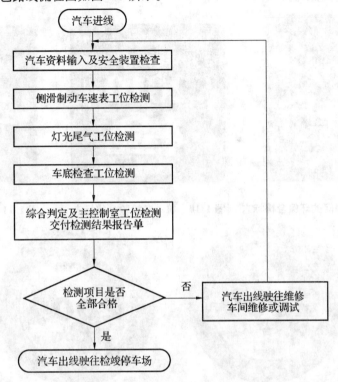

图 1.7　安全环保检测线工艺路线流程图

b. 综合检测线。

全能综合检测线工艺路线流程图如图 1.8 所示。

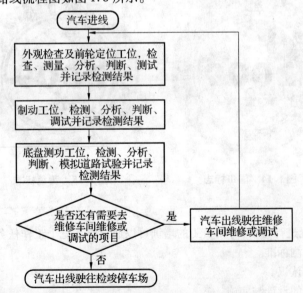

图 1.8　全能综合检测线工艺路线流程图

当国家举办重要活动和集会时,出于环境保护的需要,还会临时增加车辆的环保性能检测,并发放相应的环保合格标志。如图 1.9 所示为北京奥运会期间的环保合格标志。

机动车检验合格标志和机动车环保合格标志应贴于不影响驾驶员视线的机动车前挡风玻璃的右内侧处，以便车外检验。合格标志上打孔的月份表示该车下一年度进行检验的月份，如图1.10～1.15所示为检验合格标志和环保合格标志示例。

图1.9　北京奥运会期间的环保合格标志　　图1.10　机动车检验合格标志　　图1.11　机动车环保合格标志

图1.12　国Ⅰ标志　　　　　　　　图1.13　国Ⅱ标志

图1.14　国Ⅲ标志　　　　　　　　图1.15　黄色标志

任务实施

针对情境导入中的情况进行分析,对新员工的培训可以通过以下三个工作任务来完成：
(1)汽车检测制度和检测标准。
(2)汽车检测站的总体认识。
(3)车辆检测工艺流程的设计与实施。

检测工艺流程即某一汽车接受检测的全过程。以如图1.4所示全自动安全环保检测线的全工位检测为例予以说明,见表1.1。

表1.1　全自动安全环保检测线说明

操作环节	对应项目	具体程序
1	汽车资料输入及安全装置检查工位	(1)汽车资料输入：汽车资料登录计算机一般放置在进线控制室或检测线入口处，由登录员操作。经过清洗并已吹干的汽车在检测线入口处等候进线。进线指示灯红色为等待，绿色(或蓝色)为开进。当绿色指示灯亮时，汽车进入检测线停在第一工位上，由登录员根据行车执照和报检单，向登录计算机输入被检车辆资料，并发往主控制计算机，由主控制计算机安排检测程序 (2)安全装置检查工位：汽车在本工位停稳后，由检查人员进行汽车上部的灯光和安全装置的外观检查，可简称为L工位
2	侧滑制动车速表工位	(1)侧滑检测：让汽车低速驶过侧滑试验台，此时不可转动方向盘。通过后，第二指示器即可显示侧滑检测结果 (2)将前轮驶上轴重仪测量前轴重 (3)将前轮驶上制动试验台测量前轴制动力。按工位指示器的提示，将制动踏板踩到底，即可测得前轴制动效果。此时指示器会显示出检测结果。若结果不合格，允许重测一次 (4)后制动检测时，将后轮驶上制动试验台，按指示器的提示踩住制动踏板。指示器会显示后制动结果。若不合格，允许重测一次 (5)测量驻车制动(手制动)方法与测量前、后轮制动相同。可按指示器的提示拉住手制动杆。若不合格，允许重测一次 (6)车速表校验时，将后轮驶上车速表试验台，驾驶员手持测试按钮。慢踩加速踏板(油门)，当车速表指示40 km/h时按下测试按钮。指示器可显示检测结果，若不合格允许重测一次。测完后放松加速踏板，使车轮停转
3	灯光尾气工位	(1)将汽车停在与前照灯检测仪一定距离处(一般距离是3 m)，面向正前方。前照灯检测仪会自动驶入，分别测量左右灯远光的发光强度和照射方向。检测结果会在工位指示器上显示 (2)按指示器要求检测废气或烟度。测废气时，令发动机处于怠速状态，将探头插入排气管，几秒之后指示器即显示检测结果。测烟度时，应在发动机怠速状态下，将加速踏板迅速踩到底，几秒之后指示器也会显示检测结果。烟度检测要求测三次，取平均值 (3)噪声或喇叭音量测试时，按提示要求按喇叭约2 s，或按要求测量车内噪声，测完后，指示器会显示检测结果
4	车底检查工位	车底检查(Pit Inspection)工位，简称为P工位，此工位以人工方式检查车底情况，如部件连接是否牢固，有无变形或断裂，水、电、油、气有无泄漏等。检测人员通过对讲机或自制的按钮板等设备，将结果送至主控制计算机
5	综合判定及主控室工位	汽车到达本工位时检测项目已全部检测完毕，主控制计算机对各工位检测结果进行综合判定后，由打印机集中打印检测结果报告单，并由检测长送给被检汽车驾驶员

项目 1.2 汽车使用性能检测法规解读

情境导入

世界上每天都会有各类交通事故发生,2000年11月5日,在尼日利亚发生了一起世界上有史以来伤亡最惨重的公路交通事故——一辆满载汽油的油罐车突然冲进一列停在路旁等候通过的轿车车队中,当场发生剧烈的爆炸,造成近200人死亡、数百人受伤。

2006年8月14日下午,在北京丰台区大红门桥附近,发生一起因违章超车造成的严重的交通事故,无辜被撞的两厢夏利车被撞成一厢车。

分析:

纵观种种交通事故,引发的原因多种多样,但最常见的不外乎有如下几种:机动车驾驶员违章驾驶引起的、行人不遵守交通规则引起的,当然还有因为道路、环境因素或机动车机械失灵引起的。

汽车管理制度是政府部门对车辆使用者提供的社会服务内容,要求车辆使用者自觉遵守,这样才能保证在车辆使用过程中,给人们提供真正的便利与舒适。

理论引导

1990年3月7日交通部发布了13号部令《汽车运输业车辆技术管理规定》,凡是在我国从事道路汽车运输的单位和个人都属于此规定的管理范围。交通部13号令要求车辆技术管理以预防为主,遵照技术与经济相结合的原则,对车辆实行择优选配、正确使用、定期检查、强制维护、视情修理、合理改造、适时更新和报废的全过程综合管理。明确了车辆定期检测是车辆技术管理的一个重要组成部分,也是汽车检测站纳入车辆技术管理组织的主要依据。

1.2.1 《机动车安全行驶的技术条件》(GB 7258—2012)解读

1. 应用范围

本标准规定了机动车的整车及主要总成、安全防护装置等有关运行安全的基本技术要求及检验方法,同时还规定了机动车的环保要求及消防车、救护车、工程救险车和警车的附加要求。本标准适用于在我国道路上行驶的机动车。

2. 整车性能要求

(1)整车标志。

机动车均应在产品标牌上标明品牌、整车型号、制造年月、生产厂名及制造国家,各类机动车产品标牌应补充标明的项目见表1.2。产品标牌上标明的内容应规范、清晰耐久且易于识别,项目名称均应有中文名称。

表1.2 各类机动车产品标牌应补充标明的项目

机动车类型		应补充标明的项目
汽车[a]	乘用车[b]、客车[c]	车辆识别代号、发动机型号、发动机排量、发动机最大净功率或额定功率、最大设计总质量(以下简称为"总质量")、乘坐人数(乘员数)
	货车[d]	车辆识别代号、发动机型号、发动机最大净功率或额定功率、总质量、整车整备质量(以下简称为"整备质量")、最大设计牵引质量
	半挂牵引车	车辆识别代号、发动机型号、发动机最大净功率或额定功率、整备质量、牵引座最大设计静载荷、最大设计牵引质量
摩托车[e]		车辆识别代号、发动机型号、发动机排量或最大净功率、整备质量
组成拖拉机运输机组的拖拉机		出厂编号、发动机型号、发动机标定功率、使用质量、最大设计牵引质量
轮式专用机械车		车架号、发动机型号、发动机标定功率、整备质量、最高设计车速
挂车		车辆识别代号[f]、总质量、整备质量

注:a——电动汽车还应标明电动动力系统净功率和直流或交流标称电压
b——乘用车具备牵引功能时还应标明最大设计牵引质量
c——客车可不标发动机排量
d——货车没有牵引功能时可不标最大设计牵引质量
e——正三轮摩托车还应标明装载质量或乘坐人数,两轮摩托车及轻便摩托车可不标车辆识别代号
f——牵引杆挂车和中置轴挂车在未采用统一的车辆识别代号之前应标明车架号

(2)外廓尺寸。

汽车及汽车列车、挂车的外廓尺寸应符合 GB 1589—2004 的规定,摩托车及轻便摩托车、拖拉机运输机组的外廓尺寸限值见表1.3。

表1.3 摩托车及轻便摩托车、拖拉机运输机组的外廓尺寸限值 m

机动车类型		长	宽	高
摩托车	两轮普通摩托车	≤2.50	≤1.00	≤1.40
	边三轮摩托车	≤2.70	≤1.75	≤1.40
	正三轮摩托车	≤3.50	≤1.50	≤2.00
	两轮轻便摩托车	≤2.00	≤0.80	≤1.10
	正三轮轻便摩托车	≤2.00	≤1.00	≤1.10
拖拉机运输机组	轮式拖拉机运输机组	≤10.00[a]	≤2.50	≤3.00[a]
	手扶拖拉机运输机组	≤5.00	≤1.70	≤2.20

注:对标定功率大于 58 kW 的轮式拖拉机运输机组长度限值为 12.00 m,高度限值为 3.50 m

(3)后悬。

客车及封闭式车厢(或罐体)的机动车后悬不允许超过轴距的 65%。对于专用作业车和轮式专用机械车,在保证安全的情况下,其后悬可按客车后悬要求核算,其他机动车后悬不允许超过轴距的 55%。机动车的后悬均应不大于 3.5 m。

(4)轴荷和质量参数。

汽车及汽车列车、挂车的轴荷和质量参数应符合 GB 1589—2004 的规定。

机动车在空载和满载状态下,整备质量和总质量应在各轴之间合理分配,轴荷应在左右车轮之间均衡分配。

(5)核载。

①质量参数核定。

机动车最大允许总质量依据发动机功率、最大设计轴荷、轮胎的承载能力及正式批准的技术文件进行核算,并从中取最小值核定。

②乘用车乘坐人数核定。

前排座位按乘客舱内部宽度(系指驾驶员两侧门窗下缘,并在车门后支柱内侧量取)不小于 1 200 mm 时核定 2 人,不小于 1 650 mm 时核定 3 人来确定。

③客车乘员数核定。

按乘员质量核定:按 GB/T 12428—2005 确定。

④有驾驶室机动车的驾驶室乘坐人数核定(摩托车及轻便摩托车除外)。

驾驶室内只有一排座位或双排座位的前排座位,按驾驶室内部宽度(系指驾驶室门窗下缘,并在车门后支柱内侧量取)不小于 1 200 mm 时核定 2 人,不小于 1 650 mm 时核定 3 人来确定。

⑤摩托车及轻便摩托车乘坐人数核定。

两轮摩托车除驾驶员外,有固定座位的可再乘坐 1 人。

边三轮摩托车除驾驶员外,主车和边车有固定座位的可各乘坐 1 人。

(6)比功率。

三轮汽车、低速货车及拖拉机运输机组的比功率不应小于 4.0 kW/t,除无轨电车外的其他机动车的比功率不允许小于 5.0 kW/t。

注:比功率为发动机最大净功率(或发动机额定功率的 90% 或发动机标定功率的 90%)与机动车最大允许总质量之比。

(7)侧倾稳定角及驻车稳定角。

机动车在空载、静态状态下,向左侧和右侧倾斜的最大侧倾稳定角不允许小于如下规定:

①三轮机动车(包括三轮汽车和三轮摩托车,下同):25°。

②双层客车:28°。

③总质量为整备质量的 1.2 倍以下的机动车:30°。

④卧铺客车、总质量不小于整备质量的 1.2 倍的专用作业车和轮式专用机械车:32°。

⑤其他机动车(两轮摩托车及轻便摩托车除外):35°。

(8)图形和文字标志。

机动车的警告性文字均应有中文标注。

气体燃料汽车、两用燃料汽车和双燃料汽车应按 GB/T 17676—1999 的规定标注其使用的气体燃料类型。

专门用于运送易燃和易爆物品的道路运输危险货物车辆,应在车身两侧喷有明显的"禁止烟火"字样或标记。

(9)外观。

机动车外观应整洁,各零部件应完好,连接紧固,无缺损。

车体应周正,车体外缘左右对称部位高度差不允许大于 40 mm。

(10)漏水检查。

在发动机运转及停车时,水箱、水泵、缸体、缸盖、暖风装置及所有连接部位均不应有明显渗漏现象。

(11)漏油检查。

机动车连续行驶距离不小于 10 km,停车 5 min 后观察,不应有明显渗漏现象。

(12)车速表指示误差(最高设计车速不大于 40 km/h 的机动车除外)。

车速表指示车速 v_1(km/h)与实际车速 v_2(km/h)之间应符合下列关系式:

$$0 \leq v_1 - v_2 \leq (v_2/10) + 4$$

(13)行驶轨迹。

汽车列车和轮式拖拉机运输机组在平坦、干燥的路面上直线行驶时,挂车后轴中心相对于牵引车前轴中心的最大摆动幅度,对铰接列车、乘用车列车和中置轴挂车列车不应大于 110 mm,对其他列车不应大于 220 mm。其他机动车直线行驶时,其前后轴中心的连线与行驶轨迹的中心线应一致。

(14)其他要求。

专用作业车和轮式专用机械车的特殊结构及专用装置不允许影响机动车的安全运行。

3. 发动机

(1)发动机应具有良好的动力性能、运转平稳、怠速稳定、无异响、机油压力正常。发动机功率不允许小于标牌(或产品使用说明书)标明的发动机功率的75%。

(2)发动机应有良好的启动性能。汽车(三轮汽车和装用单缸柴油机的低速货车除外)发动机应能由驾驶员在座位上启动。

(3)柴油机停机装置必须灵活有效。

(4)发动机点火、燃料供给、润滑、冷却和排气等系统的机件应齐全,性能良好。

4. 转向系

(1)汽车(三轮汽车除外)的方向盘必须设置于左侧,其他机动车的方向盘不允许设置于右侧;专用作业车按需要可设置左右两个方向盘。

(2)机动车的方向盘(或方向把)应转动灵活,操纵方便,无阻滞现象。机动车应设置转向限位装置。转向系统在任何操作位置上,不允许与其他部件有干涉现象。

(3)机动车(两轮和三轮的机动车、手扶拖拉机运输机组除外)转向轮转向后应能自动回正,以使机动车具有稳定的直线行驶能力。

(4)机动车方向盘的最大自由转动量不允许大于如下规定:

①最高设计车速不小于 100 km/h 的机动车:20°。

②三轮汽车:45°。

③其他机动车:30°。

(5)机动车转向轴最大设计轴荷大于 4 000 kg 时,应采用转向助力装置。装有转向助力装置的机动车,行驶时其转向助力功能不允许出现时有时无的现象,当转向助力装置失效时,仍应具有用方向盘控制机动车的能力。装有电动转向助力装置的汽车,行驶时应保证转向助力装置的电能供应。

5. 制动系

(1)基本要求。

机动车应设置足以使其减速、停车和驻车的制动系统或装置,且行车制动的控制装置与驻车制动的控制装置应相互独立。

制动系统的机构和装置应经久耐用,不得因振动或冲击而损坏。

制动踏板(包括教练车的副制动踏板)及其支架、制动主缸及其活塞、制动总阀、制动气室、轮缸及其活塞、制动臂及凸轮轴总成之间的连接杆件等零部件应易于维修。

制动系统的各种杆件不得与其他部件在相对位移中发生干涉、摩擦,以防杆件变形、损坏。

制动管路应为专用的耐腐蚀的高压管路,安装应保证具有良好的连续功能、足够的长度和柔性,以适应与之相连接的零件所需要的正常运动,而不致造成损坏;制动管路应有适当的安全防护,以避免擦伤、缠绕或其他机械损伤,同时应避免安装在可能与机动车排气管或任何高温源接触的地方。制动软管不得与其他部件干涉且不应有老化、开裂、被压扁等现象。其他气动装置在出现故障时不得影响制动系统的正常工作。

汽车制动完全释放时间(从松开制动踏板到制动消除所需要的时间):对两轴汽车应小于等于 0.80 s,对三轴及三轴以上汽车应小于等于 1.2 s。

机动车在运行过程中不得有自行制动现象,但属于设计和制造上为保证车辆安全运行的除外。当挂车(由轮式拖拉机牵引的装载质量为 3 000 kg 以下的挂车除外)与牵引车意外脱离后,挂车应能自行制动,牵引车的制动仍应有效。

(2) 行车制动。

机动车（总质量小于等于 750 kg 的挂车除外）应具有完好的行车制动系，其中汽车（三轮汽车除外）的行车制动应采用双回路或多回路。

行车制动应保证驾驶人在行车过程中能控制机动车安全、有效地减速和停车。行车制动应是可控制的（残疾人专用汽车除外），以保证驾驶人在其座位上双手无须离开方向盘（或方向把）就能实现制动。

行车制动应作用在机动车（三轮汽车、拖拉机运输机组及总质量不大于 750 kg 的挂车除外）的所有车轮上。

行车制动的制动力应在各轴之间合理分配。

机动车（边三轮摩托车除外）行车制动的制动力应在同一车轴左右轮之间相对机动车纵向中心平面处合理分配。

汽车（三轮汽车除外）、摩托车（边三轮摩托车除外）、挂车（总质量不大于 750 kg 的挂车除外）的所有车轮应装备制动器。其中，所有专用校车和危险货物运输车的前轮及车长大于 9 m 的其他客车的前轮应装备盘式制动器。

制动器应有磨损补偿装置。制动器磨损后，制动间隙应易于通过手动或自动调节装置来补偿。制动控制装置及其部件和制动器总成应具备一定的储备行程，当制动器发热或制动衬片的磨损达到一定程度时，在不必立即做调整的情况下，仍应保持有效的制动。

制动踏板的自由行程应与该车型的技术要求一致。

行车制动在产生最大制动效能时的踏板力或手握力应符合如下规定：

①乘用车和正三轮摩托车：小于等于 500 N。

②摩托车（正三轮摩托车除外）：小于等于 350 N（踏板力）或 250 N（手握力）。

③其他机动车：小于等于 700 N。

汽车列车行车制动系的设计和制造应保证挂车后轴制动动作滞后于牵引车前轴制动动作的时间小于等于 0.2 s。

车长大于 9 m 的公路客车、旅游客车和未设置乘客站立区的公共汽车、所有专用校车、危险货物运输车和半挂牵引车、总质量大于等于 12 000 kg 的货车和专项作业车及总质量大于 10 000 kg 的挂车应安装符合 GB/T 13594—2003 规定的防抱制动装置。

注：本条中半挂车的总质量是指半挂车在满载并且和牵引车相连的情况下，通过半挂车的所有车轴垂直作用于地面的静载荷，不包括转移到牵引车牵引座的静载荷。

教练车（三轮汽车除外）的行车制动应装备有副制动踏板。副制动踏板应安装牢固、动作可靠，保证教练员在行车过程中能有效地控制机动车减速和停车。

(3) 应急制动。

汽车（三轮汽车除外）应具有应急制动功能。

应急制动应保证在行车制动只有一处失效的情况下，在规定的距离内将汽车停住。

应急制动可以是行车制动系统具有应急特性或是与行车制动分开的系统。

应急制动应是可控制的，其布置应使驾驶人容易操作，驾驶人在座位上至少用一只手握住方向盘的情况下（对乘用车为双手不离开方向盘的情况下），就可以实现制动。它的控制装置可以与行车制动的控制装置结合，也可以与驻车制动的控制装置结合。

采用助力制动系的行车制动系，当助力装置失效后，仍应能保持规定的应急制动性能。

(4) 驻车制动。

机动车（两轮普通摩托车、边三轮摩托车和两轮轻便摩托车除外）应具有驻车制动装置。

驻车制动应能使机动车即使在没有驾驶人的情况下，也能停在上、下坡道上。驾驶人在座位上就可以实现驻车制动。对于汽车列车和轮式拖拉机运输机组，如挂车与牵引车脱离，挂车（由轮式拖拉机牵引的装载质量为 3 000 kg 以下的挂车除外）应能产生驻车制动。挂车的驻车制动装置应能由站在地面上的人实施操纵。

驻车制动应通过纯机械装置把工作部件锁止,驾驶人施加于操纵装置上的力有如下规定:

①手操纵时,乘用车应小于等于 400 N,其他机动车应小于等于 600 N。

②脚操纵时,乘用车应小于等于 500 N,其他机动车应小于等于 700 N。

驻车制动控制装置的安装位置应适当,操纵装置应有足够的储备行程(开关类操作装置除外),一般应在操纵装置全行程的 2/3 以内产生规定的制动效能。驻车制动机构装有自动调节装置时允许在全行程的 3/4 以内达到规定的制动效能。驻车制动使用电子控制装置时,锁止装置应为纯机械装置,发生断电情况锁止装置仍应保持持续有效。棘轮式制动操纵装置应保证在达到规定的驻车制动效能时,操纵杆往复拉动的次数不得超过三次。

采用弹簧储能制动装置做驻车制动时,应保证在失效状态下能方便地解除驻车状态。如需使用专用工具,应随车配备。

(5)辅助制动。

车长大于 9 m 的客车(对专用校车为车长大于 8 m)、总质量大于等于 12 000 kg 的货车和专项作业车、所有危险货物运输车,都应装备缓速器或其他辅助制动装置。辅助制动装置的性能要求应使汽车能通过 GB 12676—1999 规定的Ⅱ型或ⅡA型试验。

6. 照明、信号装置和其他电气设备

机动车的灯具应安装牢靠、完好有效,避免因机动车振动而松脱、损坏、失去作用或改变光照方向。所有灯光的开关应安装牢固、开关自如,避免因机动车振动而自行开关。开关的位置应便于驾驶员操纵。除转向信号灯、危险警告信号及消防车、救护车、工程救险车和警车安装使用的标志灯具外,其他外部灯具不允许闪烁。

7. 行驶系

轮胎负荷不应大于该轮胎的额定负荷,轮胎气压应符合该轮胎承受负荷时规定的压力。具有轮胎气压自动充气装置的汽车,其自动充气装置应确保轮胎气压符合出厂规定。

最高设计车速大于 100 km/h 的机动车,其车轮的动平衡要求应符合有关技术条件的规定。

8. 传动系

(1)离合器。

机动车的离合器应接合平稳,分离彻底,工作时不允许有异响、抖动或不正常打滑等现象。踏板自由行程应符合整车技术条件的有关规定。离合器彻底分离时,踏板力不应大于 300 N(拖拉机运输机组不应大于 350 N),手握力不应大于 200 N。

(2)变速器和分动器。

换挡时齿轮应啮合灵便,互锁、自锁和倒挡锁装置应有效,不允许有乱挡和自行跳挡现象,运行中应无异响,换挡杆及其传动杆件不应与其他部件干涉。

在换挡杆上应有驾驶员容易识别的变速器和分动器挡位位置的标志。若换挡杆上难以布置,则应布置在换挡杆附近易见位置。

(3)传动轴。

传动轴在运转时不允许发生振抖和异响,中间轴承和万向节不允许有裂纹和松旷现象。发动机前置后驱动的客车传动轴在车厢地板的下面沿纵向布置时,应有防止传动轴滑动连接(花键或其他类似装置)脱落或断裂等故障而引起危险的防护装置。

9. 车身

车身的技术状况应能保证驾驶员有正常的工作条件和客货安全。

车身和驾驶室应坚固耐用,覆盖件无开裂和锈蚀。车身和驾驶室在车架上的安装应牢固,不能因机动车振动而引起松动。对于可翻转驾驶室,应有驾驶室锁止装置(如安全钩),并且在翻转操纵机构附近易见位置应有提醒驾驶员如何正确使用该操纵机构的文字。

10. 安全防护装置

乘用车的所有座椅（第三排及第三排以后的可折叠座椅除外）均应装置汽车安全带。其中座位数不大于 20（含驾驶员座位，下同）或者车长不大于 6 m 的客车，以及最高设计车速不小于 100 km/h 的货车和半挂牵引车的前排座椅应装置汽车安全带。长途客车和旅游客车的驾驶员座椅、前面没有护栏的座椅及前面护栏不能起到必要防护作用的座椅均应装置汽车安全带。当（同向）座椅的座间距大于 1 000 mm 且座垫前面沿座椅纵向不大于 600 mm 的范围内没有能起到防护作用的护栏或其他物体时，也应装置汽车安全带。

11. 消防车、救护车、工程救险车和警车的附加要求

消防车的车身颜色应为符合 GB/T 3181—2008 规定的 R03 大红色。

救护车的车身颜色应为白色，左、右侧及车后正中应喷上符合规定的图案。

工程救险车的车身颜色应为符合 GB/T 3181—2008 规定的中黄色（Y07），其车身两侧应喷"工程救险"字样。

警车的车身颜色应符合有关规定。

12. 机动车环保要求

机动车尾气、污染物排放应符合相关标准的规定。

机动车车外噪声应符合相关标准的规定。

1.2.2 《营运车辆综合性能要求和检验方法》（GB 18565—2001）解读

1. 范围

本标准规定了营运车辆的动力性、燃料经济性、制动性、转向操纵性、照明和信号装置及其他电气设备、尾气排放与噪声控制、密封性、整车装备的基本技术要求和检验方法。本标准适用于营运车辆，非营运车辆可参照执行。

2. 动力性

国产营运车辆的校正驱动轮输出功率的限值见表 1.4。其他车辆可参照执行。

表 1.4 汽车驱动轮输出功率的限值

汽车类别	汽车型号		额定扭矩工况		额定功率工况	
			直接挡检测车速 v_M/(km·h^{-1})	校正驱动轮输出功率/额定扭矩功率的限值 η_{Ma}/%	直接挡检测速度 v_P/(km·h^{-1})	校正驱动轮输出功率/额定功率的限值 η_{Pa}/%
载货汽车	1010、1020 系列	汽油车	60	50	90	40
	1030、1040 系列	汽油车	60	50	90	40
		柴油车	55	50	90	45
	1050、1060 系列	汽油车	60	50	90	40
		柴油车	50	50	80	45
	1070、1080 系列	柴油车	50	50	80	45
	1090 系列	汽油车	40	50	80	45
		柴油车	55	50	80	45
载货汽车	1100、1110 系列 1120、1130 系列	柴油车	50	45	80	40
	1140、1150、1160 系列	柴油车	50	50	80	40
	1170、1190 系列	柴油车	55	50	80	40

续表1.4

汽车类别	汽车型号		额定扭矩工况		额定功率工况	
			直接挡检测车速 v_M/(km·h^{-1})	校正驱动轮输出功率/额定扭矩功率的限值 η_{Ma}/%	直接挡检测速度 v_P/(km·h^{-1})	校正驱动轮输出功率/额定功率的限值 η_{Pa}/%
半挂列车①	10 t 半挂列车系列	汽油车	40	50	80	45
		柴油车	50	50	80	45
	15 t、20 t 半挂列车系列	柴油车	45	45	70	40
	25 t 半挂列车系列	柴油车	45	50	75	40
客车	6600 系列	汽油车	60	45	85	35
		柴油车	45	50	75	40
	6700 系列	汽油车	50	40	80	35
		柴油车	55	45	75	35
	6800 系列	汽油车	40	40	85	35
		柴油车	45	45	75	35
	6900 系列	汽油车	40	40	85	35
		柴油车	60	45	85	35
	6100 系列	汽油车	40	40	85	35
		柴油车	40	45	85	35
	6110 系列	汽油车	40	40	85	35
		柴油车	55	45	80	35
	6120 系列	汽油车	60	40	90	35
轿车	夏利、富康		98/65②	40/35②	—	
	桑塔纳		98/65②	45/40②	—	

注:5010 系列 ~5040 系列厢式货车和罐式货车驱动轮输出功率的允许值按同系列普通货车的允许值下调2%;其他系列厢式货车和罐式货车驱动轮输出功率的允许值按同系列普通货车的允许值下调4%
①半挂列车按载质量分类
②表中数据为汽车变速挡使用三挡时的参数值

3. 燃料经济性

按规定的检验方法测得的汽车百千米燃料消耗量不得大于该车型原厂规定的相应车速等速百千米燃料消耗量的110%。

4. 制动性

车辆应具有行车制动、应急制动和驻车制动功能。

行车制动系制动踏板的自由行程应符合该车原厂规定的有关技术条件。

行车制动在产生最大制动作用时的踏板力,对于座位数小于或等于9座的载客汽车应不大于500 N,对于其他车辆应不大于700 N。

汽车在制动试验台上测出的制动力应符合表1.5的规定。

表1.5 台试制动力要求

制动力总和与整车重量的百分比/%		轴制动力与轴荷的百分比/%	
空载	满载	前轴	后轴
≥60	≥50	≥60①	—

① 空载和满载状态下测试均应满足此要求

5. 转向操纵性

转向盘的最大自由转动量：最大设计车速大于或等于100 km/h的汽车为20°；最大设计车速小于100 km/h的汽车为30°。

动力转向（或助力转向）的车辆卸载阀的工作时刻应符合原厂规定的该车的有关技术条件。

汽车应具有适度的不足转向特性，以使车辆具有正常的操纵稳定性。

转向轮转向后应能自动回正，在平坦、硬实、干燥和清洁的道路上行驶不得跑偏，其转向盘不得有摆振或其他异常现象。

转向盘应转动灵活，操纵方便，无阻滞现象。车轮转向过程中不得与其他部件有干涉现象。

转向节及转向节臂、转向横直拉杆及球销应无裂纹和损伤，并且球销不得松旷。对车辆进行改装或修理时，横直拉杆不得拼焊。

6. 照明和信号装置及其他电气设备要求

在检验前照灯的近光光束照射位置时，前照灯在距离屏幕前10 m处，光束明暗截止线转角或中点的高度应为$(0.6\sim0.8)H$（H为前照灯基准中心高度），其水平方向位置要求向左向右偏离距离均不得超过100 mm。

对于四灯制前照灯其远光单光束的照射位置，前照灯在距离屏幕10 m处，光束中心离地高度为$(0.85\sim0.90)H$，水平位置要求左灯向左偏离距离不得大于100 mm，向右偏离不得大于170 mm，右灯向左或向右偏离距离均不得大于170 mm。

汽车装有远光和近光双光束灯时以调整近光光束为主。对于只能调整远光单光束的灯，只调整远光单光束即可。

汽车的灯具应安装牢靠、完好有效，避免因车辆振动导致松脱、损坏而失去作用或改变光照方向。所有灯光的开关应安装牢固、开关自如，不得因车辆振动而自行开关。

所有前照灯的近光都不得眩目。

7. 排放与噪声控制

(1) 排气污染物控制。

(2) 汽车噪声控制。

8. 密封性

客车防雨密封性：按规定的试验方法进行检验，应达到QC/T 476—2007的有关要求。

连接件密封性：汽车上各连接件无漏油、渗水和漏气现象。

制动系密封性：采用气压制动的汽车，当气压升至600 kPa且不使用制动的情况下，停止空气压缩机3 min后，其气压降低值应不大于10 kPa。在气压600 kPa的情况下，将制动踏板踩到底，待气压稳定后观察3 min，单车气压降低值应不大于20 kPa，汽车列车气压降低值不得超过30 kPa。采用液压制动的汽车在保持700 N踏板力并持续1 min时，踏板不得有缓慢向地板移动的现象。

任务实施

针对情境导入中的事故案例,对车辆定期检测是车辆技术管理的一个重要组成部分,也是汽车检测站纳入车辆技术管理组织的主要依据。

以《营运车辆综合性能要求和检验方法》为标准,对车辆做悬架特性检验实验。

操作环节	对应项目	具体程序
方法一	用悬架装置检测台检验车辆悬架特性	(1)汽车轮胎规格、气压应符合规定值,车辆空载,不乘人(含驾驶员) (2)将车辆每轴车轮驶上悬架装置检测台,使轮胎位于台面的中央位置 (3)启动检测台,使激振器迫使汽车悬挂产生振动,将振动频率增加过振荡的共振频率 (4)在共振点过后,将激振源关断,振动频率减少,并使其通过共振点 (5)记录衰减振动曲线,纵坐标为动态轮荷,横坐标为时间。测量共振时动态轮荷。计算机显示动态轮荷与静态轮荷的百分比及其同轴左右轮百分比的差值
方法二	用平板检测台检验车辆悬架特性	(1)平板检测台平板表面应干燥,没有松散物质及油污 (2)驾驶员将车辆对正平板台以 5~10 km/h 的速度驶上平板,置变速器于空挡,急踩制动,使车辆停住 (3)测量制动时的动态轮荷,记录动态轮荷的衰减曲线 (4)计算并显示悬架效率和同轴左右轮悬架效率的差值

评价体会

	评价与考核项目	评价与考核标准	配 分	得 分
知识点	汽车使用性能	掌握汽车使用性能的定义及指标	10	
	汽车检测站	掌握汽车检测站的组成和类型	10	
技能点	汽车检测站检测工艺	掌握全自动安全环保检测线的全工位检测工艺流程	30	
	车辆定期检测项目	掌握车辆定期检测项目的具体内容	40	
情感点	团队协作精神	进行团队合作,制订检修方案	5	
	安全环保意识	注重工作安全和环保要求,废旧配件及时回收,保持工作环境的整洁,保证工具和零部件摆放整齐	5	
	合 计		100	

任务工单

任务名称	全自动安全环保检测线检测工艺流程	课时	2	班级	
学生姓名		学生学号		任务成绩	
实训设备	一辆桑塔纳轿车	实训场地	实训室	日期	
客户任务	某汽车检测站要对新员工进行培训。				
任务目的	1. 汽车资料输入及安全装置检查工位； 2. 侧滑制动车速表工位检查； 3. 灯光尾气工位检查。				

★ 资讯

1. 通常用来评定汽车的性能指标主要有：_____、_____、_____、_____、_____以及_____等。
2. 根据检测站职能的不同，检测站可分为_____和_____。
3. 国家标准《机动车运行安全技术条件》(GB 7258—2012)规定用侧滑试验台检验转向轮的横向侧滑量其值应小于_____。
4. 国家标准《机动车运行安全技术条件》(GB 7258—2012)规定，车速表的允许误差范围为_____。
5. 汽车检测站的任务是什么？

6. 试述安全环保检测线工艺路线。

★**决策与计划**

请根据任务要求,确定所需要的检测仪器及工具,并对小组成员进行合理分工,制订检测计划。

(1)需要的检测仪器及工具。
_____
_____

(2)小组成员分工。
_____
_____

(3)实施计划。
_____
_____
_____

★**实施**

(1)全自动安全环保检测线的全工位检测工艺流程。

①汽车资料输入及安全装置检查工位。

a. 汽车资料输入。
_____
_____

b. 安全装置检查工位。
_____
_____

②侧滑制动车速表工位。

a. 侧滑检测。
_____
_____

b. 将前轮驶上轴重仪测量前轴重。
_____
_____

c. 将前轮驶上制动试验台测量前轴制动力。
_____
_____

d. 后制动检测。
_____
_____

e. 测量驻车制动。
_____
_____

f. 车速表校验。
_____
_____

③灯光尾气工位。

检测步骤：
_____
_____

④车底检查工位。

检测步骤：
_____
_____

⑤综合判定及主控室工位。

检测步骤：
_____
_____

⑥根据上述检查结果，提出合理建议。
_____
_____

(2)对车辆做悬架特性检验实验。

①用悬架装置检测台检验车辆悬架特性。

检测内容：
_____
_____

②用平板检测台检验车辆悬架特性。

检测内容：
_____
_____

★检查与评估

以小组为单位对完成任务情况进行评价(评价过程：自评、小组评价及教师评价)。

拓展与提升

汽车检测与诊断技术

汽车在使用过程中,随着行驶里程的增加,相应的技术状况逐渐变差,出现动力性下降、经济性下降、排放污染物增加、使用可靠性降低、故障率上升等现象,严重时汽车将不能正常运行。

所谓汽车的技术状况,是定量测得的表征某一时刻汽车外观和性能的参数值的总和。分析和研究汽车的技术状况、及时检测和诊断影响汽车技术状况的原因、排除汽车故障,是提高汽车完好率、延长汽车使用寿命的重要措施。

汽车检测是指为确定汽车技术状况或工作能力而进行的检查和测量。

汽车诊断是指在不解体(或仅拆卸个别小件)条件下,为确定汽车技术状况或查明故障部位、故障原因而进行的检测、分析和判断。

1. 汽车技术状况的变化

(1)汽车技术状况的分类。

表征汽车技术状况的参数分为两大类:一类是结构参数;另一类是技术状况参数。结构参数是指表征汽车结构的各种特性的物理量,如几何尺寸、声学、电学和热学的参数等;技术状况参数是指评价汽车使用性能的物理量和化学量,如发动机的输出功率、扭矩、油耗、声响、排放值和踏板自由行程等参数。

汽车技术状况可分为汽车完好技术状况和汽车不良技术状况。

①汽车完好技术状况,是指汽车完全符合技术文件规定要求的状况,汽车技术状况的各种参数值,包括主要使用性能、外观、外形等参数值,都完全符合技术文件的规定。处于完好技术状况的汽车,能正常发挥其全部功能。

②汽车不良技术状况,是指汽车不符合技术文件规定的任一要求的状况。处于不良技术状况的汽车,可能是某些主要使用性能指标不符合技术文件的规定,也可能是仅外观、外形及其他次要性能的参数值不符合技术文件的规定。

(2)汽车的工作能力与汽车故障。

汽车按技术文件规定的使用性能指标,执行规定功能的能力称为汽车的工作能力,或称为汽车的工作能力状况。

汽车故障是指汽车部分或完全丧失工作能力的现象。因此,只要汽车工作能力遭到破坏,汽车就处于故障状况。

(3)汽车技术状况变化的外观症状。

按照《机动车运行安全技术条件》(GB 7258—2012)的规定,汽车技术状况变差的主要外观症状有:

①汽车动力性变差。

②汽车燃料消耗量和润滑油消耗量显著增加。

③汽车的制动性能变差。

④汽车的操纵稳定性能变差。

⑤汽车排放污染物和噪声超过限值。

⑥汽车在行驶中出现异响和异常振动,存在着引起交通事故或机械事故的隐患。

⑦汽车的可靠性变差,使汽车因故障停驶的时间增加。

2. 汽车检测与诊断的目的

汽车检测与诊断的目的是确定汽车的技术状况和工作能力,查明故障部位、故障原因,为汽车继续运行或维修提供依据。汽车检测可分为安全环保检测和综合性能检测两大类。

(1)安全环保检测的目的。

对汽车实行定期和不定期安全运行和环境保护方面的检测,目的是在汽车不解体情况下,建立安全和公害监控体系,确保车辆具有符合要求的外观容貌、良好的安全性能和符合规定的尾气排放量,使其在安全、高效和低污染下运行。

(2)综合性能检测的目的。

对汽车实行定期和不定期综合性能方面的检测,目的是在汽车不解体情况下,确定运行车辆的工作能力和技术状况,查明故障或隐患的部位和原因。对维修车辆实行质量监督,建立质量监控体系,确保车辆具有良好的安全性、可靠性、动力性、经济性和排放性。同时,对车辆实行定期综合性能检测,又是实行"定期检测、强制维护、视情修理"这一修理制度的前提和保障。

(3)故障诊断的目的。

对汽车进行故障诊断,目的是在不解体情况下,查明运行车辆故障部位,对故障原因进行检查、测量、分析和判断。诊断出故障后,通过调整或修理的方法排除,以确保车辆在良好的技术状况下运行。

3.汽车诊断的方法

汽车技术状况的诊断是由检查、测量、分析、判断等一系列活动完成的,其基本方法主要分为两种:一种是传统的人工经验诊断法,另一种是现代仪器设备诊断法。

(1)人工经验诊断法。

人工经验诊断法是诊断人员凭丰富的实践经验和一定的理论知识,在汽车不解体或局部解体的情况下,借助简单工具,用眼看、耳听、手摸和鼻闻等手段,边检查、边试验、边分析,进而对汽车技术状况做出判断的一种方法。这种诊断方法具有不需要专用仪器设备、可随时随地进行和投资少、见效快等优点。但是,这种诊断方法存在诊断速度慢、准确性差、不能进行定量分析和需要诊断人员有较丰富的经验等缺点。

(2)现代仪器设备诊断法。

现代仪器设备诊断法是在人工经验诊断法的基础上发展起来的一种诊断方法,该方法可在汽车不解体情况下,用专用仪器设备检测整车、总成和机构的参数、曲线或波形,为分析、判断汽车技术状况提供定量依据。采用微机控制的仪器设备能自动分析和判断汽车的技术状况。现代仪器设备诊断法具有检测速度快、准确性高、能定量分析、可实现快速诊断等优点,但也存在投资大和对操作人员要求高等缺点。使用现代仪器设备诊断法是汽车检测与诊断技术发展的必然趋势。

学习任务 2
车辆外观、灯光系统及底盘动态检查

【任务目标】

1. 了解车辆外观、灯光系统及底盘动态检查的标准。
2. 熟悉车辆外观、灯光系统及底盘动态检查内容。
3. 掌握车辆外观、灯光系统及底盘动态检查要点。
4. 学会车辆外观、灯光系统及底盘动态检查方法及评价。

【任务描述】

车辆外观、灯光系统及底盘动态是车辆年检及新车登记的重要内容。在现实生活中很多车主对自己的爱车进行个性化改装,甚至有些车主对汽车主体结构、灯光系统及车身颜色等都进行了较大改动。但是不正确的改装是不符合《机动车安全运行技术条件》(GB 7258—2012)规定的,这类车在车辆年审中是不能通过的。

【课时计划】

项　目	项目内容	参考课时	备　注
2.1	车辆外观及灯光系统检查	4	
2.2	底盘动态检查	2	

项目2.1 车辆外观及灯光系统检查

> **情境导入**
>
> 客户报修：
> 客户对自己的车辆在外观上进行了个性化改装，但是不清楚国标对改装的具体要求，担心不能通过在用车车辆年检。
> 车辆外观分析：
> 车辆外观改装中，如果影响了车辆安全性能或车辆行驶本中车辆信息发生改变，在车辆年审时将会被否决，即使上路行驶也是违反交通法规的。

理论引导

2.1.1 目视外观检查内容及要求

1.车辆结构检查

国标中，汽车外观结构和牌号规定以及车辆外观结构检查具体内容如下：
(1)保险杠、后视镜、下视镜等部件是否完好；
(2)风窗玻璃是否完好及是否张贴有镜面反光遮阳膜；
(3)车体是否周正，车体外缘左右对称部位高度差是否符合规定，车身外部是否有可能使行人或其他交通参与者受伤的尖锐凸起物(如尖角、锐边等)；
(4)车身(车厢)及其漆面是否有明显的锈蚀、破损现象；
(5)货箱安装是否牢固，其栏板和底板是否规整，强度是否明显不足，装置的安全架是否完好无损；
(6)车长大于7.5 m的客车是否设置有车外顶行李架，其他客车设置的车外顶行李架是否长度不超过车长的1/3且高度不超过300 mm；
(7)车身(或车厢)外部的图形和文字标志是否符合规定。
①车长大于6 m或总质量大于4 500 kg的货车、挂车，其车身(车厢)后部是否喷涂有符合规定的放大牌号；
②地方性法规规定的应喷涂放大牌号的车辆类型比《道路交通安全法实施条例》更广时，应按地方性法规执行；
③气体燃料汽车、两用燃料汽车和双燃料汽车，其车身是否按照规定标注了其使用的燃料类型；
④消防车、救护车、工程救险车和警车的车身颜色、外观制式是否符合相关规定；
(8)喷涂、粘贴的标志或车身广告是否影响安全驾驶；
(9)乘用车自行加装的前后防撞装置及货运机动车自行加装的防风罩、水箱、工具箱、备胎架，是否影响安全和号牌识别。

2.车辆标志及附件检查内容和要求

在国标中要求在用车辆应具有明显的唯一性标志，同时为了提高车辆的安全性对车辆附件提出相应的要求，具体要求如下：
(1)机动车是否设置了能够满足号牌安装要求的号牌板(架)；

(2)车身外表面易见部位是否至少装设有一个能永久保持的商标(或厂标);

(3)汽车(三轮汽车和低速货车除外)是否设置了规定数量和类型的后视镜,其他机动车是否在左右至少各设置有一面后视镜,车长大于6 m的平头货车和平头客车在车前是否至少设置有一面前下视镜;

(4)乘用车和车长小于6 m的客车的前后部是否设置了保险杠,货车(三轮汽车除外)是否设置了前保险杠;

(5)货车货箱(自卸车、装载质量1 000 kg以下的货车除外)前部是否安装有比驾驶室高至少70 mm的安全架。

2.1.2 发动机舱检查内容及要求

发动机舱内集中了发动机和部分电力系统及发动机唯一性标志(发动机标志应与车辆行驶证内容相符),具体检查内容如下:

(1)打开发动机罩(或翻转驾驶室),检查目视可见的发动机各系统机件是否齐全有效;检查蓄电池桩头与导线连接是否牢固;检查目视可见的电器导线捆扎、固定、绝缘保护等是否完好,各种管路是否完好、固定可靠。

对于使用液压制动(含液压传动离合)的汽车,目视检查储液器的液面高度及有无泄漏。

注:自1999年7月1日起出厂的使用液压制动的汽车,其储液器的加注口必须易于接近,且从结构设计上必须保证在不打开容器的条件下就能很容易地检查液面;若不能满足该条件,则必须安装制动液面过低报警装置。

(2)注册登记检验时,如汽缸体上打刻(或铸出)的发动机型号和出厂编号不易见,应检查在发动机易见部位是否具有能永久保持的发动机型号和出厂编号的标志。如车辆产品标牌位于发动机舱,还应检查车辆产品标牌是否能永久保持及其内容是否规范、清晰耐久。

2.1.3 驾驶室(区)检查内容及要求

驾驶室是驾驶员驾驶车辆的区域,对于驾驶室内设施的具体要求如下:

1. 目视检查以下各项

(1)门锁及门铰链是否完好;

(2)驾驶员座椅固定是否可靠,汽车(三轮汽车除外)驾驶员座椅前后位置调节装置能否正常工作,安全带是否齐全有效。2005年8月1日起出厂的座位数不大于5的乘用车,及2006年2月1日起出厂的座位数大于5的乘用车的所有座椅(第三排及第三排以后的可折叠座椅除外)是否均配置了有效的安全带;

(3)前风挡玻璃及风挡以外玻璃用于驾驶员视线区域部位的可见光透射比是否不小于70%(必要时用透光率计检查可见光透射比);

(4)刮水器、洗涤器能否正常工作;

(5)2005年2月1日起新注册登记的车长大于9 m的长途客车和旅游客车是否安装了汽车行驶记录仪。对已安装汽车行驶记录仪的长途客车和旅游客车、道路运输危险货物车辆、半挂牵引车、总质量不小于12 000 kg的货车,其汽车行驶记录仪的固定、连接是否安全、可靠,能否正常显示。

2. 新车注册登记检验时增加检测内容

(1)车辆是否按照规定装备了各种仪表;

(2)车辆是否设置了符合规定的操纵件、指示器及信号装置的图形标志;

(3)对乘用车和货运机动车,按照相关标准核定的乘坐人数是否与机动车注册登记证明、凭证记载的内容一致;

(4)车长大于9 m的长途客车和旅游客车是否安装了符合规定的汽车行驶记录仪。2006年12月1日起新出厂的,安装有汽车行驶记录仪的长途客车和旅游客车、道路运输危险货物车辆、半挂牵引车、总质量不小于12 000 kg的货车,其行驶记录仪主机外壳的易见部位是否有符合规定的3C标志;

(5)机动车的警告性文字是否有中文标注,折翻式驾驶室翻转操纵机构附近易见部位是否有提醒驾驶员如何正确使用该操纵机构的文字;

(6)车辆产品标牌(如位于驾驶室[区])是否能永久保持及其内容是否规范、清晰耐久。

2.1.4 发动机运转情况检查内容

发动机运转情况检查具体内容如下:

(1)检查发动机能否正常启动;

(2)启动发动机后检查怠速运转、电源充电状况、各仪表及指示器工作是否正常;

(3)检查发动机急加速过程中或在较高转速时急松油门能否回至怠速状态和有无"回火""放炮"等异常状况发生;

(4)检查有无漏水、漏油、漏气现象及水温、油压指示是否正常;

(5)检查点火开关关闭后发动机能否迅速熄火,对柴油车还应检查停机装置是否灵活、有效。

2.1.5 客车内部检查

客车内部检查具体内容如下:

1. 目视检查以下各项

(1)客车座椅/卧铺的数量是否与机动车行驶证记载内容一致,座椅间距是否符合规定,座椅扶手和卧铺护栏安装是否牢固;

(2)车厢灯、门灯能否正常工作;

(3)客车地板密封是否良好,车内行李架的安装是否牢固;

(4)客车配备的灭火器是否齐全有效、固定可靠;

(5)长途客车和旅游客车安全出口处标注的"安全出口"字样是否完好,车内是否按照规定装备了用于击碎安全出口玻璃的专用手锤,安全门是否锁止可靠及能否正常开启;

(6)卧铺客车每个铺位的安全带是否齐全有效,长途客车和旅游客车前面没有座椅的座椅、前面护栏不能起到有效防护作用的座椅及其他按照规定应安装安全带的座椅的安全带是否齐全、有效。

2. 新车注册登记检验

新车注册登记检验时,还应检查客车安全出口的数量、位置和大小及座椅、卧铺位的数量和布置是否符合规定,乘客通道的宽度和高度是否能保证符合规定的通道测量装置顺利通过,通向安全门的通道宽度是否符合要求。

2.1.6 底盘件外观检查内容及要求

底盘外观检查具体内容如下:

1. 目视检查以下各项

(1)燃料箱是否固定可靠,燃料箱盖是否完好;

(2)挡泥板、牵引钩是否完好;

(3)蓄电池、蓄电池架的固定是否牢固可靠;

(4)贮气筒排污阀功能是否有效;

(5)钢板弹簧的形式、片数是否符合规定,有无裂纹和断片,安装是否紧固。

2. 新车注册登记检验时增加检查内容

重点检查货车和挂车的侧面防护装置的下缘离地高度、防护范围和前缘形式、后下部防护装置的离地高度、宽度及横截面宽度是否符合相关规定(必要时应用量具测量相关尺寸参数),检查后下部防护装置的强度是否具有明显不足的情形。

2.1.7 车轮检查

车轮对于行驶安全至关重要,国标中对于车轮要求如下:

1. 目视检查以下各项,必要时应使用轮胎花纹深度计或量具测量

(1)同轴两侧是否装用同一型号、同一规格轮胎;

(2)轮胎的型号、速度级别及胎冠花纹深度、轮胎气压是否符合规定,乘用车轮胎的胎面磨损标志是否已可见;

(3)轮胎的胎面、胎壁有无长度超过 25 mm,或深度足以暴露出轮胎帘布层的破裂、割伤及其他影响使用的缺损、异常磨损和变形;

(4)轮胎螺栓、半轴螺栓是否齐全、紧固。

2. 检查结果处理

若送检机动车装用轮胎的型号、速度级别不符合要求,或所装用轮胎的胎面、胎壁和胎冠花纹深度不符合要求,此次安全技术检验终止,应要求送检人换装符合规定的轮胎复检。若送检机动车轮胎气压不符合规定,应要求送检人将轮胎气压调整到规定气压后再进行其他项目的检验。

2.1.8 车辆灯光系统检测

车辆灯光系统具有发送信号、警示、照明等重要作用,对车辆行驶安全至关重要,车辆灯光系统检查具体要求如下:

1. 目视检查以下各项

(1)前位灯、前转向信号灯、前部危险警告信号灯、示廓灯和牵引杆挂车标志灯等前部照明和信号装置是否齐全完好,前照灯的远、近光光束变换功能,近光光形是否有明显的明暗截止线;

(2)后位灯、后转向信号灯、后部危险警告信号灯、示廓灯、制动灯、后雾灯、后牌照灯、倒车灯和后反射器是否齐全完好,制动灯的发光强度是否明显大于后位灯的发光强度;

(3)侧转向信号灯、侧标志灯和侧反射器是否齐全完好;

(4)对称设置、功能相同的灯具的光色和亮度是否有明显差异;

(5)除转向信号灯、危险警告信号灯及消防车、救护车、工程救险车和警车安装使用的标志灯外,其他外部灯具是否有闪烁的情形;

(6)道路运输危险货物车辆标识是否符合相关规定,必要时应用量具测量相关尺寸参数;

(7)消防车、救护车、工程救险车和警车安装使用的标志灯具是否完好有效;

(8)附加的灯具、反射器或附属装置是否影响 GB 7258—2012 规定安装的灯具和信号装置的性能或对其他的道路使用者造成不利影响;

(9)检查机动车设置的喇叭是否具有连续发声功能,工作是否可靠,必要时应用声级计测量其喇叭声级是否符合规定。

2. 新车注册登记增加检查内容

(1)对 2005 年 2 月 1 日起注册登记的总质量不小于 12 000 kg 的货车和总质量大于 3 500 kg 的挂车,检查其后部车身反光标志的粘贴技术规范及车身反光标志材料的式样(颜色、宽度等)是否符合相关标准的规定。对 2005 年 2 月 1 日起注册登记的车长不小于 10 m 的货车和总质量大于 3 500 kg 的挂车,检查其侧面车身反光标志的粘贴技术规范及车身反光标志材料的式样是否符合相关规定。必要时应使用量具测量相关尺寸参数。

(2)注册登记检验时,应重点检查车辆外部照明和信号装置的数量、位置和光色是否符合相关标准的规定,必要时应用量具测量相关尺寸参数。对 2006 年 12 月 1 日起新出厂的总质量不小于 12 000 kg 的货车和总质量大于 3 500 kg 的挂车,还应检查其安装的车身反光标志材料的白色单元上是否加有符合规定的3C标志。

任务实施

对于客户车辆应根据《机动车安全运行技术条件》(GB 7258—2012)进行检查,并提出具体建议。检查步骤及具体内容如下:

1. 检测前准备

送检机动车应停放在指定位置,发动机停转("发动机运转状况"项目除外)。

检查时常用的设备和工具主要有:轮胎气压表、轮胎花纹深度计、透光率计、长度测量工具、手锤、铁钩及照明器具。

2. 车辆外观、灯光系统检查项目及属性

车辆外观、灯光系统检查项目及属性见表2.1。

表 2.1 车辆外观、灯光系统检查项目及属性

序号	检验项目	内容	项目属性
1	车身外观	保险杠	注册登记检验时为否决项
		后视镜、下视镜、车窗玻璃	否决项
		车体周正、尖锐凸起物	否决项
		漆面	建议维护项
		货箱、安全架、车外顶行李架	否决项
		外部喷涂与文字标志、标志和车身广告	否决项
		自行加装装置对号牌识别的影响	否决项
		号牌板(架)	注册登记检验,否决项
		商标(或厂标)	注册登记检验,否决项
2	照明和电气信号装置	前后位灯、后牌照灯、示廓灯、挂车标志灯	否决项
		转向信号灯(前、侧、后),危险警告信号灯	否决项
		前照灯(远光、近光)	否决项
		制动灯、后反射器、后雾灯、倒车灯	否决项
		侧标志灯、侧反射器	否决项
		道路运输危险货物车辆标志	否决项
		特种车辆标志灯具	否决项
		附加的灯具、反射器或附属装置	否决项
		喇叭(功能性检查)	否决项
		车身反光标志	否决项
3	发动机舱	发动机各系统机件	建议维护项
		蓄电池桩头及连线	建议维护项
		电器导线、各种管路	否决项
		储液器(使用液压制动的汽车)	否决项
		发动机标志	注册登记检验,否决项

续表 2.1

序 号	检验项目	内 容	项目属性
4	驾驶室(区)	门锁及门铰链	建议维护项
		驾驶员座椅	否决项
		安全带	否决项
		前风窗玻璃及其他风窗玻璃用于驾驶员视区的部位	否决项
		刮水器	否决项
		洗涤器	建议维护项
		汽车行驶记录仪	否决项
		驾驶室固定	否决项
		仪表数量类型,操纵件、指示器及信号装置图形标志	注册登记检验,否决项
		警告性文字的中文标注,车辆产品标牌	注册登记检验,否决项
5	发动机运转状况	启动性能	否决项
		怠速、电源充电、仪表及指示器	建议维护项
		加速踏板控制	建议维护项
		漏水、漏油、漏气,水温、油压	建议维护项
		关电熄火、(柴油车)停机装置	否决项
6	客车内部	座椅、卧铺数量、座椅间距	否决项
		扶手和卧铺护栏	建议维护项
		车厢灯、门灯	建议维护项
		客车地板、车内行李架	建议维护项
		灭火器、安全出口标志、安全手锤、安全门	否决项
		安全带	否决项
		安全出口的数量、位置和尺寸	注册登记检验,否决项
		乘客通道,通往安全门的通道	注册登记检验,否决项
7	底盘件	燃料箱、燃料箱盖	否决项
		挡泥板、牵引钩、蓄电池、蓄电池架	建议维护项
		贮气筒排污阀	建议维护项
		钢板弹簧	否决项
		侧面及后下部防护装置	否决项
		牵引连接装置	建议维护项
8	车轮	轮胎型号、规格、速度级别	否决项
		轮胎胎冠花纹深度,胎面破裂、割伤、磨损和变形	否决项
		轮胎螺栓、半轴螺栓	否决项
		备胎标志	注册登记检验,否决项
9	其他	整车3C标志	注册登记检验,记录项
		其他不符合 GB 7258—2012 等机动车国家安全技术标准的情形	注册登记检验时为否决项

项目 2.2 底盘动态检查

情境导入

客户报修：
客户在车辆使用过程中行驶跑偏并有异响。
车辆外观分析：
车辆在使用过程中由于车辆老化及事故等原因会造成车辆底盘性能下降,如果车辆底盘性能的变化在国标允许范围内是可以继续使用的。

理论引导

底盘动态检查具体内容如下：

1. 转向系检查

检查方向盘的最大自由转动量是否符合要求及行驶时转向是否沉重,必要时应用方向盘转向力-转向角检测仪检测,行驶时检查车辆是否具有自动回正能力及保持直线行驶的能力。

2. 传动系检查

在车辆行驶过程中检查：
(1)离合器接合是否平稳,有无异响、打滑、抖动、沉重、分离不彻底等现象；
(2)变速器倒挡能否锁止,换挡是否正常,有无异响；
(3)传动轴或传动链有无异响、抖动,驱动桥的主减速器和差速器有无异响。

3. 制动系检查

以 20 km/h 左右的速度正直行驶,双手轻扶方向盘,急踩制动踏板后迅速放松,初步掌握车辆制动协调时间、释放时间和有无跑偏现象。对气压制动汽车,踩下并放松制动踏板若干次,使制动气压下降至低于起步气压(未标起步气压者,按 400 kPa 计),检查低气压报警装置是否报警,对装用弹簧储能制动器的车辆,报警后起步行驶,检查在低气压时弹簧储能制动器自锁装置是否有效。

对 2005 年 2 月 1 日起新注册登记的总质量大于 12 000 kg 的长途客车和旅游客车、总质量大于 10 000 kg 的挂车、总质量大于 16 000 kg 允许挂接总质量大于 10 000 kg 挂车的货车、半挂牵引车,还应检查其装备的防抱制动装置自检功能是否正常。

4. 仪表和指示器检查

底盘动态检验过程中,检验员应注意观察车辆配备的各种仪表和指示器是否有异常情形。

5. 否决项处理

(1)发现否决项不合格时的处理。
检验出现否决项不合格的情形时,检验员应继续进行其他线外项目的检验,不合格项不影响仪器设备检验结果的,还应进行线内检验。
(2)发现其他不符合机动车国家安全技术标准情形时的处理。
在车辆外观检查和底盘动态检验过程中,如发现有其他不符合 GB 7258—2012 等机动车国家安全技术标准的情形(如,2005 年 2 月 1 日起新注册登记机动车的警告性文字没有中文；汽车(三轮汽车除外)未按规定装备三角警告牌,或装备的三角警告牌在车上未妥善放置;消防车、救护车、工程救险车和警车未装备与其功能相适应的装置,或装备的装置布局不合理、固定不可靠等),检验员应在人工检验记录单备注栏内记录不符合内容。

任务实施

底盘动态检查具体步骤如下:

1. 检测前准备

起步并行驶一段距离,送检机动车应停放在指定位置,检验转向系、传动系、制动系。底盘动态检验可结合其他检验方式进行。

2. 检查项目及属性

检查项目及属性检查见表2.2。

表2.2 底盘动态检验项目

序号	检验项目	内容	项目属性
1	转向系	方向盘最大自由转动量	否决项
		转向沉重	否决项
		自动回正、保持直线行驶能力	建议维护项
2	传动系	离合器	建议维护项
		变速器	建议维护项
		传动轴、传动链	建议维护项
		驱动桥	建议维护项
3	制动系	点制动跑偏(20 km/h)	建议维护项
		低气压报警装置	否决项
		弹簧储能制动器	建议维护项
		防抱制动装置指示灯(自检功能)	注册登记检验,否决项
4	驾驶区	仪表和指示器	否决项

评价体会

	评价与考核项目	评价与考核标准	配分	得分
知识点	车辆外观、灯光系统检查内容及要求	能够说出车辆外观、灯光系统检查内容及要求	15	
	底盘动态检查内容及要求	能够说出底盘动态检查内容及要求	15	
技能点	车辆外观、灯光系统检查及评定	检查项目完整,评判正确	30	
	底盘动态检查及评定	检查项目完整,评判正确	30	
情感点	团队协作精神	能进行团队合作,制订检修方案	5	
	安全环保意识	能注重工作安全和环保要求,废旧配件及时回收,保持工作环境的整洁,保证工具和零部件摆放整齐	5	
	合计		100	

任务工单

任务名称	车辆外观、灯光系统及底盘动态检查	课时	2	班级	
学生姓名		学生学号		任务成绩	
实训设备	1. 实验用车辆； 2. 轮胎气压表； 3. 轮胎花纹深度计； 4. 透光率计； 5. 长度测量工具； 6. 手锤、铁钩及照明器具。	实训场地		日期	
客户任务	客户对改装车辆是否符合国标要求申请检查。				
任务目的	1. 能够对车辆外观、灯光系统检查并进行评价； 2. 能够对车辆底盘动态系统进行检测并进行评价。				
资料查询	1. 车辆外观、灯光系统检查内容及标准。 2. 底盘动态检查项目及标准。				

车辆外观、灯光系统检查及结果分析	检验项目	检验内容	判定
	车辆唯一性认定	1. 车辆号牌	
		2. 车辆类型、品牌/型号	
		3. 车身颜色	
		4. VIN（整车出厂编号）	
		5. 发动机号码	
		6. 主要特征及技术参数	

检验项目		检验内容	判 定
车身外观		7.保险杠	
		8.后视镜*、下视镜*	
		9.车窗玻璃*	
		10.车体周正、尖锐凸起物*	
		11.漆面	
		12.货箱、安全架、车外顶行李架*	
		13.车身广告与文字标志*	
		14.自行加装装置*	
		15.整车3C标志	
		16.其他注册登记检验增加项目*	
照明和电气信号装置		17.前位灯、后位灯、侧标志灯	
		18.后牌照灯	
		19.示廓灯、挂车标志灯	
		20.转向信号灯(前、后、侧)、危险警告信号灯	
		21.前照灯(远光、近光)	
		22.制动灯	
		23.后反射器、侧反射器	
		24.后雾灯	
		25.倒车灯	
		26.道路运输危险货物车辆标志	
		27.特种车辆标志灯具	
		28.附加灯具、反射器或附属装置	
		29.喇叭	
		30.车身反光标志	
发动机舱		31.发动机各系统机件	
		32.蓄电池桩头及连线	
		33.电器导线、各种管路*	
		34.液压制动储液器液面*	
		35.发动机标识*	
驾驶室(区)		36.门锁及门铰链	
		37.驾驶员座椅*	
		38.安全带*	

检验项目	检验内容	判 定
驾驶室(区)	39.风窗玻璃驾驶员视区部位*	
	40.刮水器*	
	41.洗涤器	
	42.汽车行驶记录仪*	
	43.驾驶室固定、安全带*	
	44.仪表数量和类型*	
	45.操纵件、指示器及信号装置的图形标志*	
	46.警告性文字的中文标注*	
	47.车辆产品标牌*	
发动机运转状况	48.启动*	
	49.急速、仪表、电源充电	
	50.加速踏板控制	
	51.漏水、漏油、漏气、水温、油压	
	52.关电熄火、柴油车停机装置	
客车内部	53.座椅、卧铺数量,座椅间距*	
	54.扶手和卧铺护栏	
	55.车厢灯、门灯	
	56.客车地板、车内行李架	
	57.灭火器、安全出口标志、安全手锤、安全门*	
	58.安全带*	
	59.安全出口的数量、位置和尺寸*	
	60.乘客通道,通往安全门的通道	
底盘件	61.燃料箱、燃料箱盖*	
	62.挡泥板、牵引钩、蓄电池、蓄电池架	
	63.贮气筒排污阀	
	64.钢板弹簧*	
	65.侧面及后下部防护装置*	
	66.牵引连接装置	
轮胎	67.轮胎型号、规格、速度级别*	
	68.胎冠花纹深度、胎面*	
	69.轮胎螺栓、半轴螺栓*	
	70.备胎标志*	
其他	71.其他不符合规定的情形	

检验项目		检验内容	判定
底盘动态检查	转向系	72. 方向盘最大自由转动量*	
		73. 转向沉重*	
		74. 自动回正、直线行驶能力	
	传动系	75. 离合器	
		76. 变速器	
		77. 传动轴、传动链	
		78. 驱动桥	
	制动系	79. 点制动跑偏(20 km/h)	
		80. 低气压报警装置*	
		81. 弹簧储能制动器	
		82. 防抱制动装置*	
	驾驶区	83. 仪表和指示器	

注：判定栏中√为合格；数字为相应不合格项。带*项为否决项，否决项不合格，车辆检验为不合格。

项目属性栏中，"否决项"指该项目在注册登记检验和在用车检验时均要进行，且均为否决项；"建议维护项"指该项目在注册登记检验和在用车检验时均要进行，但均为建议维护项；"注册登记检验时为否决项"指该项目在注册登记检验和在用车检验时均要进行，但仅在注册登记检验时为否决项，在用车检验时则为建议维护项；"注册登记检验，否决项"指该项目仅在注册登记检验时进行且为否决项，在用车检验时不进行；"注册登记检验，记录项"指该项目仅在注册登记检验时记录相关情况。

拓展与提升

一、汽车轮胎压力监测系统

轮胎压力监测系统(Tire Pressure Monitor System, TPMS)，它的作用是在汽车行驶过程中对轮胎气压进行实时自动监测，并对轮胎漏气和低气压进行报警，以确保行车安全。

1. 轮胎压力监测系统类型

(1)间接式(Wheel-Speed Based TPMS, WSB)，该系统是通过汽车ABS系统的轮速传感器来比较轮胎之间的转速差别，以达到监测胎压的目的。ABS通过轮速传感器来确定车轮是否抱死，从而决定是否启动防抱死系统。当轮胎压力降低时，车辆的重量会使轮胎直径变小，这就会导致车速发生变化，这种变化即刻触发警报系统并向司机发出警报。

(2)直接式(Pressure-Sensor Based TPMS, PSB)，该系统是利用安装在每个轮胎里的压力传感器直接测量轮胎的气压，利用无线发射器将压力信息从轮胎内部发送到中央接收器模块上的系统，然后对各轮胎气压数据进行显示。当轮胎气压太低或漏气时，系统会自动报警。

(3)还有一种兼有上述两个系统优点的复合式TPMS，它在两个互成对角的轮胎内装备直接传感器，并装备一个四轮间接系统。与全部使用直接系统相比，这种复合式系统可以降低成本，克服间接系统不能检测出多个轮胎同时出现气压过低的缺点。但是，它仍然不能像直接系统那样提供所有四个轮胎内实际压力的实时数据。

2. 目前存在问题

(1)硬件环境问题：体积小，重量轻，便于保持轮胎的动平衡；功耗低，轮胎模块的功耗尽可能要低，使用过程中不用更换电池即可以长期工作；适当的有效发射接收范围，使驾驶室内的主机及时可靠地接收到发送来的信息。

(2)轮胎重新定位的问题：轮胎气压实时监测系统是用来实时监控汽车轮胎工作状态的系统，实时测得轮胎的压力数据。具有数据测量功能的轮胎模块需要安装在汽车轮胎内部，工作在轮胎封闭的环境中。对有内胎轮胎，轮胎模块安装在内胎外面的垫胎上或嵌入垫胎中；对无内胎轮胎，轮胎模块可固定安装在轮辋上。由于在汽车行驶过程中，轮胎始终处于高速旋转状态，因而在数据的传输方式上不能采用有线方式。结合汽车行驶中的复杂环境，能够让驾驶员及时可靠地得到预警报警信息，通过无线射频通信方式来传输轮胎数据信息是最佳选择。

二、汽车底盘间隙检测台

使用汽车底盘间隙检测台并结合检测员的实际经验，可以对汽车底盘各部件连接是否可靠、间隙是否正常、有无变形等进行全面检查，具有操作简便、高效实用的特点，已成为车辆外部检测的主要手段。

1. 底盘间隙检测台的基本组成和工作原理

汽车底盘间隙检测台用来快速检测汽车车轮转向及悬架系统的间隙，并发现其构件的隐患。检测台由电控箱、手电筒开关、泵站及左、右滑板机等四部分组成。由电控箱传来的电信号通过手电筒开关加到交流电动机、工作灯和电磁阀上，而后工作灯和绿信号灯点亮，电机运转，液压系统工作，具有一定压力的液压油经电磁阀加到油缸上，推动滑板移动。

当手电筒上电源开关接通时，工作灯点亮，电动机运转。但此时由于二位四通电磁阀未接通，液压系统卸荷，没有油压。当按下任一路控制开关时，二位四通电磁阀和相应的三位四通电磁阀打开，系统建立起油压，通过三位四通电磁阀将压力油加到左或右滑板机的油缸内，推动滑板移动。

2. 底盘间隙检测台的正确使用

(1)使用前应检查液压油的容量，如油面过低，应及时进行补充。接通电源，检查滑板运动是否自如，油管有无漏油现象，发现故障应及时排除。

(2)将车辆沿行车线缓慢驶上检测台，使被检车轮停在滑板中央。

(3)分别按下手电筒上的控制开关按钮，使滑板带动车轮前后或左右运动。车轮前后运动时，应踩下制动踏板使车轮制动。

(4)在引车员的配合下，检测员根据标准和经验对车辆进行外检。重点检查各连接部位是否可靠，有无松旷、断裂、变形等异常现象。

(5)检查结束及时将车辆驶离检测台，关闭电源开关。

3. 底盘间隙检测台的维护

底盘间隙检测台是一个由电磁阀控制的液压系统，在使用过程中应认真做好日常维护。

(1)底盘间隙检测台的泵站和电控箱应安放在便于操作和维护的地方。

(2)使用前，必须认真阅读使用说明书，按操作规程做好使用前的设备准备工作，操作中遵守使用注意事项。

(3)新机使用半年以后每一年更换一次液压油，并清洗滤油器、油箱及溢流阀，清除铁屑等异物。

(4)日常使用应认真做好清洁维护工作。保持外部环境清洁，防止杂物、油、水等进入检测台滑板内。

(5)维护、调试后管路中若进入空气应排除。同时，检查压力表的指示压力，若不符合规定应调整。

学习任务 3
汽车动力性检测

【任务目标】

1. 掌握汽车动力性的评价指标,理解指标的含义。
2. 掌握汽车驱动力的产生、计算方法,以及驱动力图的作用与画法。
3. 掌握汽车动力性的影响因素。
4. 了解汽车动力性的检测或实验方法。
5. 学会分析、评价汽车动力性。
6. 知道如何提高汽车动力性,合理使用汽车。

【任务描述】

汽车动力性是汽车主要的使用性能之一,指汽车以最大可能的平均行驶速度运送货物或乘客的能力。汽车运输效率的高低很大程度上取决于汽车的动力性。汽车动力性的评价指标为对汽车最高车速、汽车加速能力和汽车最大爬坡度等指标的评价。对于在用汽车的动力性常用驱动轮输出功率和汽车加速时间等指标进行评价。

本任务主要分析汽车动力性指标,汽车行驶所受的外力,动力性与汽车结构参数的关系,动力性实验的基本方法。

【课时计划】

项 目	项目内容	参考课时	备 注
3.1	分析影响汽车动力性的因素	4	理论
3.2	汽车动力性检测	2	理论

项目 3.1　分析影响汽车动力性的因素

情境导入

客户报修：

一辆2002年款别克赛欧轿车，行驶里程为65 000 km。该车行驶过程中存在加速不良的现象，并且发动机怠速时有规律的间歇性抖动，踩下加速踏板提高发动机转速后怠速抖动现象就会消失。

故障原因分析：

机械密封及配气相位(包括可变配气机构)是否异常；

燃油的供应是否与发动机工况匹配；

进排气系统(包括增压系统、可变进气系统和三元催化转换器等)是否异常；

点火时刻是否准确；

发动机电子控制系统如增压系统、可变进气系统等出现的其他干扰。

理论引导

3.1.1　汽车动力性的评价指标

1. 汽车最高车速 v_{max}

汽车最高车速 v_{max} 是指汽车在风速不大于 3 m/s 的条件下，在干燥、清洁、平直的良好路面(混凝土或沥青)上满载行驶所能达到的最高行驶速度(km/h)。

2. 汽车加速能力

由于加速度的数值不易测量，所以汽车加速能力常通过加速时间或加速距离来评价。汽车的加速能力直接影响汽车的平均行驶速度。

汽车加速时间是指汽车在风速不大于 3 m/s 的条件下，在干燥、清洁、平直的良好路面上，满载时由某一低速时刻加速到某一高速时刻所需要的时间(s)，常用原地起步加速时间和超车加速时间表示。

(1)原地起步加速时间：指汽车满载时在干燥、清洁、平直的良好路面上由一挡或二挡起步，并以最大加速强度在恰当的时机换挡，逐步换到最高挡后达到某一预定距离或车速所需的时间。一般可用从汽车静止加速到 400 m 距离或达到 100 km/h 速度所需的时间评价汽车原地起步加速性。

(2)超车加速时间：指用最高挡或次高挡由某一预定的中等车速(如 30 km/h 或 40 km/h)，以最大加速度，加速到某一预定的高速(如 80% 最高车速)所需的时间。超车加速性好，可以使超车时并行时间或距离缩短，从而减少发生碰撞事故的概率。

加速距离评价也常采用原地起步加速距离和超车加速距离表示。

(3)原地起步加速距离：指汽车满载时在平直良好的路面上，由一挡或二挡起步，并以最大加速度在恰当的时机换挡，逐步换到最高挡后达到某一预定车速所行驶的距离。一般可用从汽车静止加速到 100 km/h 速度所行驶的距离评价汽车原地起步加速性。

(4)超车加速距离：指用最高挡或次高挡由某一预定的中等车速以最大加速度，加速到某一预定的高速所行驶的距离。

为了使汽车安全地从有坡度的匝道驶入高速公路，也可以用汽车在规定的坡道(6%)上所达到规定车速所需的加速时间来评价汽车加速性能。

3. 汽车最大爬坡度 i_{max}

汽车的上坡能力用汽车最大爬坡度 i_{max} 来表示。在我国，汽车的最大爬坡度指汽车满载时在良好的路面上以一挡行驶所能通过的最大坡度。

由于汽车的类型不同，所以对最大爬坡度的要求也不一样。货车需要在各种路面上行驶，故要求具有较高的爬坡能力，一般货车的 i_{max} 在 30% 左右。而越野车可以在差路或无路条件下行驶，故应有更高的爬坡能力，通常越野车的 i_{max} 在 60% 左右。

4. 驱动轮输出功率

常用发动机在额定转矩或额定功率时的驱动轮输出功率作为在用汽车动力性评价指标。驱动轮输出功率指汽车发动机动力经传动系至驱动轮输出的功率。其功率计算如下

$$P_t = T_t n_t / 9\,550 = P_e \times \eta_T \tag{3.1}$$

式中，P_t——驱动轮输出功率，kW；

P_e——发动机输出功率，kW；

T_t——驱动轮输出转矩，N·m；

n_t——驱动轮转速，r/min；

η_T——传动系机械效率。

驱动轮输出功率是汽车发动机和传动系工作过程中的输出参数，它完全取决于发动机输出的功率和传动系的机械效率。汽车在使用过程中，发动机、传动系统的技术状况会逐渐下降，其驱动轮输出功率将因此而减小，所以用驱动轮输出功率的数值能评价在用汽车的动力性。

3.1.2 汽车动力性分析基础

分析汽车的动力性也就是分析汽车沿行驶方向上的运动状态，即需要分析沿汽车行驶方向作用于汽车上的各种外力关系。首先阐述各种外力，再阐述各种外力的关系。

1. 汽车的驱动力

汽车驱动力是指汽车行驶时，由地面提供给驱动轮的克服各种行驶阻力而推动汽车前进的作用力。汽车驱动力产生的原理如图 3.1 所示。

汽车行驶时，发动机的输出转矩经由传动系的离合器、变速器、传动轴、主减速器施加一个驱动力矩 T_t 至驱动轮上，使驱动轮旋转。当驱动轮转动时，在轮胎与地面接触点处，车轮对地面施加一个向后的切向作用力 F_0，与此同时，路面对车轮也施加了一个数值相等、方向与汽车行驶方向相同的切向反作用力 F_t，则 F_t 就是推动汽车行驶的驱动力。驱动力的数值与发动机的转矩、传动系的参数和车轮滚动半径有关，其大小可表示为

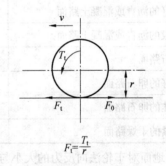

图 3.1 汽车驱动力产生的原理

$$F_t = T_t/r = T_e i_0 i_g \eta_T / r \tag{3.2}$$

式中，F_t——驱动力，N；

T_e——发动机输出的有效转矩，N·m；

i_g——变速器的传动比；

η_T——传动系统的效率；

r——车轮半径，m。

2. 汽车行驶阻力

汽车行驶过程中，阻止汽车前进的阻力有滚动阻力、坡度阻力、空气阻力和加速阻力四种，这些阻力合称为行驶阻力。

(1)滚动阻力 F_f。

滚动阻力是指车轮在路面滚动时,由轮胎与地面之间的相互作用和相互变形所产生的阻力。它主要由轮胎和路面变形所产生的能量损失引起。

弹性车轮在硬路面上滚动时,路面的变形很小,轮胎的变形很大,轮胎的弹性迟滞损失是产生滚动阻力的根本原因;车轮在松软路面滚动时,轮胎的变形很小,而路面的变形很大,路面变形引起的能量损失占主导地位,此外,轮胎与路面存在纵向、横向的局部滑移以及汽车减振系统和车轮轴承内部都存在着摩擦。车轮在滚动时产生的这些变形和摩擦都要消耗发动机一定的动力,因而形成滚动阻力。

滚动阻力与车轮的滚动紧密相连,在汽车中、低速运行时,它是行驶阻力的主要组成部分。其滚动阻力可表示为

$$F_f = F_z f \tag{3.3}$$

式中,F_f——滚动阻力,N;
  F_z——地面对车轮的法向反力,N;
  f——滚动阻力系数。

当总重为 G 的汽车在道路坡度角为 α 的路面行驶时,整车 $F_f = Gf\cos\alpha$。若在水平路面行驶,则 $F_f = Gf$,此时滚动阻力系数的物理意义是:单位汽车重力所需的推力。

滚动阻力的系数通过底盘测功机、道路滑行试验及汽车牵引负荷车试验等实验测得。实际上滚动阻力系数是一个变化值,它与路况、车轮状态、行驶车速等都有关系。一般路面状况越好,车轮滚动时的能量损失越少,则滚动阻力系数就越小;子午线轮胎因帘线层数少,弹性迟滞损失少使得其滚动阻力系数比普通斜交轮胎的小;同类型轮胎,在硬路面行车时,若轮胎气压降低,则车速越高,轮胎变形增加,弹性迟滞损失加大,滚动阻力系数变大;在路面及轮胎状况相同条件下,车速越高,轮胎周向、侧向扭曲度变形就越大,滚动阻力系数越大。表3.1给出了车速为50 km/h以下同路面的滚动阻力系数。

表3.1 不同路面的滚动阻力系数

路面类型	滚动阻力系数	路面类型	滚动阻力系数
良好的沥青或混凝土路面	0.010~0.018	压紧的雨后土路	0.050~0.150
一般的沥青或混凝土路面	0.018~0.020	泥泞土路(雨季或解冻期)	0.100~0.250
碎石路面	0.020~0.025	干沙	0.100~0.300
良好的卵石路面	0.025~0.030	湿沙	0.060~0.150
泥洼的卵石路面	0.030~0.050	结冰路面	0.015~0.030
压紧的干燥路面	0.025~0.035	压紧的雪道	0.030~0.050

地面对车轮法向反力的大小与汽车重力、承载状况和道路的坡度有关。汽车重力越大,地面对车轮的法向反力也就越大。

在良好路面上一些常见的汽车滚动阻力系数 f 的近似公式见表3.2。

表3.2 汽车滚动阻力系数近似公式

序 号	公 式	适用条件
1	$f = 0.007\,6 + 0.000\,056 u_a$	载货汽车轮胎
2	$f = 0.01(1 + u_a/162)$	载货汽车轮胎
3	$f = 0.006\,6 + 0.000\,028\,6 u_a$	重型载货汽车斜交轮胎
4	$f = 0.041 + 0.000\,025\,6 u_a$	重型载货汽车子午线轮胎

续表3.2

序号	公式		适用条件	
5	$f = f_0 + (f_1 u_a/100) + f_2(u_a/100)^4$		轿车子午线轮胎	
		SR	HR	SR（冬夏两用轮胎）
	f_0	0.007 2 ~ 0.012 0	0.008 1 ~ 0.009 8	0.008 5 ~ 0.012 0
	f_1	0.000 25 ~ 0.002 8	0.001 2 ~ 0.002 5	0.002 5 ~ 0.003 4
	f_2	0.000 65 ~ 0.002	0.000 2 ~ 0.000 4	0.005 ~ 0.001 0
6	$f = f_0 + f_1 + f_2 u_a^2$		轿车子午线轮胎	

在一般的动力性分析中，不考虑转弯增加的阻力。

(2)坡度阻力 F_i。

路面纵坡用坡道角 α 或坡度 i 表示。坡度 i 是坡高 h 与相应的水平距离 s 之比，也可以用百分率表示。坡道角与坡度的换算关系为

$$i = \frac{h}{s} \times 100\% = \tan \alpha \approx \sin \alpha \tag{3.4}$$

汽车上坡行驶时，汽车重力沿坡道方向的分力，称为坡度阻力 F_i，如图3.2所示。

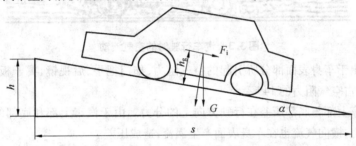

图3.2 汽车的坡度阻力

此时有

$$F_i = G\sin \alpha \tag{3.5}$$

式中，F_i——坡度阻力，N；

G——汽车重力 N，$G = mg$，m 为汽车质量，g 为重力加速度；

α——道路坡度，(°)。

当道路坡度 $\alpha < 10°$时，$\sin \alpha = \tan \alpha$，有

$$F_i = Gi \tag{3.6}$$

当道路坡度 α 较大时，上坡阻力按式(3.5)计算，汽车对路面的垂直压力为 $G\cos \alpha$，这时汽车的滚动阻力为 $F_f = Gf\cos \alpha$。

由于上坡阻力与滚动阻力均与道路有关，而且均与汽车重力成正比，因此常将滚动阻力与上坡阻力之和称为道路阻力，用 F_Ψ 表示。即

$$F_\Psi = G(f\cos \alpha + \sin \alpha) = G\Psi \tag{3.7}$$

式中，令 $\Psi = f\cos \alpha + \sin \alpha$。$\Psi$ 称为道路阻力系数，它表示单位车重的道路阻力。当 $\alpha < 10°$时，$\cos \alpha \approx 1$，$\sin \alpha \approx i$，此时，$\Psi = f + i$。

(3)空气阻力 F_w。

空气阻力是指汽车直线行驶时，空气作用在汽车行驶方向上的分力。

①空气阻力的组成。

空气阻力是由以下几方面因素引起的。

a. 汽车表面摩擦力。指由于空气的黏性在车身表面产生的切向力的合力在行驶方向的分力。当气流流

过车身时,由于空气黏性的作用,车身表面与空气之间发生摩擦,形成汽车表面摩擦阻力,它与车身表面质量及表面积的大小有关,但其值很小,约占全部空气阻力的9%。

b. 压力阻力。指作用在汽车外形表面法向压力合力在行驶方向上的分力。压力阻力又分为形状阻力、干扰阻力、诱导阻力和内循环阻力。

形状阻力约占空气阻力的58%,行驶时空气流经车身,汽车前部空气相对被压缩,压力升高,车身尾部和圆角处空气稀薄形成涡流,引起负压如图3.3所示。由汽车前后部空气压力差所引起的阻力称为形状阻力,其值与车身主体有很大关系,例如,车头、车尾的形状以及挡风玻璃的倾角等。

图3.3 汽车行驶时的空气流动

干扰阻力是指突出于车身表面部分所引起的空气阻力,如门把手、后视镜、翼子板、悬架导向杆、驱动轴等引起的阻力,其值约占空气阻力的14%。

诱导阻力是指汽车上部与底部压差在行驶方向上的分力。由于汽车上部和底部的空气压力不同,可引起横向气流和空气升力,横向气流也在车身表面产生涡流,造成压差。

内循环阻力是指发动机冷却系、车身内通风操作等所需要空气流经车体内部时形成的阻力,约占空气阻力的12%。

可见改进车身的形状设计,尽量减少涡流区是减小空气阻力的主要措施。以上各种阻力比例系数是以轿车为例给出的。由于车速不断提高,因此对轿车的车身形状也越来越重视。

②空气阻力的计算。

在汽车行驶速度范围内,根据空气动力学原理空气阻力通常表示为

$$F_w = \frac{1}{2} C_D A \rho v_r^2 \tag{3.8}$$

式中,F_w——空气阻力,N;

　　　C_D——空气阻力系数;

　　　ρ——空气密度,一般 $\rho = 1.2258 \text{ N} \cdot \text{s}^2 \cdot \text{m}^{-4}$;

　　　A——迎风面积,即汽车行驶方向的投影面积,单位为 m^2;估算时,对于货车 $A=BH$,对于轿车 $A=0.78B_1H$,其中 B 为轮距,B_1 为车宽,H 为车高,典型轿车的 A 为 $1.7 \sim 2.1 \text{ m}^2$,货车的 A 为 $3 \sim 3.7 \text{ m}^2$,客车的 A 为 $4 \sim 7 \text{ m}^2$。

　　　v_r——汽车与气流的相对速度,m/s。

式(3.8)说明空气阻力与气流的相对速度的动压力 $\frac{1}{2}\rho v_r^2$ 成正比。对于无风时,把 ρ 的数值代入,汽车行驶速度 v 以 km/h 计,则式(3.8)为

$$F_w = \frac{C_D A v^2}{21.15} \tag{3.9}$$

由式(3.9)可见影响空气阻力 F_w 的设计因素是空气阻力系数 C_D 和迎风面积 A。A 值受到乘坐使用空间的限制,变化不大,因此只能从减小 C_D 的值入手。

③降低空气阻力系数 C_D 的一般要点。

汽车车身前部发动机罩适当向前倾。面与面的交接处呈平滑圆弧状。前风挡玻璃倾角应尽可能小,且与发动机罩和车顶的过渡应圆滑。尽量减少车灯、后视镜等突出物,且突出物应接近流线型。保险杠下应有合适的扰流板,车轮罩应与车轮相平。

整个车身应向前倾 1°~2°,水平投影为腰鼓形,后端稍稍收缩,前端呈半圆形。汽车尾部较好的形状为舱背式或直背式。行李舱上盖应短而高,后扰流板具有降低空气阻力和提高稳定性的作用,车身底部要求有平滑的盖板盖住零部件使其平整化,盖板从车身中部或由后轮以后向上稍稍升高。

优化散热器和通风进出口的位置。载货汽车车顶部安装导流板,侧面安装护板。

C_D 值是随汽车装载引起车身底部与路面的间隙、车身的仰俯角不同及侧向风的大小不同而不同,一般给定的货车为额定载荷下、轿车为半载下的无侧向风时的 C_D 值。表3.3 汇总了一些汽车的空气阻力系数 C_D 和迎风面积的数据。

表3.3 汽车的空气阻力系数与迎风面积

车型	迎风面积 A/m^2	空气阻力系数 C_D	车型	迎风面积 A/m^2	空气阻力系数 C_D
典型轿车	1.7~2.1	0.30~0.41	BMW753i	2.11	0.33
货车	3.0~3.7	0.60~1.00	Lexus400	2.06	0.32
客车	4.0~7.0	0.50~0.80	Santana	1.89	0.425

(4)加速阻力 F_j。

汽车加速行驶时,需要克服其质量加速运动产生的惯性力,就是加速阻力。加速阻力的大小主要与汽车的总质量、旋转质量的大小和加速度有关。汽车的质量分为平移质量和旋转质量两部分,加速时,不仅平移质量产生惯性力,旋转质量也要产生惯性力偶矩。为了便于计算,常用系数 δ 把旋转质量的惯性力偶矩转化为平移质量的惯性力,因而汽车加速阻力可表示为

$$F_j = \delta m \frac{dv}{dt} \tag{3.10}$$

式中,F_j——加速阻力,N;

m——汽车质量,kg;

$\dfrac{dv}{dt}$——汽车行驶的加速度,m/s^2;

δ——汽车旋转质量换算系数,其物理意义是:将旋转质量的惯性力偶矩等效地叠加到平均质量惯性力上,表示平移质量惯性力应扩大的倍数。

汽车加速阻力 F_j 作用在汽车的质心上,其方向与加速度方向相反。汽车加速时,其加速度阻力虽然消耗了发动机能量,但汽车的动能有所提高,而当汽车减速行驶时,其部分动能便加以释放,对外做功,F_j 就成了行驶助力。

3.1.3 汽车行驶条件

1. 汽车行驶的驱动条件

汽车必须有一定的驱动力,以克服各种行驶阻力,才能正常行驶。表示汽车驱动力和各种阻力之间关系的等式称为汽车的行驶方程式,即

$$F_t = F_f + F_w + F_i + F_j \tag{3.11}$$

或

$$\frac{T_g i_0 i_g \eta_T}{r} = Gf\cos\alpha + \frac{C_D A v^2}{21.15} + G\sin\alpha + \delta m \frac{dv}{dt} \tag{3.12}$$

式(3.11)说明了汽车直线行驶时驱动力与各种行驶阻力之间的平衡关系。当路面的接触强度足够大时,若汽车驱动力和与各行驶阻力的平衡关系不同,则汽车的运动状态不同。

若 $F_t > F_f + F_w + F_j$,则汽车将加速行驶;若 $F_t = F_f + F_w + F_j$,则汽车将匀速行驶;若 $F_t < F_f + F_w + F_j$,则汽车将不能起步,或行驶的汽车将减速至停车。

所以满足汽车行驶的第一个条件为

$$F_t \geq F_f + F_w + F_j \tag{3.13}$$

式(3.13)被称为汽车行驶的驱动条件。

2. 汽车行驶的附着条件

汽车行驶的驱动条件不是汽车行驶的充分条件。松软路面或建筑工地上有时会见到汽车驱动轮陷入泥坑,驱动轮相对地面产生滑转,使汽车不能行驶的现象,驾驶员采用加大节气门的方法,增大汽车驱动力,其结果只能使驱动轮加速旋转,汽车仍不能行驶。这种现象说明,地面作用在驱动轮上的切向反力,受地面接触强度的限制,并不能随意增大。汽车行驶除满足驱动条件外,还要满足地面接触强度提供的条件,即附着条件,这样汽车才能正常行驶。

无侧向力作用时,地面对轮胎切向反作用力的极限值,称为附着力。在硬路面上,附着力与驱动轮的法向反作用力成正比,即

$$F_\psi = F_{z\psi} \varphi \tag{3.14}$$

式中,F_ψ——驱动轮的附着力,N;

$F_{z\psi}$——驱动轮的法向反作用力,N;

φ——附着系数,由试验确定,取决于轮胎、路面和使用条件。

汽车驱动力的最大值固然取决于发动机的最大转矩和传动系的传动比,但实际汽车的驱动力还受到附着力的限制。当附着力较大时,汽车不仅能充分发挥发动机的动力,还能得到较大的驱动力;当附着力较小时,汽车的驱动力就较小,此时汽车节气门即使继续增大,也只会增加驱动轮的滑转速度,而不会增大地面对驱动轮的切向反力,即不会增大驱动力。所以满足汽车行驶的第二个条件为

$$F_t \leq F_\psi \tag{3.15}$$

3.1.4 汽车动力性分析

1. 汽车的驱动力平衡

汽车驱动力平衡是指汽车行驶时驱动力恒等于行驶阻力的状态。汽车驱动力与行驶阻力的平衡关系,可通过汽车行驶方程式分析得出,当汽车发动机的外特性、变速器传动比、主减速比、传动效率、车轮半径、空气阻力系数、汽车迎风面积及汽车质量等参数初步确定后,便可确定汽车在附着性能良好路面上的动力性指标。

为了清晰而形象地表明汽车行驶时的受力情况及其平衡关系,一般利用汽车驱动力-行驶阻力平衡图来分析汽车的动力性,利用图解确定汽车的动力性指标。汽车驱动力-行驶阻力平衡图是指将汽车各挡位的 $F_t - v$ 图与汽车行驶时经常遇到的 $(F_f + F_w) - v$ 图以同样的比例尺画在同一坐标(力-车速)上的曲线图。如图3.4所示为某五挡变速器轿车的驱动力-行驶阻力平衡图,从图可以清楚地看出不同车速、不同挡位时驱动力和行驶阻力之间的关系,并可容易地确定汽车动力性评价指标。

(1)确定汽车最高车速。

最高车速可以直接图解得到。最高车速时,其坡度

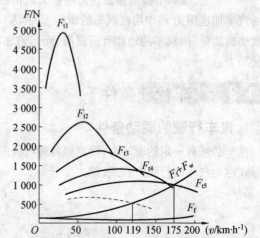

图3.4 汽车驱动力-行驶阻力平衡图

阻力和加速阻力应为零,由汽车行驶平衡方程式分析可知,此时 $F_t = F_f + F_w$,汽车受力处于相对平衡状态。显然,图 3.4 上 F_{t5} 曲线与 $F_f + F_w$ 曲线的交点所对应的车速便是最高车速 v_{max},约为 175 km/h。

当需要以较低车速等速行驶时,驾驶员可以关小节气门开度,使发动机在部分负荷特性下工作,其驱动力如图 3.4 虚线所示,其虚线与 $F_f + F_w$ 曲线的交点所对应的车速(119 km/h)即为新的稳定车速。

确定汽车加速能力从图 3.4 中可以看出,当车速小于最高车速时,驱动力就大于行驶阻力,当汽车在水平路面行驶时,多余的驱动力就可以用来加速。根据汽车行驶方程式可求得车在水平良好的路面的加速度为

$$\frac{dv}{dt} = \frac{1}{\delta m}[F_t - (F_f + F_w)] \qquad (3.16)$$

按式(3.16),利用图 3.4 即可求出汽车各挡及其对应车速的加速度曲线,显然,在附着条件足够时,汽车的驱动力越大,汽车的加速度就越大,加速能力就越强。通常低挡时,加速度较大;同一挡位时,速度较低时加速度较大。

实际应用中,用汽车加速时间来评价汽车加速能力。这可利用各挡节气门全开时图解得到的加速度曲线,来获取其加速度倒数曲线,从而求得汽车由 v_1 加速到 v_2 所需的时间。设汽车的加速度为 a,由运动学知识可知

$$dt = \frac{1}{a}dv \qquad (3.17)$$

$$t = \int_0^t dt = \int_{v_1}^{v_2} \frac{1}{a}dv = A \qquad (3.18)$$

即加速时间可用计算机进行积分计算或用图解积分法求出。

(2)确定汽车爬坡能力。

由图 3.4 可知,当车速小于最高车速时,驱动力就大于行驶阻力,当汽车等速行驶时,多余的驱动力就可用来爬坡。根据汽车行驶方程式求得汽车的爬坡度为

$$\alpha = \arcsin \frac{F_t - (F_f + F_w)}{G} \qquad (3.19)$$

按式(3.19),利用图 3.4 即可求出汽车能爬上的坡度角,相应地根据 $i = \tan \alpha$ 可求出爬坡度。图解求出 i_{max} 的第一挡最大爬坡度即为汽车的最大爬坡度。显然,在附加条件足够时,汽车第一挡的驱动力越大,则汽车的爬坡能力就越强。

2. 汽车动力特性

(1)动力特性。

利用驱动力–行驶阻力平衡图可以确定汽车的最高车速、加速能力和爬坡能力,可以利用这种图评价同一型号汽车的动力性,但不能利用这种图评价不同型号汽车的动力性。因为汽车的道路阻力和加速阻力都与车重成正比,空气阻力则与汽车外形等因素有关,不能根据驱动力–行驶阻力平衡图中驱动力的大小,就简单地判定汽车的动力性。因此提出了一个能比较不同车型动力性的参数,它包括汽车总重、空气阻力及驱动力诸因素。通过对汽车行驶方程的变换,人们已经找到了符合要求的表征动力特性的指标——动力因数 D。

动力因数是指单位汽车总重的剩余驱动力,其定义为

$$D = \frac{F_t - F_w}{G} \qquad (3.20)$$

根据汽车行驶方程式可推得

$$D = f\cos\alpha + \sin\alpha + \frac{\delta}{g}\frac{dv}{dt} \qquad (3.21)$$

从式(3.19)可知,只要两车的 D 值相等,则它们在相同的道路条件下,便可爬同样大小的坡度,或产生同样的加速度(δ 值应相等)。也就是说,具有相同动力因数的汽车,尽管它们总重力和空气阻力有关参数不

同,但它们具有相同的克服道路阻力和加速阻力的能力。因此,动力因数反映了汽车的动力性,所以常把动力因数作为表征汽车动力特性的指标。若D值大,汽车动力性好。

(2)动力特性分析。

利用汽车动力特性图可以很好地分析汽车的动力性。汽车在各挡下的动力因数与车速的关系曲线称为动力特性图,如图3.5所示。将汽车滚动阻力系数f随车速的变化关系曲线,以同样比例尺画在动力特性图上,就可以方便地求解汽车动力性评价指标。

①确定汽车最高车速。

汽车在最高车速行驶时,$\dfrac{dv}{dt}=0$,$\sin\alpha=0$,$\cos\alpha=1$,将其代入式(3.21)得,$D=f$,因此D曲线与f曲线的交点所对应的车速就是汽车的最高车速$v_{\max}$。

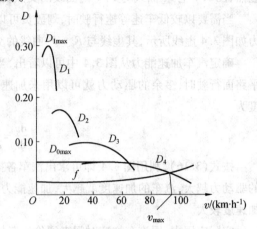

图3.5 汽车动力特性图

②确定汽车爬坡能力。

汽车等速上坡行驶时,由式(3.21)得

$$D = f\cos\alpha + \sin\alpha \tag{3.22}$$

解此方程得

$$\alpha = \arcsin\dfrac{D-f\sqrt{1-D^2+f^2}}{1+f^2} \tag{3.23}$$

然后按$i=\tan\alpha$可求出各种车速对应的各挡爬坡度。求最大爬坡度时,可将图3.5中第一挡的最大动力因数$D_{1\max}$和对应的滚动阻力系数f代入式(3.23),求出最大坡度角$\alpha_{1\max}$,然后按$i_{\max}=\tan\alpha_{1\max}$换算成汽车的最大爬坡度。

若道路坡度角不大或粗略估算汽车的爬坡能力,则可认为$\cos\alpha\approx1$和$\sin\alpha\approx\tan\alpha=i$,将其代入式(3.22)后变换得

$$i = D - f \tag{3.24}$$

式(3.24)说明动力特性图上的D与f曲线间的距离粗略地表示了汽车在各挡位相应车速的爬坡度。显然,在附着条件足够时,汽车的最大动力因数越大,汽车的爬坡能力就越强。

③确定汽车加速能力。

汽车加速行驶时,$i=0$,由式(3.21)得

$$\dfrac{dv}{dt} = \dfrac{g}{\delta}(D-f) \tag{3.25}$$

式(3.25)表示在汽车动力特性图中,某时刻车速时D与f曲线间距的g/δ倍即为该车速所能达到的加速度。利用各挡节气门全开时图解得到的加速度及其倒数曲线,可求得所需的汽车加速时间。显然,在附着条件足够时,汽车的动力因数越大,则汽车的加速能力就越强。汽车第一挡的最大动力因数$D_{1\max}$和最高挡位的最大动力因数$D_{0\max}$,对汽车的平均行驶速度有很大影响,是评价汽车动力特性的重要参数。

3. 汽车的功率平衡

(1)功率平衡。

汽车的功率平衡是指发动机发出的功率恒等于汽车行驶阻力时所消耗的功率与机械传动损失功率。若发动机发出的功率为P_e(kW),汽车行驶阻力所消耗的功率为:滚动阻力功率P_f、坡度阻力功率P_i、空气阻力功率P_w和加速阻力功率P_j,则汽车的功率平衡方程式为

$$P_e = (P_f + P_i + P_w + P_j)/\eta_T \tag{3.26}$$

或者

$$P_e = \frac{v}{3\,600\eta_T}\left(Gf\cos\alpha + G\sin\alpha + \frac{C_D A v^2}{21.15} + \delta m \frac{dv}{dt}\right) \tag{3.27}$$

(2)功率平衡分析。

利用汽车的功率平衡图可以从功率平衡的角度研究汽车的动力性,并且更能说明传动比的选择、发动机外特性形状等对汽车动力性的影响。若以纵坐标表示功率,横坐标表示车速,将发动机功率P_e、汽车经常遇到的阻力功率$(P_f + P_w)/\eta_T$对车速的关系曲线绘在坐标图上,即得汽车功率平衡图,如图3.6所示。

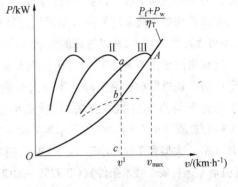

图3.6 汽车功率平衡图

汽车功率平衡图表明,挡位不同时其功率大小的范围不变,但各挡的功率(P_e)曲线所对应的车速范围不同,高挡的车速变化范围比低挡宽,且向高度方向移动。

①确定最高车速。

最高车速时,发动机功率完全与滚动阻力功率、空气阻力功率和传动损失功率平衡,因而图3.6中发动机功率曲线与阻力功率曲线交点处A所对应的车速,便是汽车在良好水平路面上的最高车速$v_{\max}$。当阻力功率曲线和变速器传动比一定时,主减速器传动比的变化将会导致发动机功率曲线在坐标图中偏左或偏右的位置,从而改变汽车的最高车速,影响汽车的动力性。

②确定后备功率。

当驾驶员减小节气门开度时,发动机即在部分负荷特性下工作,发动机发出的功率如图3.6中的虚线所示。其虚线与阻力功率曲线的交点所对应的车速v'即为汽车在该节气门开度下的等速行驶车速。此时,发动机能发出的功率为$\overline{ac}$,汽车阻力功率为$\overline{bc}$,而功率之差为

$$P_e - \frac{P_f + P_w}{\eta_T} = \overline{ac} - \overline{bc} = \overline{ab} \tag{3.28}$$

它可以用来加速或爬坡,通常称为汽车的后备功率。

在一般情况下维持汽车等速行驶所需的发动机功率并不大,发动机节气门的开度较小。当需要爬坡或加速时,驾驶员加大节气门开度,汽车的全部或部分后备功率才发挥作用。因此,汽车的后备功率越大,汽车的动力性就越好。

③确定负荷率。

发动机负荷率是指发动机在某一转速下实际发出的功率与所能发出的功率的比值。在功率平衡图中可以很容易确定汽车在某一车速某一挡位下的发动机负荷率。图3.6中$\overline{bc}$与$\overline{ac}$的比值即为汽车在v'车速下的发动机负荷率。负荷率的高低表明了汽车功率的利用程度,负荷率低,表示汽车功率利用较少,汽车的后备功率较大,此时汽车具有良好的加速能力或爬坡能力;负荷率高,表示汽车此时的功率利用较大,适当提高汽车发动机负荷率,可提高汽车的燃油经济性。

实际上,利用功率的概念能很好地概括汽车动力性,如驱动轮输出功率($P_e\eta_T$)大,说明车速与阻力之积较大,表示汽车在良好路面行驶的最高车速高;驱动轮输出功率大,说明在良好路面上单位时间内提高汽车动能的能力强,表示汽车的加速性能好;驱动轮输出功率大,说明汽车在单位时间内提高汽车势能的能力强,表示汽车的爬坡能力大。

3.1.5 影响汽车动力性的主要因素

为了提高汽车的动力性,使汽车具有合理的动力性参数和良好的使用条件,必须对影响汽车动力性的主要因素进行分析。

1. 发动机参数的影响

发动机的最大功率和最大转矩对汽车动力性影响最大。发动机最大功率、最大转矩越大,发动机动力性越好。但发动机功率过大,也是不合理的,一方面发动机功率过大导致发动机尺寸、质量、制造成本增大,同时还导致发动机负荷过低使汽车燃油经济性显著下降;另一方面,汽车驱动力的提高受到附着条件的限制,不可无限制地增大,所以过高的发动机功率、转矩也是无益的。

通常用汽车比功率(kW/t)来衡量汽车发动机功率是否匹配,汽车比功率是指发动机最大净功率与汽车最大允许总质量之比。汽车比功率与汽车的类型有关,总质量小于 4 t 的货车为 11～15 kW/t,总质量小于 5 kW/t 的货车为 7.35～11 kW/t,一般货车约为 10 kW/t,大型客车应不小于 14.5 kW/t,轿车的比功率更大。我国《机动车运行安全技术条件》(GB 7258—2012)规定,低速货车比功率不应小于 4.0 kW/t,除无轨电车外的其他机动车的比功率不允许小于 5.0 kW/t。

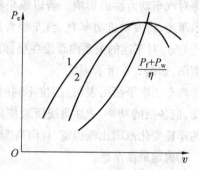

图 3.7 发动机外特性曲线

发动机外特性曲线形状对动力性也有较大的影响。如图 3.7 所示为两台发动机的外特性曲线,其最大功率相等。由图可知,外特性曲线 1 的后备功率较大,使汽车具有较大的加速能力和上坡能力,动力性较好;同时外特性曲线 1 适应汽车行驶阻力变化的能力强,可使换挡次数减少,有利于提高汽车的平均行驶速度。

2. 传动系参数

(1) 传动系机械效率。

发动机发出的功率经传动系传至驱动轮的过程中,必然会消耗一部分功率。常用传动系机械效率 η_T 来描述其消耗程度。传动系机械效率是指传动系输出功率与出入功率的比值,即

$$\eta_T = \frac{P_e - P_T}{P_e} \tag{3.29}$$

式中,P_T——传动系的损失功率,kW。

传动系的功率损失可分为机械损失和液力损失两大类。机械损失是指齿轮传动副、轴承、油封等处的摩擦损失,其功率损失的大小与齿轮啮合的对数、传递转矩的大小等因素有关。液力损失是指消耗于润滑油的搅动、润滑油与旋转零件之间的表面摩擦等损失,其功率损失的大小取决于润滑油的品种、温度、箱体内的液面高度及齿轮等旋转零件的转速等。

正常的传动系机械效率见表 3.4。若传动系机械效率高,则说明传动系的损失功率小,输给驱动轮的功率大,汽车动力性好。正确装配、合理调整传动系部件,在润滑油中加入减摩添加剂和选用黏度适当且黏温性能好的润滑油,保持传动系具有良好的润滑,对提高传动系的机械效率均会有明显的效果。

表 3.4 汽车传动系机械效率

汽车类型		机械传动效率 η_T
轿车		0.90～0.92
载货汽车和客车	单级主减速器	0.90
	双级主减速器	0.84
4×4 越野汽车		0.85
6×4 载货汽车		0.80

(2)主减速器传动比。

变速器处于直接挡时,主减速器传动比i_0将直接影响汽车动力性。对于变速器无超速挡的汽车,主减速器传动比将决定汽车的最高车速和克服行驶阻力的能力。如图3.8所示为其他条件相同而主减速器传动比不同的直接挡功率平衡图。当选择$i_0=i_{02}$时,汽车最高车速等于发动机最大功率点的车速,此时汽车最高车速是最大的,如v'_{max2}。若增大i_0,使其$i_0=i_{01}$,则汽车的后备功率增大,汽车的加速能力和爬坡能力提高,汽车低速动力性较好,但汽车最高车速降低至v_{max1}。若减小i_0,使其$i_0=i_{03}$,则汽车的后备功率减小,同时汽车的最高车速降低至v_{max3},动力性变差,但发动机功率利用率提高,燃油经济性较好。为了提高汽车动力性,i_0应选得适中。

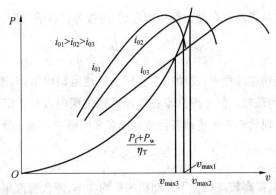

图3.8 主减速器传动比不同时的功率平衡图

(3)变速器挡数。

变速器挡数增多,发动机在最大功率附近高功率工作的机会就会增加,此时发动机的平均功率利用率增高,后备功率相应增大。例如,在两挡变速器的一挡与直接挡之间增加两个挡位时(图3.9),汽车的最高车速和最大爬坡度均不变,但在一定的速度范围内,可利用的后备功率增大了(图中阴影线表示的区域),同样有利于汽车的加速和爬坡,此时汽车的动力性好。

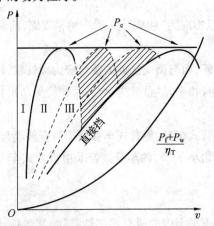

图3.9 变速器挡位对汽车动力性的影响

当变速器挡数很多时,汽车行驶的驱动力特性就接近理想的动力特性,汽车就具有良好的加速性和爬坡能力。另外挡数较多,可使换挡容易,操纵性好,同时汽车在低燃油消耗率区间工作的机会加大。但挡数过多,会使变速器的结构变得复杂,同时操纵机构也会变得复杂。通常,轿车变速器采用三至五个挡,轻、中型货车变速器采用四至五个挡,重型汽车变速器多于五个挡。为保证有足够多的挡位而结构又不复杂,不少重型汽车的变速器后还接上一个具有两个挡位或三个挡位的副变速器,在越野汽车的变速器后带有一个具有高、低挡的分动器。

(4)变速器传动比。

汽车以最低挡行驶时,必须保证汽车具有足够的驱动力,以使汽车具有克服最大行驶阻力的能力。在其他条件相同时,一挡传动比直接影响汽车起步加速性能和最大爬坡能力,这是因为一挡传动比越大,该挡的最大驱动力和动力因数也就越大。因此,一挡传动比应足够大。当然,一挡传动比增大的程度必须满足附着条件,当一挡发动最大驱动力时,驱动轮不应产生滑转。

有些汽车变速器的最小传动比为1,但有很多汽车特别是小轿车变速器的最小传动比小于1。变速器传动比小于1的挡位,称为超速挡,利用超速挡的目的主要是提高汽车在良好路面上行驶时的发动机负荷率,从而提高汽车的燃油经济性。

变速器各挡传动比的分配从提高汽车动力性角度考虑,应按等比级数分配,即

$$\frac{i_{g1}}{i_{g2}} = \frac{i_{g2}}{i_{g3}} = \cdots = \frac{i_{g(n-1)}}{i_{gn}} \tag{3.30}$$

这种分配可使汽车在换挡加速过程中,发动机总在同一转速范围内工作,离合器易实现无冲击结合;同时功率利用程度最高,加速时间最短。但考虑汽车在实际换挡过程中占有一定时间,车速有所下降,且使用车速范围大,高挡位利用率高,现代汽车变速器各挡传动比多采用渐进式速比分配,即

$$\frac{i_{g1}}{i_{g2}} > \frac{i_{g2}}{i_{g3}} > \cdots > \frac{i_{g(n-1)}}{i_{gn}} \tag{3.31}$$

这种分配便于高挡位换挡,提高较高挡位下发动机的平均功率,能改善汽车在较高挡位行驶的动力性。

3. 空气阻力系数

根据公式 $D = (F_t - F_w)/G$,若汽车总重力与驱动力不变,空气阻力越小,则空气动力因数 D 越大,汽车最高车速也越高,汽车的动力性就越好。但汽车在高速行驶时,空气阻力很大,为了提高汽车的动力性,应减小空气阻力。而减小空气阻力的主要手段是降低空气阻力系数 C_D。现代汽车设计师都注重改善车身的流线型,对轿车车身常采用下列方法来降低空气阻力系数。

(1)整车。

整个车身应向前 $1° \sim 2°$,水平投影应为"腰鼓"形,后端稍稍收缩,前端呈半圆形。

(2)车身前部。

车身前部的发动机罩应向前下倾,面与面交接处的棱角应为圆柱状,风窗玻璃应尽可能躺平且与车顶圆滑过渡,前支柱应圆满,侧窗应与车身相平,尽量减少车灯、后视镜等凸出物,凸出物的形状应接近流线型。

(3)汽车后部。

汽车后部最好采用舱背式或直背式车身,舱背式车身是指后窗玻璃与水平线呈 $25° \sim 50°$ 角的车身,而直背式车身是指后窗玻璃与水平线夹角小于 $25°$ 的车身。若采用折背式车身,则行李箱盖板应高而短,后面应有鸭尾式结构。

(4)车身底部。

车身底部用平滑的盖板将车身下平面内的所有零部件盖住,其盖板从车身中部或由后轮以后向上稍稍升高。

现代轿车的空气阻力系数 C_D 已大大降低,高级轿车的 C_D 值已达0.3以下,有的车身 C_D 值已达0.2,这对减少高速行驶时的功率消耗是非常有利的,可提高汽车动力性。

4. 汽车质量

汽车质量对汽车动力性影响很大。除空气阻力外,其他行驶阻力都与汽车质量成正比。而动力因数则与汽车质量成反比。因此,随着汽车质量的增大,其行驶阻力增加,动力因数降低,汽车的动力性下降。

汽车作为一种运输工具,不能通过减少装载质量来提高汽车的动力性,而最有效的方法就是减轻汽车的整备质量来提高汽车的动力性。减轻汽车整备质量的主要措施是:用计算机优化设计;增加铝与复合材料在

汽车上应用的比例；改善汽车各总成乃至零件的结构，使强度充分发挥，减小结构尺寸和用料量；采用承载式车身；提高轮胎的可靠性；去掉备胎等。

5. 汽车的驱动形式

汽车驱动形式不同，相应的附着条件就不同，汽车所能获得的最大驱动力就不同，因而对汽车的动力性就有影响。

单轴驱动汽车，一般以后轴作为驱动轴，这样有利于提高汽车的动力性。当汽车上坡、加速或高速行驶需加大驱动力时，地面作用于驱动轮的法向反作用力增大，附着力也随之增大，汽车容易获得足够的附着力而保证所需的驱动力。

采用全轮驱动的汽车比单轴驱动汽车有更良好的动力性，因为它能够利用的附着力是最大的，同时当某一驱动轴失去驱动能力时，另外的驱动轴仍可继续驱动。

自动四轮驱动系统(4WD)已开始应用在一些轿车上，该系统能根据行驶路面的情况自动采取双轮驱动或四轮驱动，以充分发挥所需的驱动力来提高汽车的动力性。通常情况下，汽车处于2WD模式运行，而当前轮与后轮之间出现转速差时，说明驱动轮出现滑转，则应提高附着力，此时控制系统将使2WD模式自动转换成4WD模式。当汽车等速行驶或减速行驶时，一般为两轮驱动，当突然加速或上大坡时，就有可能成为四轮驱动，这一转变是自动实现的。

6. 汽车轮胎

汽车行驶时轮胎的滚动阻力和附着性能对汽车动力性产生较大的影响。为了提高汽车动力性，应尽量减少汽车轮胎的滚动阻力，同时增加道路与轮胎间的附着力。根据这一原则，对于在硬路面上行驶的汽车，应采用子午线轮胎，因为其花纹细而浅，且具有较高的轮胎气压；在松软的路面上行驶的汽车，应采用粗而深的轮胎花纹，较低的轮胎气压。

轮胎的尺寸对动力性也有影响。当其他条件相同时，其驱动力与轮胎半径成反比，而车速又与轮胎半径成正比，这说明轮胎半径对与动力性有关的驱动力和车速的影响是矛盾的。现在，行驶于良好路面上的汽车，轮胎尺寸有减小的趋势，因为汽车在良好的路面上行驶时，附着力较大，若采用小直径的轮胎，可得到较大的驱动力，而车速的提高可用减小主减速器传动比的方法来解决。另外，采用宽系列轮胎，可增加轮胎与地面间的附着系数，改善其附着性能，从而提高汽车的动力性。

7. 使用因素

(1) 发动机技术状况。

发动机技术状况是保证汽车动力性的关键。发动机是汽车动力的来源，若发动机技术状况不良，其功率、转矩就会下降，那么汽车动力性就会随之下降。因此，应对发动机加强维护，保证发动机具有良好的技术性能。

(2) 底盘技术状况。

汽车底盘技术状况从多方面影响汽车动力性，如传动系技术状况不良，则动力传递时的功率损失会增大，驱动轮获得的功率会减少；如行驶系技术状况不良，则汽车的行驶阻力会增大，汽车行驶的平顺性和操纵稳定性就会变差；汽车高速行驶时，如转向系、制动系技术状况不良，则会直接影响汽车的行车安全，汽车的动力性就得不到充分发挥；若底盘技术状况不良，则汽车的平均行驶速度会降低，动力性会变差。因此，应加强对汽车底盘的检查、维护，确保汽车底盘具有良好的技术性能。

(3) 驾驶技术。

能否熟练地驾驶，适时和迅速地换挡以及正确地选择挡位，对发挥和利用汽车的动力性具有很大影响。同一辆车，同样的行驶条件，不同的驾驶者驾驶，可能具有不同的平均行驶速度，这就是驾驶技术在起作用。

(4) 汽车行驶条件。

行驶条件中的气候和路面对汽车动力性的影响较大。汽车长时间在高温条件下工作，由于发动机过热，使进气温度高,引起功率下降,导致汽车动力性降低;汽车行驶在高原地区,由于充气量与压缩压力下降,引起发动机功率下降,导致汽车动力性下降;汽车在坏路面行驶时,路面和轮胎间的滚动阻力较大,附着系数较小,汽车的动力性下降。

任务实施

道路检测动力性的试验项目有通过最高车速试验、加速性能试验、爬坡性能试验与滑行试验。

国家标准《汽车道路试验方法通则》(GB/T 12534—1990)中规定了汽车道路试验方法中通用的试验条件和试验车辆的准备工作。

1. 装载质量

试验车辆的装载质量为厂定最大装载质量。装载物应均匀分布且固定牢靠,试验过程中不得晃动和颠离;不应因潮湿、散失等条件变化而改变其质量,以保证装载质量的大小、分布不变。

2. 轮胎压力

试验过程中,轮胎冷充气压力应符合该车技术条件的规定,误差不超过 ±10 kPa。

3. 燃料、润滑油和制动液

试验汽车使用的燃料、润滑油和制动液的牌号和规格,应符合该车技术条件或其试验项目标准的规定。除可靠性行驶试验、耐久性道路试验及使用试验外,同一次试验的各项性能必须使用同一批燃料、润滑脂和制动液。

4. 气象条件

除对气象有特殊要求的试验项目外,其余试验应在无雨、无雾,相对湿度小于95%,气温为0~40 ℃,风速不大于3 m/s 的天气条件下进行。

5. 试验仪器、设备

试验仪器、设备须经计量检定,并在有效期内使用,使用前需进行调整,确保功能正常,符合试验项目的精度要求。

当使用汽车上安装的速度表、里程表测定车速和里程时,应按国家标准进行误差校正。

6. 试验道路

除对道路有特殊要求的试验项目外,其余试验道路应为用沥青或混凝土铺装的清洁、干燥、平坦的直线道路,道路长2~3 km,宽不小于8 m,纵向坡度在0.1%以内。

7. 试验车辆的准备工作

实验前,应记录试验样车的生产厂名、牌号、型号、发动机号、底盘号、各主要总成和出厂日期等。

检查车辆装备完整性及装配调整情况,使之符合该车装配调整技术条件及国家标准的有关规定,并经行驶里程不大于100 km 的行驶检查,方可进行道路试验。

试验前,应根据试验要求,对试验的车辆进行磨合,除特殊规定外,磨合规范应按该车使用说明书的规定进行。试验时,试验车辆必须进行预热行驶,使发动机、传动系统及其他部分预热到规定的温度状态。

操作环节	对应项目	具体程序
1	最高车速试验	进行最高车速试验时应关闭汽车门窗和空调系统等附加设施,试验车辆按通用试验条件的规定进行准备。试验需在符合试验条件的道路上进行,选择中间 200 m 为检测路段,并用标杆做好标记,测量路段两端为试验加速区间。根据试验汽车加速性能的优劣,选定充足的加速区间,使汽车在驶入测量路段前能够达到最高的稳定车速。试验汽车在加速区间以最佳的加速状态行驶,在到达测量路段前保持变速器(及分动器)在最高车速的相应挡位,此时节气门全开,使汽车以最高的稳定车速通过测量路段。试验过程中注意观察汽车各总成、部件的工作状况并记录异常现象 试验往返各进行一次,测定汽车通过测量路段的时间,并计算试验结果
2	加速性能试验	在进行最高挡和次高挡加速性能试验时,首先选取合适长度的加速性能试验路段,在两端各放置标杆作为标记。汽车在变速器预定挡位,以预定的车速(从稍高于该挡最低稳定车速起,选 5 的整数倍速度,如 20 km/h、25 km/h、30 km/h、35 km/h、40 km/h)等速行驶,监视初速度,当车速稳定后(偏差为 ±1 km/h),驶入试验路段,迅速将加速踏板踩到底,使汽车加速行驶至该挡最大车速的 80% 以上,对于轿车应到达 100 km/h。记录汽车的初速度和加速行驶的全过程,试验往返各进行一次,往返加速试验的路段应重合 起步连续换挡加速性能试验在上述试验路段进行,汽车停止在试验路段一端,变速器置于该车的起步挡,迅速起步并将加速踏板踩到底,使汽车尽快加速行驶,当发动机达到最大功率转速时,迅速无声地换挡,换挡后立即将节气门全开,直至达到最高挡最高车速的 80% 以上,对于轿车应加速到 100 km/h 以上。测定汽车加速的全过程,往返各进行一次,测试路段应重合。根据记录数据,分别绘制试验车辆往返两次的加速性能曲线
3	爬坡性能试验	试验车辆按通用试验条件的规定进行准备。试验时的坡道坡度应接近于试验车的最大爬坡度。坡道长度不小于 25 mm,坡前应有 8~10 m 的平直路段。试验车辆停在平直路段上,起步后,将节气门全开进行爬坡。测量并记录汽车测速路段的时间及发动机转速,爬坡过程中监视各仪表(如冷却液温度、机油压力等)的工作情况;爬坡至顶后,停车检查各部位有无异常现象发生,并做详细记录。如第一次爬不上,可进行第二次,但不应超过两次。爬坡失败时,测量停车点(后轮触地中心)到坡底的距离,并记录失败的原因
4	滑行试验	汽车加速到某预定速度后,摘挡脱开发动机,利用汽车的动能继续行驶直到停车的过程 进行滑行试验时,关闭汽车门窗,其他试验条件及试验车辆的准备按通用试验条件的规定。选择长约 100 m 的平整路段作为滑行区段,汽车在进入滑行区段前,车速应稍大于 50 km/h,此时驾驶员将变速器变速杆置入空挡,松开离合器踏板,汽车开始滑行,在滑行过程中,驾驶员不得转动转向盘,直至完全停车为止。记录从车速为 50 km/h 开始,到汽车停止的整个滑行过程的滑行时间和滑行距离。试验至少往返各滑行一次,往返区段尽量重合

项目 3.2 汽车动力性检测

情境导入

一辆普通桑塔纳轿车离合器结合后,出现汽车起步困难,运行中油耗上升,发动机常常出现过热、加速不良等现象,进场送修。

故障原因分析：

汽车出现起步困难、加速不良现象时,常由于离合器打滑和变速器、传动轴、驱动桥异响等动力不足造成。需对传动系的离合器、变速箱、万向传动装置、主减速器、差速器、半轴等进行故障诊断和故障排除。

理论引导

1. 道路检测

道路检测通常在干燥、清洁和平直的水泥或沥青路面上进行,要求路面坡度 $i \leq 0.1\%$,气温为 $0 \sim 4\ ℃$,风速不大于 $3\ m/s$,被测试汽车技术状态良好。我国规定动力性能检测时汽车为满载,轿车或客车的每位乘员可以 $60\ kg$ 重物替代。轮胎气压按技术条件误差不超过 $10\ kPa$。

(1)测定最高车速 v_{max}。

通过测定汽车以最高车速行经一定距离路段(我国规定为 200 m)所需的时间来求得 v_{max}。

(2)测定加速能力。

原地起步加速能力指低挡起步,轿车为一挡,货车为二挡,按最佳换挡时刻逐次换挡到最高挡,节气门全开,全力加速到 $0.8v_{max}$ 所用的时间和距离；原地起步加速到某一车速(如 100 km/h)或驶过某一距离(400 m)所需的时间。

超速加速能力指直接挡由 40 km/h 全力加速到 $0.8v_{max}$ 所需的时间或距离。

(3)测定上坡能力。

在一组坡度不同的坡道上检测,坡道长度应不小于 25 m。实验时,汽车停于坡道前平地上,以最低挡节气门全开进行爬坡,直至检测完成,所能通过的最大爬坡度即为汽车的最大爬坡度。显然,给定的坡度不一定符合被测车辆的最大爬坡度,此时可以用改变载荷和挡位的方法检测,再进行折算,折算式为

$$\sin \alpha = \sin \alpha' \cdot \frac{G'i_1}{Gi'_g} \tag{3.32}$$

式中,α——折算出的汽车最大坡度角,(°)；

α'——实验室的实际最大坡度角,(°)；

G——汽车满载总质量,kg；

G'——实验时的实际总质量,kg；

i_1——一挡速比；

i'_g——实验室的实际挡位速比。

(4)测定滚动阻力。

用滑行实验法测定低速滚动阻力。实验时车辆先稳定在某一车速,换入空挡滑行到停车,由记录数据求得

$$F_\mathrm{f} + F_\mathrm{w} = \delta_\mathrm{c} m \frac{\mathrm{d}v}{\mathrm{d}t} - \frac{T_\mathrm{t}}{r} \tag{3.33}$$

式中，δ_c——滑行时的汽车旋转质量换算系数；

T_t——传动系加于驱动轮的摩擦阻力与从动轮摩擦阻力矩之和，可在室内实验台上测得，一般常忽略不计。

由于滑行时车速较低，$F_\mathrm{w} \approx 0$，因此可用式(3.33)求得低速滚动阻力。

道路检测一般使用五轮仪来记录行程、车速和时间。汽车每行驶 1 cm 电感式传感器发出一个脉冲信号，时间信号间隔为 36 ms。五轮仪的电子装置原理如图 3.10 所示。

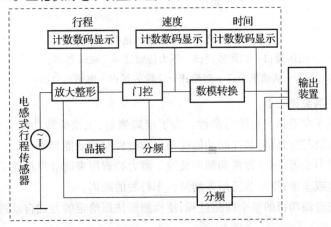

图 3.10 五轮仪的数字电子装置框图

五轮仪是接触地面进行测量的，因此，高速时第五轮的滑动、跳动和轮胎气压的变化都会产生误差。

非接触式车速测量仪的距离传感器部件是一个空间滤波器，用吸盘吸附在车身上，如图 3.11 所示。投光器中的光源射出的光束在路面上形成反向波纹。通过受光器的物镜在受光敏元件上成像。受光敏元件的设计和排置使得只有一定间隔（几毫米）的反射斑纹可以产生电信号，进入数字电子装置。

受光器光学系统设计的特点是焦点深度较大，所以物镜和地面之间距离即使变化 ± 10 cm，对测量精度的影响也不到 ± 0.1%。但是，非接触式车速仪在车速很低时误差较大，特别是车速低于 5 km/h 的情况。

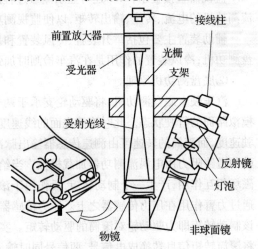

图 3.11 非接触式车速仪

2. 汽车动力性台架试验法

在用汽车动力性常用发动机在额定转矩和额定功率时的驱动轮输出功率来评价。因此，在用汽车动力性检测主要是检测其驱动轮的输出功率。

(1)检测设备。

驱动轮输出功率通常在台架上检测，主要检测设备是汽车底盘测功机。它通过模拟汽车道路行驶工况的方法来检测汽车动力性。

①底盘测功机结构。

汽车底盘测功机一般由滚筒装置、加载装置、飞轮装置、测量装置、控制与指示装置和辅助装置等构成，如图 3.12 所示。

滚筒装置用来模拟连续移动的路面，测功时，驱动车轮在滚筒上滚动。因此，滚筒是支承车轴载荷，传递功率、转矩、速度的主要构件。

加载装置俗称测功器，用来模拟汽车在道路上的行驶阻力，吸收驱动轮上的输出功率。现代汽车底盘测

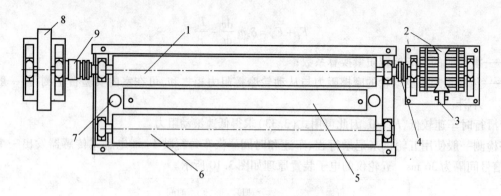

图 3.12　汽车底盘测功机结构示意图
1—主动滚筒;2—加载装置;3—压力传感器;4—联轴器;5—举升器;
6—从动滚轮;7—挡轮;8—飞轮装置;9—电磁离合器

功机加载装置大多采用电涡流测功器。

飞轮装置用于模拟汽车在道路上行驶的惯性。为了准确测量,飞轮的转动惯量应与被测车辆路试时的惯性相适应,即底盘测功机检测时旋转部件的动能应与汽车行驶时的动能相等。

测量装置主要包括测力装置、测速装置和测距装置。测力装置用来测量驱动轮上的驱动力或力矩;测速装置用来测量滚筒的转速或车速;测距装置用来测量汽车行驶的距离。

控制装置用来控制底盘测功机的整个检测过程,使检测能按照给定的方式自动进行,确保车辆检测模拟的准确性。

指示装置用来显示测量结果。现代汽车底盘测功机检测的输出功率、驱动力和车速等参数普遍采用 CRT 监视器直接显示,CRT 还可显示测量过程的动态曲线。一般底盘测功机还有指针式仪表,它可显示电涡流测功机的电流、转速、输出转矩,以便监视测功机的工作状态。

辅助装置主要包括举升装置、冷风装置和反拖电动机。举升装置的作用是方便被测车辆驶入和驶出底盘测功机;冷风装置的作用是在汽车检测时加强对发动机的冷却;反拖电动机的作用是检测底盘传动效率。

②底盘测功机原理。

汽车驶上底盘测功机,将驱动轮支承于两个滚筒之上(图3.13),启动发动机让车轮驱动滚筒转动使之模拟路面的行驶状态。此时滚筒表面的线速度就是汽车行驶速度,根据滚筒的转速就可以换算出汽车的行驶速度,而滚筒的转速可由测速传感器输出脉冲信号来反应,其脉冲频率的高低与滚筒转速成正比。汽车行驶的道路阻力由电涡流测功器加载模拟。当给电涡流测功器励磁线圈加一定电流时,测功器中的电涡流与磁场相互作用,产生一个制动转矩,反作用于滚筒表面。这个制动转矩反力使定子随着转子旋转方向摆动,通过力臂作用在压力传感器之上。压力传感器输出模拟信号的大小与制动转矩成正比,在滚筒转速稳定时,该制动转矩即为驱动轮对滚筒的驱动转矩。实际上,在测速装置获取滚筒转速电信号的同时,其测力装置也将滚筒转矩信息转换成电信号,两信号同时输入计算机系统处理运算后,即可显示驱动轮输出功率。

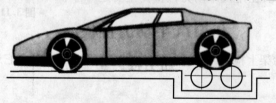

图 3.13　双滚筒底盘测功机示意图

通过改变电涡流测功器负荷的大小,可以模拟汽车在道路上行驶的各种阻力,因此可以实现汽车在各种车速下驱动轮上的输出功率。

(2)检测工况。

在用汽车动力性检测工况采用额定转矩和额定功率的工况,即发动机全负荷时额定转矩和额定功率转速所对应的直接挡(无直接挡时指传动比最接近于 1 的挡,下同)车速构成的工况。

(3)检测方法。

①底盘测功机的准备。在对底盘测功机进行定期检查、定期润滑、定期标定的基础上,保证底盘测功机各系统能正常工作。

②被测车辆的准备。

a. 轮胎表面应清洁、不能嵌入任何杂物。

b. 轮胎的规格和气压应符合制造厂的规定。

c. 发动机机油应充足、机油压力应在允许范围内。

d. 发动机冷却系的工作应正常。

e. 车辆处于空载状态,并关闭空调系统等非汽车运行所必须的耗能装置。

f. 道路运行,走热全车,使汽车各运行部件、润滑油、冷却液等达到正常的温度状态。

(4)功率测试步骤。

①接通底盘测功机电源,使仪器处于检测状态。按照规定工况在底盘测功机上设定相应车型直接挡时发动机全负荷额定转矩转速的检测速度 v_m 或额定功率转速的检测速度 v_p。

②升起举升器衬板,使被测车辆平稳驶入,将驱动轮置于两滚筒间举升器衬板上。

③操作仪器,降下举升器衬板。

④用三角铁塞住从动轮,对被测量部位进行必要的纵向约束。

⑤启动发动机,逐步加速并换至直接挡,使汽车以直接挡最低车速稳定运转,使底盘测功机各运行部件工作温度正常。

⑥逐渐踩下加速踏板,同时调节测功器的加载负荷,使发动机在加速踏板踩到底及在检测车速 v_m 或 v_p 下运转,待车速稳定 15 s 后,读取和记录驱动轮输出功率实测值。

⑦记录环境状态下的其他检测数据,如环境温度、湿度、气压、饱和蒸汽压等,以便进行数据处理。

⑧输出或打印检测结果。

⑨测试完毕后,待驱动轮停转,拆除外围的冷却及约束附件,升起举升器衬板,将被测车辆驶离底盘测功机,然后切断底盘测功机电源。

3. 在用汽车动力性评价

在用汽车动力性是依据规定检测工况下,校正驱动轮输出功率与相应的发动机输出总功率的百分比与标准值比较进行评价的。

(1)评价方法。

①测出实际驱动轮输出功率。在实际环境状态下,采用汽车额定转矩和额定功率的工况下,在底盘测功机上测出汽车驱动轮的输出功率。该功率称为实测驱动轮输出功率,它不含轮胎滚动阻力和底盘测功机传动系阻力所消耗的功率。

②计算校正驱动轮输出功率。实测驱动轮输出功率校正到标准环境状态下的功率,称为校正驱动轮输出功率。校正驱动轮输出功率的表达式为

$$P_0 = \alpha P \tag{3.34}$$

式中,P_0——标准环境状态下的校正功率;

α——校正系数,通过计算或查表得到;

p——实测驱动轮输出功率。

校正功率的标准环境状态是指:大气压为 100 kPa、相对湿度为 30%、环境温度为 298 K(25 ℃)、干空气压为 99 kPa(干空气压是基于总气压为 100 kPa,水蒸气分压为 1 kPa 计算得到的)时的状态。

③计算校正驱动轮输出功率与相应发动机输出总功率的百分比。

$$\eta_{VM} = P_{VMO}/P_M \tag{3.35}$$

$$\eta_{VP} = P_{VPO}/P_e \tag{3.36}$$

式中，P_{VWO}——汽车在额定转矩工况下的校正驱动轮输出功率，kW；

P_{VPO}——汽车在额定功率工况下的校正驱动轮输出功率，kW；

P_M——发动机额定转矩功率，kW；

P_e——发动机额定功率，kW；

η_{VM}——汽车在额定转矩工况下的校正驱动轮输出功率与额定转矩功率的百分比，%；

η_{VP}——汽车在额定功率工况下的校正驱动轮输出功率与额定功率的百分比，%。

④动力性评价。

《汽车动力性台架试验方法和评价指标》（GB/T 18276—2000）中规定，在用汽车动力性合格的条件是

$$\eta_{VM} \geq \eta_{VMa} \tag{3.37}$$

或

$$\eta_{VP} \geq \eta_{VPa} \tag{3.38}$$

式中，η_{Ma}——汽车在额定转矩工况下校正驱动轮输出功率与额定转矩功率的百分比的允许值，%；

η_{Pa}——汽车在额定功率工况下校正驱动轮输出功率与额定功率的百分比的允许值，%。

《营运车辆综合性能要求和检验方法》（GB 18565—2001）中规定，轿车的动力性按额定转矩工况进行检测和评价，应满足式(3.37)合格条件的要求，而其他车辆应按规定的式(3.37)、(3.38)两种合格条件中任选一种工况进行检测和评价。

若 η_{VM} 或 η_{VP} 比其相应的 η_{Ma} 或 η_{Pa} 允许值小，则表明汽车的动力性不良，说明在用汽车发动机及其传动系统技术状况较差。为了确诊汽车动力性不良的原因，在底盘测功机上可采用反拖法检测传动系统消耗的功率。若汽车传动系统消耗的功率过大，则表明传动系统效率过低，说明汽车传动系统技术状况不良。否则，说明发动机动力性不足、技术状况不良。

(2)评价标准。

在用汽车动力性评价标准就是校正驱动轮输出功率与相应发动机输出总功率百分比的允许值，如 η_{Ma}、η_{Pa}，国产营运车辆的校正驱动轮输出功率的输出限值列于学习任务1中表1.4，其他车辆可参照执行。

任务实施

汽车动力性室内台架试验的方法，主要是用底盘测功机检测汽车的最大输出功率、最高车速和加速能力。室内台架试验不受气候、驾驶技术等客观条件的影响，只与测试仪本身测试精度有关，测试条件易于控制，所以汽车检测站广泛采用汽车动力性室内台架试验方法，为了取得精确的测量结果，底盘测功机的生产厂家应在说明书中给该底盘测功机在测试过程中本身随转速变化、机械摩擦所消耗的功率，对风冷式测功机还需给出冷却风扇随转速变化所消耗的功率。另外，由于底盘测功机的结构不同，对汽车在滚筒上模拟道路行驶时的滚动阻力也不同，在说明书中还应给出不同尺寸的车轮在不同转速下的滚动阻力系数值。

操作环节	对应项目	具体程序
方法一	汽车底盘输出功率的检测	1. 在动力性检测之前，必须按汽车底盘测功机说明书的规定进行实验前的准备。台架举升器应处于升状态，无举升器滚筒必须锁定，车轮轮胎表面不得夹有小石子或坚硬之物 2. 汽车底盘测功机控制系统、道路模拟系统、引导系统、安全保障系统等必须正常 3. 在动力性检测过程中，控制方式处于恒速控制，当车速达到设定车速（误差为±2 km/h）并稳定5 s后（时间过短，检测结果重复性较差），计算机方可读取车速与驱动力数值，并计算汽车底盘输出功率 4. 输出检测结果

续表

操作环节	对应项目	具体程序
方法二	发动机功率的检测	1. 启动发动机并预热至正常状态,与此同时接通无外载测功机电源,连接传感器 2. 按仪器使用说明书进行操作 3. 从测功仪上读取(或换算成)发动机的功率值
方法三	数据处理	1. 检测的数据处理。目前底盘测功机显示的数值,有的是功率吸收装置的吸收功率的数值,有的则是驱动轮输出的最大底盘输出功率的数值。对于显示功率吸收装置所吸收功率数值的,在检测结果的数据处理时,必须增加汽车在滚筒上滚动阻力消耗的功率、台架机械阻力消耗的功率及风冷式功率吸收装置的风扇所消耗的功率。其计算式应为 汽车底盘最大输出功率 = 功率吸收装置所消耗的功率 + 滚动阻力所消耗的功率 + 台架机械阻力所消耗的功率 + 风冷式功率吸收装置冷却风扇所消耗的功率 2. 检测发动机最大输出功率的数据处理。 发动机最大输出功率 = 附件消耗功率 + 传动系消耗功率 + 底盘最大输出功率 　　所以,在测得底盘最大输出功率后,应增加传动系消耗功率及附件消耗功率,才可确定发动机最大输出功率。若该汽车发动机额定功率为净功率,不包括发动机附件消耗功率,则处理后发动机最大输出功率的数值为传动系消耗功率加底盘最大输出功率 　　用发动机无外载测工仪测得的发动机功率为净功率,若该汽车发动机的额定功率为总功率,而不是净功率,则所测得的功率应加发动机附件消耗功率后才可与额定功率相比较

评价体会

	评价与考核项目	评价与考核标准	配 分	得 分
知识点	汽车动力性的评价指标	掌握汽车动力性评价指标的定义	10	
	汽车动力性的影响因素	掌握汽车发动机、传动系统等对汽车动力性的影响	10	
技能点	汽车动力性能的路试检测	掌握汽车动力性能的路试检测要求及方法,并能够分析数据	30	
	汽车动力性能的室内检测	学会运用底盘测功机等对汽车动力性能的各项指标进行测定,能够根据所得数据对汽车动力性能进行评价	40	
情感点	团队协作精神	能进行团队合作,安全、有保证地完成相关试验,并完成数据的整理、分析	5	
	安全环保意识	能注重工作安全和环保要求,排除发动机产生的有害气体,保持工作环境的整洁,保证工具和零部件摆放整齐	5	
	合　计		100	

任务工单

学院名称：　　　教师姓名：　　　学生姓名：　　　成绩：

任教课程	汽车性能与检测	授课班级	
单元名称	汽车动力性检测	授课时间	
项目名称	汽车驱动轮输出功率和驱动力实验	授课地点	

资料查询

底盘测功机型号：　　　　　　发动机型号：

序号	速度/(km·h^{-1})	底盘输出功率/kW	驱动力/N
1			
2			
3			
4			
5			
6			
7			

实验结果分析

1. 作输出功率－速度曲线图和驱动力－速度曲线图。

2. 滑行初速度(km/h)。

3. 滑行距离(m)。

任务工单

学院名称：	教师姓名：	学生姓名：	成绩：
任教课程	汽车性能与检测	授课班级	
单元名称	汽车动力性检测	授课时间	
项目名称	汽车加速性能实验	授课地点	

资料查询

底盘测功机型号：　　　　　发动机型号：

序号	加速时间/s	速度/km
1		
2		
3		
4		
5		
6		
7		

实验结果分析

1. 加速实验结果。

   初速度(km/h)：　　　　　末速度(km/h)：

   加速时间(s)：　　　　　加速距离(m)：

2. 作速度-时间曲线图。

评价体会

	评价与考核项目	评价与考核标准	配 分	得 分
知识点	汽车使用性能知识	掌握汽车使用性能的定义及指标	10	
	汽车检测知识	掌握汽车检测站的组成和类型	10	
技能点	汽车检测站检测工艺	掌握全自动安全环保检测线的全工位检测工艺流程	30	
	车辆定期检测项目	掌握车辆定期检测项目的具体内容	40	
情感点	团队协作精神	能进行团队合作,制订检修方案	5	
	安全环保意识	能注重工作安全和环保要求,废旧配件及时回收,保持工作环境的整洁,保证工具和零部件摆放整齐	5	
	合 计		100	

拓展与提升

电动汽车动力性能试验

国家标准《电动汽车动力性能试验方法》(GB/T 18385—2005)规定了最大设计总质量不超过35 000 kg 电动汽车的加速特性、最高车速及爬坡能力的试验方法。室外道路试验不能在雨天和雾天中进行,且大气温度需为5~32℃,高于路面0.7 m 处的平均风速小于3 m/s,阵风风速小于5 m/s,相对湿度小于95%。

试验载荷的规定见表3.5,增加的载荷应均匀地分布在乘客座椅上及货箱内。

试验前,试验车辆的电动机及传动系统应预热。蓄电池应按车辆制造厂规定的充电程序,使蓄电池达到全充满状态。

动力性能试验建议在两天内完成:第一天的项目及试验顺序包括车辆准备、30 min 最高车速试验和完全放电行驶试验;第二天的项目及试验顺序依次包括车辆准备、最高车速试验、40% 放电行驶试验、0~50 km/h 加速性能试验、50~80 km/h 加速性能试验、4% 和12% 的爬坡车速试验和坡道起步能力试验。以上每个试验开始时,蓄电池的充电状态是前一个试验后的状态。如果每个试验都单独进行,则最高车速试验开始时,蓄电池应处于90%~100% 充电状态,而加速性能、爬坡车速、坡道起步性能试验开始时,蓄电池应处于50%~60% 充电状态。爬坡车速试验应在室内底盘测功机上进行,其他项目可在室外环形跑道上进行,也可在室内底盘测功机上进行。

进行"30 min 最高车速试验"时,试验车辆以该车 30 min 最高车速估计值 ±5% 的车速行驶 30 min。试验中车速如有变化,可以通过踩加速踏板来补偿,从而使车速符合 ±5% 的要求。测量车辆驶过的路程为 s,并按下式计算 v_{30}(km/h)。

$$v_{30} = s/500$$

如果试验中车速低于 30 min 最高车速估计值 95%,试验应重做。

"完全放电行驶试验"是在完成"30 min 最高车速试验"之后,试验车辆停放 30 min,然后以 70% 的 v_{30} 恢复行驶,直到车速下降到加速踏板踩到底时,车速为(±10)km/h 的 50%,或直到仪表板上的信号装置提示驾驶员停车,此时记录总的行驶里程。总的行驶里程包括预热阶段的行驶里程、试验时的行驶里程、v_{30}完全放电时的行驶里程。

"最高车速试验时"将试验车辆加速,使汽车在驶入测量区之前能够达到最高稳定车速,并保持这个车速持续行驶 1 km(测量区的长度)。在获得往返试验所测时间的算术平均值 $t(s)$ 后,可计算试验电动车的实际最高车速(km/h):

"40%放电行驶试验"时,将试验车辆以($v_{30}\pm5$) km/h 的 70% 的恒定速度行驶使蓄电池放电,直到行驶里程达到总的行驶里程的 40% 为止。

"0~50 km/h 加速性能试验"时,将试验车辆停放在试验道路的起始位置,并启动车辆,然后加速踏板快速踩到底,使车辆加速到(50 ± 1) km/h。如果装有离合器和变速器时,将变速器置入该车的起步挡位,迅速起步,将加速踏板快速踩到底,换入适当挡位,使车辆加速到(50 ± 1) km/h。记录从踩到加速踏板到(50 ± 1) km/h 的时间。试验电动车的 0~50 km/h 加速性能用往返两次试验所测时间的算术平均值(s)表示。

"50~80 km/h 加速性能试验"时,将试验车辆加速到(50 ± 1) km/h,并保持这个车速行驶 0.5 km 以上。然后将加速踏板踩到底,或使用离合器和变速杆(如果装有的话)将车辆加速到(80 ± 1) km/h。记录从踩下加速踏板到车速达到(80 ± 1) km/h。如果试验电动车的最高车速小于 89 km/h,则应达到最高车速的 90%,并应在报告中记录最后的车速。试验电动车的 50~80 km/h 加速性能也是用往返两次试验所测得时间的算术平均值表示的。

"坡道起步能力试验"应在有一定坡度角 α_0 的道路上进行,坡道至少应有 10 m 的测量区域和足够的起步区域。该坡度角 α_0 应尽可能地近似于制造厂技术条件规定的最大爬坡度对应的坡度角 α_1。实际坡度和厂定坡度之差,应通过增减质量 ΔM 来调整,增减质量 ΔM 可按下式计算

$$\Delta M = \frac{M(\sin\alpha_0 - \sin\alpha_1)}{\sin\alpha_1} + Mf$$

式中,M——试验时的车辆最大设计总质量,kg;
f——滚动阻尼系数,一般为 0.01;
α_1——实际试验坡道所对应的坡度角,(°);
α_2——制造厂技术条件规定的最大坡度对应的坡度角,(°)。

将试验车辆放置在起步区域,并加载到最大设计总质量。用最低挡启动车辆并至少以 0.6 km/h 的速度通过 10 m 的测量区。

当 α_0 不知时,可用下式计算

$$\alpha_0 = \arcsin\theta\left(\frac{T_{tq}i_g i_0 \eta_T}{Mgr} - Ff\right)$$

式中,T_{tq}——发动机最大输出转矩,N·m;
i_g——变速器的总传动比;
i_0——主减速器的传动比;
η_T——传动效率;
M——试验时的车辆最大设计总质量,kg;
r——轮胎动力半径,m;
g——重力加速度(9.8 m/s)。

学习任务 4
汽车燃油经济性检测

【任务目标】

1. 能正确评价出汽车的燃油经济性。
2. 能提出提高汽车燃油经济性的方法。
3. 能够制订工作计划并完成汽车经济性能的检测工作任务。
4. 能对检测结果进行分析判定。

【任务描述】

能源是发展生产和提高生活水平的物质基础,汽车的主要能源是石油产品中的汽油和柴油。由于世界汽车工业的迅速发展和汽车保有量日趋增多,石油因过量开采逐渐贫乏,致使近年来汽车燃油价格持续增长,汽车运输成本也随之不断升高。我国实施燃油税以后,人们更加关注汽车燃油经济性。汽车的燃油经济性是汽车的主要性能之一,在保证动力性的条件下,汽车以尽量少的燃油消耗量经济行驶的能力称为汽车的燃油经济性。汽车的燃油经济性越好,越能降低汽车的使用费用,也越能节省石油资源,同时越能降低汽车对环境的污染。因此在现代社会研究如何提高汽车的燃油经济性是很有必要的。

【课时计划】

项 目	项目内容	参考课时	备 注
4.1	汽车燃油经济性评价指标及影响因素	2	理实一体化
4.2	汽车燃油经济性的检测方法	2	理实一体化
	综合实训	2	实验

项目 4.1 汽车燃油经济性评价指标及影响因素

情境导入

客户到4S店反映他驾驶的轿车在公路上行驶油耗增加,要求检修。售后服务经理要求你承接此项工作,做出工作计划和采集信息,初步判断故障原因。

理论引导

汽车燃油经济性是汽车主要性能指标之一,汽车燃油消耗量的多少关系到汽车使用成本及对环境的污染程度。因此,应在保证动力的前提下尽量降低汽车燃油消耗量。

4.1.1 燃油经济性评价指标

汽车的燃油经济性常用一定运行工况下汽车行驶百千米的燃油消耗量或一定燃油量能使汽车行驶的里程数来衡量。

1. 按单位行驶里程评价指标

若检测目的是用于比较同类型汽车或评价同一辆汽车的燃油经济性,一般采用以下评价指标。

(1)我国的评价指标。

我国通常用汽车行驶 100 km 所消耗的燃油量评价汽车的燃油经济性,用符号 QL 表示,单位为 L/100 km,即行驶 100 km 所消耗的燃油升数。其数值越小表示汽车的燃油经济性越好。

(2)国外的评价指标。

有些国家以一定燃油质量能使汽车行驶的里程数来衡量汽车的燃油经济性。如美国用 mile/gai,即每加仑燃油能使汽车行驶的英里数,这个数值越大表示汽车的燃油经济性越好。这一指标用于比较相同容量汽车的燃油经济性能,也可用于分析不同部件装在同一种汽车上对汽车燃油经济性能的影响。但对于不同容量汽车的燃油经济性能则要用上面那个指标来评价。

2. 单位运输工作量的燃油消耗量

若检测目的是用来比较不同类型、不同载质量汽车的燃油经济性,一般采用这个评价指标。

(1)国内运输工作量的评价指标。

我国燃油使用单位和保管部门多以容量计量燃油即运输每吨货物行驶 100 km 所消耗的燃油量。单位为 L/(t·100 km),用符号 QLG 表示。

(2)国外运输工作量的评价指标。

有些国家燃油以重力或质量计量即运输每千牛或每千克重的货物行驶 100 km 所消耗的燃油量。单位分别为 N/(kN·100 km)、kg/(100 t·km),用符号 QSG 表示。

4.1.2 影响燃油经济性的因素

影响汽车燃油经济性的因素很多,如设计制造时主要有发动机和汽车结构、发动机与底盘匹配的科学合理性等。使用时主要有发动机和汽车的技术状况、驾驶操作技术水平和汽车工作条件等。下面将各结构因素和使用因素对汽车燃油经济性的影响分别论述,同时探讨相应的节油途径与技术。

1. 汽车结构的影响

汽车的结构对燃油经济性的影响是首要因素,其中包括发动机的有效热效率及其技术性能、底盘的传动效率及其技术性能、汽车及拖车的总质量、汽车外形的风阻系数等。

(1)发动机的影响。

汽车的燃油消耗量取决于发动机的有效热效率,而发动机的热效率又取决于发动机的种类、设计与制造水平、负荷率大小等。

①发动机的种类。

柴油机的有效热效率比汽油机高,特别是在部分负荷时,柴油机的有效燃油消耗率较低,这一特点对车用发动机尤为有利,因为汽车发动机运行中大部分时间为部分负荷工况,所以柴油车的燃油消耗比汽油车要节省 20%～45%。而且柴油机技术性能还有较大的改进空间,扩大柴油机的使用范围是当前的发展趋势。如一些轿车也在使用体积小、技术性能高的柴油发动机。如图 4.1 所示是轿车用高性能柴油发动机,图 4.2 是轿车用电控汽油发动机。

图 4.1 轿车用高性能柴油发动机　　图 4.2 轿车用电控汽油发动机

②燃油供给系。

改进燃油供给系,使燃油得到良好的雾化和气化,并且与空气混合均匀,就能改善燃烧过程中燃油利用率,从而提高燃油经济性。如采用电子控制燃油喷射系统等。

③发动机的充气效率。

采用多气门技术和进气增压技术可有效地提高发动机的充气效率。这不但有利于提高发动机的升功率,减小发动机的体积和质量,也有利于使发动机燃烧稀薄混合气。

④发动机燃烧稀薄混合气。

为了改善汽油发动机的燃烧过程,主要趋向是采用稀薄混合气分层燃烧,其空燃比可达 18～21,既可以显著提高燃油经济性,又可降低排放污染。

⑤发动机的负荷率。

由发动机的负荷特性可知,在转速一定的条件下,负荷率较高时,汽油机的加浓装置起作用之前,有效燃油消耗率较低;发动机在中等转速、较高负荷率下工作时,其燃油经济性较好。根据试验可知,一般汽车在水平良好的路面上以常用速度行驶时,只利用到相应转速下最大功率的 50%～60%,等于发动机最大功率的 20% 左右。由此可见汽车在实际使用的大部分时间内,发动机的负荷率都是较低的。

因此,在保证足够动力性的前提下,汽车不宜装用功率过大的发动机,而应提高发动机的功率利用率,降低汽车的燃油消耗量,从而提高汽车的燃油经济性。

⑥发动机的压缩比。

无论是对汽油机还是柴油机,提高压缩比均能使汽缸内的温度和压力上升,使火焰传播速度加快,同时燃烧产物的膨胀比增大,使燃烧热效率提高,从而改善发动机部分负荷时的经济性。但是压缩比过高,对于汽油机,会引起爆燃和表面点火,使NO_x的排放量升高,引起严重的空气污染;对于柴油机,会使燃烧最高压力过分增高,造成零件的机械负荷过重,使摩擦损失增大,降低柴油机的寿命。

因此,在保证发动机其他性能的前提下,适当提高压缩比可以提高燃油经济性。

(2)传动系的影响。

①变速器挡位数。

变速器的挡位数越多,则在汽车行驶阻力变化时选择恰当的挡位,使发动机处于经济工作状况的机会就越多。因此,近年来轿车手动变速器已基本上使用五挡;大型货车有采用更多挡位的趋势,如解放CA1091汽车装有六挡变速器。装载质量为4 t的五十铃货车装有七挡变速器。由专职驾驶员驾驶的重型汽车和牵引汽车的传动系挡数可多达10~16个。挡数多,有利于改善汽车的燃油经济性,但挡数过多,会使变速器或传动系的结构复杂,操纵不方便。

②超速挡的应用。

传动系直接挡的总减速比即为主减速器传动比,是根据良好路面上的功率平衡图及直接挡要求的动力因数来选择的。这样选择传动比,在中等车速下行驶时,节气门开度仍然不大,发动机的燃油消耗率较高。为了改善在良好路面上行驶时的燃油经济性,常不改变主减速器传动比,而是在变速器中设置一个传动比小于1的超速挡。在相同的车速和道路条件下,特别是在汽车负荷较小的情况下行驶时,用超速挡比用直接挡时发动机的转速低,负荷率高,故燃油的消耗率下降。因而可降低汽车的百千米油耗量。

③主减速器传动比的影响。

主减速器的传动比选择得较小时,在相同的道路条件和车速下,同样使发动机的燃油消耗率较小,有利于提高燃油经济性。但主减速器传动比过小,会导致经常被迫使用低挡的挡位,使最小传动比挡位的利用率降低,反而使燃油消耗量增加。

(3)汽车质量的影响。

①汽车自重。

当汽车的自重质量过大时,会使发动机的负荷率增加,因而使无效燃油消耗率增加,汽车单位运输工作量的燃油消耗量增多。所以,尽量减轻汽车自重能改善汽车燃油经济性。如采用前轮驱动,使用高强度钢、铝合金、树脂、塑料等轻质材料制造汽车零部件等,以减轻汽车自重。

②汽车装载质量。

当汽车的装载质量(乘客)增加或挂有拖车时,因为载质量增加使发动机的负荷率增加,因而使有效燃油消耗率减小,虽然单位行程的燃油消耗量增加,但由于运输效率得到提高,使得汽车单位运输工作量的燃油消耗量减少。所以,减轻汽车自重和增加汽车的载质量或拖带挂车,都能改善汽车燃油经济性。

2.汽车使用因素的影响

已经定型汽车燃油消耗量的多少取决于汽车的技术状况和驾驶操作技术水平。

(1)汽车的技术状况。

汽车的燃油经济性在很大程度上取决于汽车的技术状况。为了确保汽车的技术状况良好,必须正确执行规范的汽车保养操作,正确的保养和调整可以提高发动机的性能,并能降低汽车的机械摩擦系数和行驶阻力。

①发动机技术状况。

a.燃油供给系。及时养护进气系统和燃油供给系统,适时对燃油供给系进行检测和调整,改善混合气的形成,以提供理想的混合气成分,可以提高燃油经济性。

b.点火系。点火正时不仅影响燃烧压力、速度,对热效率也有明显的影响。点火正时的调整与发动机混合气浓度有关,混合气越稀,越需要将点火适当提前。断电器间隙会影响点火提前角,故在调整点火提前角前,必须将触点间隙调整到规定值。火花塞电极间隙一般情况下应适当偏大,这样可以提高点火系电极电压,增加点火能量,这对提高发动机经济性有利。

　　c. 气门间隙。它的变化将导致配气相位变化,从而影响进气效率,还会对发动机的混合气浓度和燃烧过程产生一定的影响,因此会影响燃油经济性。所以要在汽车保养的过程中检查气门间隙,保证其在规定值范围内。

　　d. 汽缸压缩压力。汽缸的压缩压力越大,表明汽缸与活塞、气门与气门座、汽缸垫等技术状况越好。发动机做功行程瞬时产生有效压力越大,混合气点火燃烧速度越快,热损失就越小,发动机的动力性和燃油经济性就越好。

　　e. 水温。当发动机冷却水温过高时,发动机容易发生爆震,导致充气系数降低,功率下降,油耗增加。当发动机冷却水温过低时,会影响发动机的热效率。因此要保证冷却系的正常工作,应按要求对冷却系进行保养,冬季气温过低时应及时检查维护节温装置。

　　② 底盘的技术状况。

　　a. 传动系。底盘传动系各零部件间配合不良,将消耗发动机的有效功率,使传动效率降低。如离合器打滑会造成发动机的动力不能有效传递,使发动机油耗增加。冬季使用夏季润滑油,因其黏度较大使运动机件运动阻力增加,油耗增加。

　　b. 轮胎气压。当轮胎气压低于标准时,轮胎变形增大,滚动阻力增加,燃油消耗增加。

　　c. 前轮定位。前轮定位不准,如前束失调,轮胎滚动将产生滑移,阻力增加,从而使油耗增加。轮毂轴承调整不当,制动器发咬,阻力增加,油耗增加。

　　(2) 驾驶和使用技术水平。

　　驾驶技术是影响汽车燃油消耗的主要因素之一。正确驾驶操作可大大降低汽车的燃油消耗量。据统计,在其他条件相同时,仅由于做到合理的驾驶操作,便可以节油 10% ~ 14%。其原因在于驾驶人员是否能够根据汽车的运行条件采用适当的驾驶操作,使人机配合得当,做到汽车的最佳运行。因此,提高驾驶员的操作技术水平、合理掌握运行工况是改善汽车燃油消耗的有效途径。合理驾驶操作,包括以下几方面。

　　① 预热保温汽车。

　　在启动时进行预热,在行驶中保持发动机正常运行温度,简称预热保温。冬季 -20 ℃ 以下,必须预热启动,必要时采取适当的保温措施。

　　② 汽车行驶速度。

　　合理地控制运行速度是驾驶技术最重要的一个环节,使汽车多以中速行驶,相当于汽车经常处于经济车速下行驶,它对油耗的影响较大。汽车等速油耗在中速时最低,低速时稍高,高速时随车速增加而迅速增大。

　　③ 脚轻手快。

　　脚轻手快是指踩油门要轻,缓慢加油,而换挡要快,动作要迅速准确。当猛踩油门时,会使化油器的加速泵起作用,增加了不必要的油耗,同时也难保证发动机的速度稳定。试验证明,猛加速比缓加速要多耗油 30% 左右。

　　④ 安全滑行。

　　在保证安全的前提下,利用汽车的惯性滑行,使汽车的动能得以充分地利用,是减少汽车燃油消耗的一种驾驶方法。一般来说,滑行有两类,一类是人为地经常性的加速后滑行;另一类是非经常性的根据道路或行驶条件而采用的预见性滑行,均可降低燃油消耗。但加速后滑行有时会使油耗增加,加剧发动机及其他总成的磨损,使驾驶员疲劳,这是不足之处。为了安全,要注意汽车一般情况不允许脱挡滑行,特别是在下坡度大和带拖挂的情况下。

　　⑤ 减少制动。

　　由于制动会大量消耗上坡和加速时储存的能量,所以适当减少滑行距离,可以增加有效燃油消耗率。在确保行驶安全的前提下,结合预见性滑行,减少制动次数或制动力度,可提高汽车的燃油经济性。

(3)运行条件的影响。

汽车的运行条件包括道路条件、海拔高度、气温条件等,它们对燃油消耗的影响是十分明显的。

①道路条件。

道路条件对燃油消耗的影响包括路基、路面、路宽、弯道、坡度、坡长和交通流量等,其影响主要体现在滚动阻力系数。根据试验,滚动阻力系数减小10%,可以省油20%,因此应力求减小滚动阻力系数。不同道路条件对燃油消耗量的影响也集中反映在平均运行车速上,道路条件越差、低挡使用次数越多、时间越长、平均车速越低,燃油消耗量越大。

②海拔高度。

汽车在高原行驶时,由于海拔高度增加,大气压力降低,其动力性和经济性都会下降。同时海拔高度增加,空燃比变小,混合气变浓,对输出功率、燃油消耗都有明显影响。据试验,海拔高度每增加1 000 m,发动机功率下降11%~13%,燃油消耗增加10%~11%。

③气温。

当进气温度过低时,不仅启动困难,发动机和汽车传动系损耗也增大,而且启动后为了提高发动机温度,也使油耗增加。气温过高时,由于空气密度小,混合气变浓,燃油蒸发损失增加,同时由于发动机过热等原因,汽车的燃油经济性变差,气温过高还会引起沥青路面软化,滚动阻力增加从而增加运行油耗量。

④使用挂车。

在运输企业中,汽车拖带挂车是提高运输生产率,降低成本,包括降低油耗的一项有效措施。拖带挂车后节油是因为发动机负荷率增加,运输效率提高,燃油耗率下降。

在日常情况下导致汽车百千米燃油消耗量过高多是因为汽车参数状况变差、驾驶操作经验不足和行驶道路条件差等几个原因引起的。因此,购置新车后应一直坚持按规定进行保养维护,以便使汽车始终保持良好的技术状况。在提高驾驶操作技术水平的同时,不断探索节油措施。如经常以中速行驶、恰当合理地操作使用挡位、多采用遇见性滑行以便减少制动,尽量选择良好的道路和近路行驶等,这都是有效的节油措施。

4.1.3 汽车燃料消耗量限定值标准

我国已实施的汽车燃料消耗量限值标准有《乘用车燃料消耗量限值》(GB 19578—2004)和《轻型商用车辆燃料消耗量限值》(GB 20997—2007),对汽车燃油经济性的规定如下。

1.《乘用车燃料消耗量限值》(GB 19578—2004)

GB 19578—2004是我国第一项旨在控制乘用车燃料消耗量的强制性国家标准。采用按质量分组的单车燃料消耗量评价体系,按照车辆整车整备质量将车辆分为16个不同的质量段,并对每个质量段内的车辆设定统一的单车最高燃料消耗量限值。同时考虑某些特殊技术和结构对燃料消耗量的不利影响,允许具有以下一种或多种结构特征的车辆采用略为宽松的燃料消耗量限值:

①装有自动变速器(AT)(不包括手自一体式变速器(AMT)、无级变速器(CVT)、双离合变速器(DCT)等);

②具有三排或三排以上座椅(主要包括微型客车和商务用车);

③符合《机动车辆及挂车分类》(GB/T 15089—2001)中3.5.1规定条件的M1G类汽车(即通常所说的越野车,但并非所有SUV都属于该类车辆)。

乘用车燃油消耗量限值要求见表4.1。

表4.1 乘用车燃料消耗量限值

整车整备质量 CM /kg	普通车辆限值/[L·(100 km)$^{-1}$]		特殊结构车辆限值/[L·(100 km)$^{-1}$]	
	第一阶段	第二阶段	第一阶段	第二阶段
$CM \leqslant 750$	7.2	6.2	7.6	6.6
$750 < CM \leqslant 865$	7.2	6.5	7.6	6.9
$865 < CM \leqslant 980$	7.7	7.0	8.2	7.4
$980 < CM \leqslant 1\,090$	8.3	7.5	8.8	8.0
$1\,090 < CM \leqslant 1\,205$	8.9	8.1	9.4	8.6
$1\,205 < CM \leqslant 1\,320$	9.5	8.6	10.1	9.1
$1\,320 < CM \leqslant 1\,430$	10.1	9.2	10.7	9.8
$1\,430 < CM \leqslant 1\,540$	10.7	9.7	11.3	10.3
$1\,540 < CM \leqslant 1\,660$	11.3	10.2	12.0	10.8
$1\,660 < CM \leqslant 1\,770$	11.9	10.7	12.6	11.3
$1\,770 < CM \leqslant 1\,880$	12.4	11.1	13.1	11.8
$1\,880 < CM \leqslant 2\,000$	12.8	11.5	13.6	12.2
$2\,000 < CM \leqslant 2\,110$	13.2	11.9	14.0	12.6
$2\,110 < CM \leqslant 2\,280$	13.7	12.3	14.5	13.0
$2\,280 < CM \leqslant 2\,510$	14.6	13.1	15.5	13.9
$2\,510 < CM$	15.5	13.9	16.4	14.7

实施日期:标准的限值要求分两个阶段实施:

①对于新认证车,第一阶段的执行日期为2005年7月1日,第二阶段的执行日期为2008年1月1日;

②对于在生产车,第一阶段的执行日期为2006年7月1日,第二阶段的执行日期为2009年1月1日。

2.《轻型商用车辆燃料消耗量限值》(GB 20997—2007)

GB 20997—2007以"最大设计总质量+发动机排量"作为N1和M2类车辆限值的基本参数(N1类车辆为至少有四个车轮或有三个车轮,且厂定最大总质量不超过3.5 t的载货车辆;M2类车辆为至少有四个车轮或有三个车轮,且厂定最大总质量不超过5 t,除驾驶员座位外,乘客座位超过八个的载客车辆)。综合考虑3.5 t以下的商用车辆在结构、功能、燃料方面有多样性的特征,按汽油和柴油分别设定限值要求,并适当放宽柴油车的限值。根据车辆特定结构和特殊用途对燃料消耗量的不利影响,将N1类全封闭厢式车辆、N1类罐式车辆、装有自动变速器的车辆、全轮驱动的车辆等特殊结构车辆的限值放宽5%,即表4.2~表4.5中的普通车辆限值乘以1.05,求得的数值圆整(四舍五入)至小数点后一位。

表 4.2　N1 类汽油车辆燃料消耗量限值

最大总质量 M /kg	发动机排量 V /L	普通车辆限值/[L·(100 km)$^{-1}$]		特殊结构车辆限值/[L·(100 km)$^{-1}$]	
		第一阶段	第二阶段	第一阶段	第二阶段
M≤2 000	全部	8.0	7.8	8.4	8.2
2 000<M≤2 500	V≤1.5	9.0	8.1	9.5	8.5
	1.5<V≤2.0	10.0	9.0	10.5	9.5
	2.0<V≤2.5	11.5	10.4	12.1	10.9
	V>2.5	13.5	12.5	14.2	13.1
2 500<M≤3 000	V≤2.0	10.0	9.0	10.5	9.5
	2.0<V≤2.5	12.0	10.8	12.6	11.3
	V>2.5	14.0	12.6	14.7	13.2
M>3 000	V≤2.5	12.5	11.3	13.1	11.9
	2.5<V≤3.0	14.0	12.6	14.7	13.2
	V>3.0	15.5	14.0	16.3	14.7

表 4.3　N1 类柴油车辆燃料消耗量限值

最大总质量 M/kg	发动机排量 V/L	普通车辆限值/[L·(100 km)$^{-1}$]		特殊结构车辆限值/[L·(100 km)$^{-1}$]	
		第一阶段	第二阶段	第一阶段	第二阶段
M≤2 000	全部	7.6	7.0	8.0	7.4
2 000<M≤2 500	V≤2.5	8.4	8.0	8.8	8.4
	2.5<V≤3.0	9.0	8.5	9.5	8.9
	V>3.0	10.0	9.5	10.5	10.0
2 500<M≤3 000	V≤2.5	9.5	9.0	10.0	9.5
	2.5<V≤3.0	10.0	9.5	10.5	10.0
	V>3.0	11.0	10.5	11.6	11.0
M>3 000	V≤2.5	10.5	10.0	11.0	10.5
	2.5<V≤3.0	11.0	10.5	11.6	11.0
	3.0<V≤4.0	11.6	11.0	12.1	11.6
	V>4.0	12.0	11.5	12.6	12.1

表 4.4　最大总质量不大于 3.5 吨的 M2 类汽油车辆燃料消耗量限值

最大总质量 M/kg	发动机排量 V/L	普通车辆限值/[L·(100 km)$^{-1}$]		特殊结构车辆限值/[L·(100 km)$^{-1}$]	
		第一阶段	第二阶段	第一阶段	第二阶段
M≤3 000	V≤2.0	10.7	9.7	11.2	10.2
	2.0<V≤2.5	12.2	11.0	12.8	11.6
	2.5<V≤3.0	13.5	12.2	14.2	12.8
	V>3.0	14.5	13.1	15.2	13.8
M>3 000	V≤2.5	12.5	11.3	13.1	11.9
	2.5<V≤3.0	14.0	12.6	14.7	13.2
	V>3.0	15.5	14.0	16.3	14.7

表4.5　最大设计总质量不大于3.5吨的M2类柴油车辆燃料消耗量限值

最大总质量 M/kg	发动机排量 V/L	普通车辆限值/[L·(100 km)$^{-1}$]		特殊结构车辆限值/[L·(100 km)$^{-1}$]	
		第一阶段	第二阶段	第一阶段	第二阶段
M≤3 000	V≤2.5	9.4	8.5	9.9	8.9
	V>2.5	10.5	9.5	11.0	10.0
M>3 000	V≤3.0	11.5	10.5	12.1	11.0
	V>3.0	12.6	11.5	13.2	12.1

实施日期：自2008年2月1日起，新认证基本型车及其变型车应符合第二阶段限值要求；

①自2009年1月1日起，在2008年2月1日前认证车型的在生产车及其变型车应符合第一阶段限值要求；

②自2011年1月1日起，适用于本标准的所有车辆应符合第二阶段限值要求。

对于行驶车辆和在售车辆要求严格按照以上规定限定车辆燃油消耗量。超出限定值的车辆均为不合格车辆。

任务实施

针对情境导入中的问题，给出如下信息采集表。

车牌		VIN号码			车辆入厂时间	
车型		行驶里程	km	车身颜色	预计交车时间	
客户名称						
联系地址						
客户主述及要求						
初步检查	表面划痕：○；漆面划伤：—；局部变形：△；局部破损：×				环车检查备注	
	故障现象		故障原因		维修建议	
	1					
	2					
	3					
	4					
	5					

项目4.2 汽车燃油经济性的检测方法

情境导入

维修人员接到前台派工单,要求检测车辆燃油经济性,并准确判断故障原因。

理论引导

汽车燃油经济性的检测有室内台架试验检测法和道路试验检测法两种方法。一般汽车检测站和修理厂因受到场地条件限制,无法用道路试验方法检测汽车的燃油经济性,因此常在室内利用底盘测功机,并参照有关规定,模拟道路试验方法检测汽车的燃油经济性。以下主要介绍了几种常用的检测方法及检测步骤,其中道路试验检测法检测出来的油耗最接近真实油耗。

4.2.1 燃油消耗量检测设备

汽车燃油经济性的台架试验设备除了底盘测功机以外,还需油耗仪(或称燃油流量测试仪)。底盘测功机外形如图4.3所示。

汽车的燃油消耗量是由油耗仪直接测量的。油耗仪种类很多,按测试方法不同可分为:容积式油耗仪、质量式油耗仪、流量式油耗仪和流速式油耗仪,经常用到的是容积式油耗仪。以下主要介绍容积式和质量式油耗仪。如图4.4所示是容积式油耗仪。

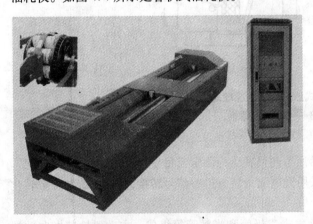

图4.3 汽车底盘测功机外形

图4.4 容积式油耗仪

1. 容积式油耗仪

容积式油耗仪的基本工作原理是使被测流体充满一定容量的测量室,通过记录流体充满测量传感器的次数,则可得出被测流体的总量,再除以测定时间或行驶里程即可得到平均燃料消耗量。

如图4.5所示为行星活塞式油耗传感器的流量转换机构工作原理图。该装置由十字形配置的四个活塞和旋转曲轴构成,用于将一定容积的燃油流量转变为曲轴的旋转。在泵油压力作用下,燃油推动活塞往复运动,四个活塞往复运动一次曲轴旋转一周,完成一个进排油循环。活塞在油缸中处于进油行程还是排油行程,取决于活塞相对进排油口的位置。如图4.5(a)表示活塞1处于进油行程,来自传感器曲轴箱的燃油由油道P_3推动其下行,并使曲轴做顺时针旋转。此时,活塞2处于排油行程终了,活塞4处于排油行程中,燃油从活塞4上部经P_1从排油口E_1排出,活塞5处于进油终了;当活塞和曲轴位置如图4.4(b)所示时,活塞1处于进油行程终了,活塞2处于进油行程,通道P_4导通,活塞4处于排油行程终了,活塞5处于排油行程,燃油从通道P_2经排油E_2排出。图4.5(c)和图4.5(d)的进排油状态及曲轴旋转方向如图中箭头所示。如此循环往复,曲轴每旋转一圈,各缸分别泵油一次,从而具有连续定容量泵油的作用。曲轴旋转一周的泵油量为

$$V = \frac{\pi D^2}{4} \cdot 2H = 2H\pi D^2 \tag{4.1}$$

式中,V——四缸排油量,cm^3;

H——曲轴偏心距,cm;

D——活塞直径,cm。

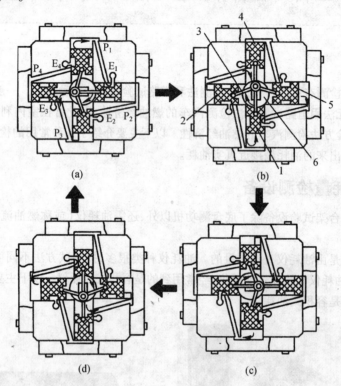

图4.5 行星活塞式油耗传感器原理图

1、2、4、5—活塞;3—连杆;6—曲轴;

P_1、P_2、P_3、P_4—油道;E_1、E_2、E_3、E_4—排油口

由此可见,经上述流量转换机构的转换后,测量燃油消耗量转化为测定流量变换机构曲轴的旋转圈数。该变换由装在曲轴一端的信号转换装置完成。一般采用光电测量装置进行信号转换,把曲轴旋转圈数转化为电脉冲信号。

信号转换装置由主动磁铁、从动磁铁、转轴、光栅、发光二极管和光敏管等组成。主动磁铁装在曲轴端部、从动磁铁装在转轴端部,两磁铁相对安装,但磁铁之间留有间隙,其作用在于构成磁性联轴器;光栅固定在转轴上,由转轴带动旋转;光栅两侧相对位置上固定有发光二极管和光敏管,光敏管用于接收发光二极管发出的光线,光栅位于二者之间,其作用是把发光二极管发出的连续光线转变为光脉冲。当曲轴转动时,通过磁性联轴器带动转轴及光栅旋转,光栅在发光二极管和光敏管之间旋转,使光敏管接收到光脉冲。由于光敏管的光电作用将光脉冲转换为电脉冲信号输入到计量显示装置。显然,该电脉冲数与曲轴转过的圈数成正比,从而经过运算处理,在显示装置上显示出燃油的消耗量。燃油流量传感器结构及油路如图4.6所示。

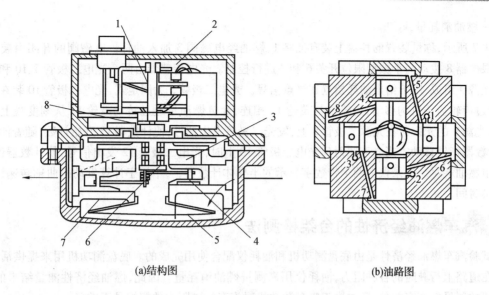

(a)结构图　　　　　　　　　　　　(b)油路图

图 4.6　燃料流量传感器

1—光隙板；2—光电管；3—排油腔；4—活塞；5—滤油器；6—曲轴；7—油缸体；8—磁耦合轴

2.质量式油耗仪

质量式油耗仪由称量装置、计数装置和控制装置构成,如图 4.7 所示。

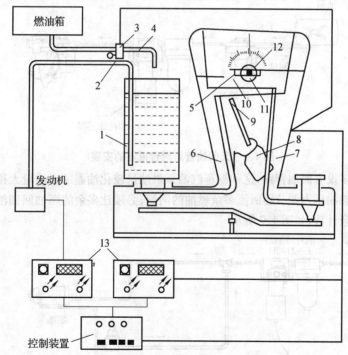

图 4.7　质量式油耗仪

1—油杯；2—出油管；3—电磁阀；4—加油管；5—发光二极管；6、7—限位开关；
8—限位器；9—光源；10—光电二极管；11—鼓轮机构；12—鼓轮；13—计数器

质量式油耗仪测量消耗一定质量的燃油所用的时间,燃油消耗量可按下式计算

$$G = 3.6\frac{m}{t} \quad (4.2)$$

式中,m——燃油质量,g；

t——测量时间,s；

G——燃油消耗量，kg/h。

如图4.7所示，称量装置的秤盘上装有油杯1，燃油经电磁阀3加入油杯。电磁阀的开闭由装在平衡块上的行程限位器8拨动两个微型限位开关6和7进行控制。光电传感器由两个光电二极管5、10和装在菱形指针上的光源9组成，用于给出油耗始点和终点信号。光电二极管5为固定式，光电二极管10装在活动滑块上，滑块通过齿轮齿条机构移动，齿轮轴与鼓轮12相连，计量燃油量通过转动鼓轮12从刻度盘上读出。计量开始时，光源9的光束射在光源二极管5上，发光二极管发出信号，使计数器13开始计数，随着油杯中燃油的消耗，计数器指针移动。当光束照射到光电二极管10上时，光电二极管12发出信号，使计数器停止计数，表示油杯中燃油耗尽。记录仪上两个带数字显示的半导体计数器，一个用于计算发动机曲轴转速，另一个用于计算记录时间。

4.2.2 汽车燃油经济性的台架检测法

台架试验汽车燃油经济性是由底盘测功机和油耗仪配合使用完成的。底盘测功机用来提供活动路面并模拟汽车在道路上行驶时的各种阻力，油耗仪用来测量燃油消耗量。因此，燃油经济性测量结果的准确性，除与油耗仪的测量精度有关外，还取决于底盘测功机对汽车行驶阻力的模拟是否准确。

1. 油耗传感器的安装

(1)油耗传感器在汽油车供油管路中的连接。

对于一般无回油管路的汽油车，可将传感器串联在汽油泵与化油器之间，使传感器的入口与汽油泵出口相连，而传感器的出口与化油器的入口相连，如图4.8所示。

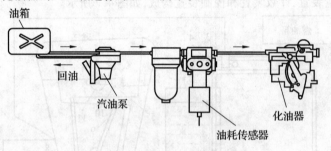

图4.8 无回油管路时传感器的安装

现代电喷汽油车上多设有回油管路，这种汽车汽油泵供油量较化油器的出油量大得多，而多余的油要流回油箱。此时须处理从燃油压力调节器回流多余燃油的问题，必须让多余的燃油回到油耗传感器的输出端，以避免因回油造成的多余计数，如图4.9所示。

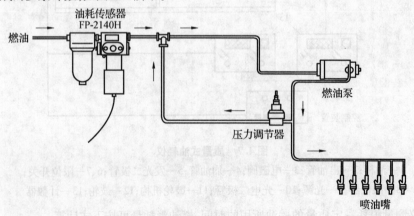

图4.9 有回油管路时传感器的安装

(2)油耗传感器在柴油车供油系统中的连接。

柴油车供油系统全部设置回油管路，输油泵的供油量比喷油泵的出油量多3～4倍。为保持喷油泵油室中有一定压力,一般在喷油泵低压油出口装有溢流阀,大量多余的燃油经溢流阀和回油管路流回输油泵入口或直接流回油箱。此外,从喷油器工作间隙处泄漏的少量燃油也经回油管流回油箱。如图 4.10 所示为油耗传感器在柴油车供油管路中的连接方法,油耗传感器接在油箱到高压油泵之间的油路中,回油管路则用三通接在油耗传感器的出油管路上,以免燃油被油耗传感器重复计量。

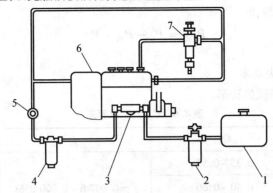

图 4.10 检测柴油机时传感器的安装
1—油箱;2—粗滤器;3—低压油泵;4—细滤器;
5—油耗仪;6—高压油泵;7—喷油器

2. 油路中空气泡的排除

为了保证燃油测量结果的准确性,传感器接入供油管路后,必须注意检查并排除管路中是否进入空气。否则,传感器会把气泡所占容积当成所消耗燃油的容积计入燃油消耗量,从而使检测结果失准。

(1)汽油车油路中气泡的排除。

将传感器置于较低的位置,卸开化油器油管接头,用手动油泵连续泵油,直至泵出的油不含气泡为止。若传感器壳体上设有放气螺钉,泵油后可以松开螺钉,由此排出传感器体内的空气。

(2)柴油车油路中气泡的排除。

装好油耗传感器后,松开高压油泵的放气螺钉,连续压动手油泵,直至泵出的油中不含气泡时按住手泵柄不动,拧紧放气螺钉再旋紧手泵柄即可。柴油车与汽油车的差别之一是,汽油车可以在发动机启动后排除空气泡,而柴油车必须在启动前排除空气泡;差别之二是汽油车在拆去油耗传感器恢复原油路时,无须排除空气泡,而柴油车在拆去传感器恢复原油路后仍须排除油路中刚产生的空气泡。

3. 模拟加载量的确定和试验

在底盘测功机上进行油耗试验,想要取得与道路上行驶耗油一致的试验结果,关键是把汽车在道路上的滚动和空气等阻力,尽可能地在测功机上模拟出来。

(1)等速百千米油耗测试模拟加载量。

国家交通行业标准《营运车辆技术等级划分和评定要求》(JT/T 198—2004)中规定,用底盘测功机检测等速百千米油耗时的测试条件有:汽车为正常热状态;变速器挂直接挡或最高挡;加载至限定的负荷并使汽车稳定在试验车速上。《汽车燃料消耗量试验方法》规定,限定条件下试验车速为:轿车,60 ± 2 km/h;铰接式客车,(35 ± 2) km/h;其他车辆,(50 ± 2) km/h。

在台架试验汽车的等速百千米油耗时,合理确定测功机的加载量,以模拟汽车在Ⅲ级以上平直道路上以规定车速行驶时所受到的阻力极其重要。此时,汽车克服滚动阻力和空气阻力所消耗的驱动轮功率为

$$P_K = \left(Gf + \frac{1}{21.15}C_D A v^2\right) \cdot \frac{v}{3\,600} \tag{4.3}$$

式中,P_K——驱动轮输出功率,kW;
G——汽车总重,N;
f——滚动阻力系数;
C_D——空气阻力系数;

A——迎风面积，m^2；

v——试验车速，km/h。

式中 C_D、f、A 可参考表 4.6 用公式求出试验车速下驱动轮功率，并且应考虑到测功机传动机构的摩擦损失功率及驱动轮与滚筒间的摩擦损失功率的存在，两项损失功率应从上式计算值中减掉后，才是真正应该在测功机功率吸收单元中模拟的加载量，即

$$P_{PAU} = P_K - P_{PL} - P_C \tag{4.4}$$

式中，P_{PAU}——模拟功率；

P_{PL}——传动机构摩擦损失功率；

P_C——轮胎与滚筒间摩擦损失功率。

表 4.6 C_D、f、A 推荐表

车辆类型	C_D	f	A
轿车	0.35 ~ 0.55	$f = 0.007\,6 + 0.000\,056v$	$A = 1.05BH$ (B 为轮距，H 为车高)
货车	0.40 ~ 0.60		
客车	0.58 ~ 0.80		

（2）检测方法。

确定模拟加载量后，把汽车驱动轮驶入底盘测功机滚筒装置，把油耗传感器按上述连接法接入汽车的燃油管路；设定好试验车速，启动并预热好发动机，变速器挂直接挡，逐渐踩下加速踏板，使测功机指示的功率等于计算值并使之稳定，此时按下油耗测量按钮，当驱动轮在滚筒上驶过不少于 500 m 的距离时，即可以从显示装置上读取汽车的等速百千米油耗值。为消除偶然因素的影响，应重复试验三次，取其平均值作为被测汽车在给定测试条件下的百千米油耗量。然后将检测结果参照《乘用车燃料消耗量限值》（GB 19578—2004）或《轻型商用车辆燃料消耗量限值》（GB 20997—2007）中的规定判断车辆燃油消耗量是否合格。

（3）等速百千米油耗特性曲线图的绘制。

《汽车燃料消耗量试验方法》规定，在不同车速下进行汽车的等速百千米油耗检测后，应绘制出汽车的等速百千米油耗特性曲线。试验时，汽车使用常用挡位，试验车速从 20 km/h 或最小稳定车速高于 20 km/h 时开始，以车速 10 km/h 的整倍数均匀选取试验车速，直到最高车速的 90%，至少测定五个试验车速。测出 500 m 内的耗油量，单位为毫升（mL）时，可用下式折算成百千米耗油量。

$$Q = \frac{q}{5} \tag{4.5}$$

式中，Q——百千米耗油量，L/100 km；

q——500 m 的耗油量，mL。

在不同的试验车速下，底盘测功机所对应的加载功率是不同的。在不同试验车速和所对应加载功率条件下，每个试验车速测试三次，取其测试值的平均值，经上式折算后作为被测汽车在给定试验车速时的百千米油耗量。当每个规定车速下的百千米油耗量都测出后，便可在以速度为横轴、百千米油耗量为纵轴的平面直角坐标系中绘出该车的百千米油耗特性曲线图。图 4.11 为某些车型的等速百千米油耗特性曲线。

（4）试验环境条件。

环境温度为 0 ~ 40 ℃，环境相对湿度小于 85%，大气压力为 80 ~ 110 kPa。

（5）注意事项。

①为使汽车燃油经济性检测结果准确可靠，应注意以下各点：

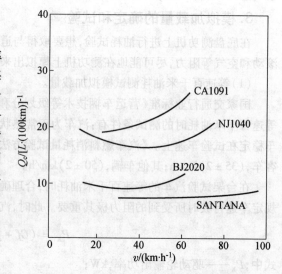

图 4.11 某些车型的等速燃油消耗量特性曲线

a. 发动机冷却液温度应在 80~90 ℃ 范围内,温度过高时应用冷却风扇降温;轮胎气压应符合规定,误差不超过 ±0.01 MPa,且左右轮胎的花纹一致;被测车底盘温度应随室温变化进行严格控制,室温低于10 ℃ 时,底盘温度应控制在 25 ℃ 以上。

b. 试验仪器的精度应满足要求:车速测定仪器和燃料流量计的精度为 0.5%;计时器的最小读数为 0.1 s。

c. 正确连接油耗仪传感器,并注意排除油路中的空气泡。

② 为保证台架试验汽车燃油经济性的安全,应注意以下各点:

a. 被测车辆旁必须配备性能良好的灭火器。

b. 油耗传感器所用油管应透明、耐油、耐压,油管接头用合格的环形夹箍,不得用铁丝缠绕,并确保无渗漏。

c. 拆卸油管时,必须用沙盘接油,不允许用棉纱或其他易燃物接油,不允许将燃油流到发动机排气管上。

d. 测试时,发动机盖应打开,以便观察有无渗漏现象。测试完毕,安装好原管路后启动发动机,在确保无任何渗漏时,方可盖上发动机盖。

4.2.3 汽车燃油经济性的道路检测法

汽车燃油经济性的道路检测法包括不控制的道路试验、控制的道路试验和循环道路试验三种。

不控制的道路试验是指对试验行驶道路、交通情况、驾驶习惯和周围环境等各方面因素都无规定,不加任何控制的道路试验方法。这种试验方法,随外界因素变化大,试验数据分散度大、试验用车数量大,需要试验的行程长,因为试验费用极高,时间很长,所以是一种很少采用的试验办法。

控制的道路试验是指试验中对上述各种因素中的一个或几个有具体的要求,也就是说只有试验条件符合要求时,测试的数据才有效,这种方法称为控制的道路试验。

循环道路试验是指汽车完全按规定的车速-时间规范进行试验。何时换挡、何时制动以及行车速度、加速度、减速度等都在规范中加以规定。这种试验方法也常称为"多工况试验"。

以下主要介绍控制的道路试验,即直接挡全油门加速燃油消耗量试验、等速燃油消耗量试验和多工况燃油消耗量的试验。

1. 基本试验条件

(1)试验规范。

试验前,应对试验的车辆进行磨合;试验时,试验车辆必须进行预热行驶,使发动机、传动系及其他部分预热到规定的温度状态。轮胎充气压力应符合该车技术条件的规定,误差不超过 ±10 kPa。装载物应均匀分布且固定牢靠,试验过程中不得晃动和颠离;不应因潮湿、散失等条件变化而改变其质量,以保证装载质量的大小、分布不变。做各项燃油消耗量试验时,汽车发动机不得调整。

试验道路应为清洁、干燥、平坦的沥青或混凝土直线道路,道路长 2~3 km,宽不小于 8 m,纵向坡度在 0.1% 以内。

试验应在无雾无雨,相对湿度小于95%,气温为 0~40 ℃,风速不大于 3 m/s 的天气条件下进行。

(2)试验车辆载荷。

除有特殊规定外,轿车为规定载荷的50%;城市客车的载荷为总质量的65%;其他车辆为满载,乘员质量及其装载要求按《汽车道路试验方法通则》规定。

(3)试验仪器要求。

车速测定仪和汽车燃油消耗仪的精度为0.5%;计时器的最小读数为0.1 s。

(4)试验一般规定。

试验车辆必须清洁,关闭车窗和驾驶室通风口,只允许开动为驱动车辆所必需的设备。有恒温器控制的空气流必须处于正常调整状态。

2. 试验项目及规程

(1) 直接挡全油门加速燃油消耗量试验。

试验测试路段长度为 500 m,试验时,汽车挂直接挡(没有直接挡可用最高挡),以 (30 ± 1) km/h 的初速度,稳定通过 50 m 的预备段,在测试路段的起点开始,油门全开,加速通过测试路段,测量并记录通过测试段的加速时间、燃油消耗量及汽车在测试路段终点时的速度。试验往返各进行至少两次,要求测得同方向加速时间的相对误差不大于 5%,通过终点的速度相对误差也不大于 5%。然后计算该车在测试路段内的百千米燃油消耗量并取其算术平均值,即为该车直接挡全油门加速百千米燃油消耗量,要求要符合《乘用车燃料消耗量限值》(GB 19578—2004)或《轻型商用车辆燃料消耗量限值》(GB 20997—2007)中对该车燃油消耗量限定值的规定。

经本项试验后,做其他燃油。消耗量试验时,汽车发动机不得调整。

(2) 等速燃油消耗量试验。

试验测试路段长度为 500 m,汽车用常用挡位,等速行驶通过 500 m 的测试路段,测量通过该路段的时间及燃油消耗量。

试验车速从 20 km/h 开始(最小稳定车速高于 20 km/h 时可从 30 km/h 开始)检测,以每隔 10 km/h 均匀选取测试车速,直至最高车速的 90%,至少测定五个试验车速。每次试验均要稳定住测试车速通过 500 m 的测试路段,测量并记录通过测试路段的时间和燃油消耗量,要求同一测试车速往返各进行至少两次,测得的同方向行驶时间相对误差要不大于 5%,通过终点的速度相对误差不大于 5%。计算该车在测试路段内的百千米燃油消耗量取其算术平均值即为该车在该车速下的等速百千米燃油消耗量,要求要符合《乘用车燃料消耗量限值》(GB 19578—2004)或《轻型商用车辆燃料消耗量限值》(GB 20997—2007)中对该车燃油消耗量限定值的规定。

(3) 多工况燃油消耗量试验。

汽车运行工况可分为匀速、加速、减速和怠速等几种状态,实际运行时,往往是上述几种工况的组合,并以此决定了汽车的油耗。所以,各国根据不同车型车辆的常用工况,制定了不同的试验循环,既使试验结果比较接近于实际情况,又可缩短试验周期。汽车的多工况燃油消耗量检测是最接近汽车实际燃油消耗量的一项检测。

多工况燃油消耗量试验的方法就是将不同车型的车辆严格依据各自的试验循环进行燃油消耗量测定。怠速工况时,离合器应接合,变速器置于空挡,从怠速运转工况转换为加速工况时,在转换前 5 s 分离离合器,把变速器挡位换为低速挡,换挡应迅速、平稳。匀速工况时应根据车速要求,换入合适的挡位。换挡前 5 s 要分离离合器,换挡要迅速、准确、平稳。松抬离合器的时候要遵循"两快,两慢,一停顿",离合完全结合上后保持发动机转速在 1 500 r/min 左右匀速行驶。减速工况中,应完全放松加速踏板,离合器仍然接合,当车速降至 10 km/h 时,分离离合器,必要时,减速工况中允许使用车辆的制动器。

汽车在进行多工况循环试验时可根据车型的不同参照图 4.12~图 4.16 进行试验。每次循环试验后,应记录通过循环试验的燃油消耗量、通过的时间和行驶的路程。当按各试验循环完成一次试验后,车辆应迅速掉头,重复试验,试验往返各进行至少两次。要求加速、匀速、减速或使用制动器减速时,在每个试验工况除单独规定外,车速偏差为 ±2 km/h。在工况改变过程中允许车速的偏差大于规定值,但在任何条件下超过车速偏差的时间不大于 1 s,即时间偏差为 ±1 s。每次试验行驶的距离相对误差不超过 5%。根据测得的燃油消耗量和行驶路程计算得到该车在多工况下的百千米燃油消耗量,然后取多次试验结果的算术平均值即为该车多工况燃油消耗量试验的测定值。

对于总质量小于 3 500 kg 的载货汽车按图 4.13 规定的试验循环进行。

对于总质量在 3 500~14 000 kg 的载货汽车,按图 4.14 规定的试验循环进行。

总质量大于 14 000 kg 的载货汽车,按图 4.15 规定的试验循环进行。

所有类型的车辆按照以上要求检测出百千米燃油消耗量后,要求要符合《乘用车燃料消耗量限值》(GB 19578—2004)或《轻型商用车辆燃料消耗量限值》(GB 20997—2007)中关于该车燃油消耗量限定值的规定,否则车辆检测不合格,需检查调整。

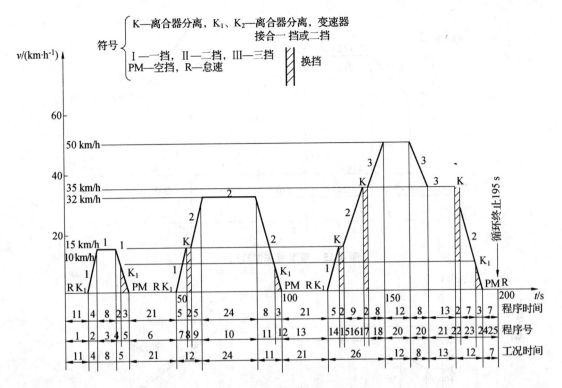

图 4.12 轿车试验循环

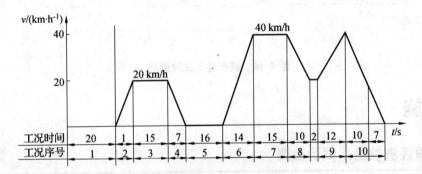

图 4.13 微型汽车试验循环

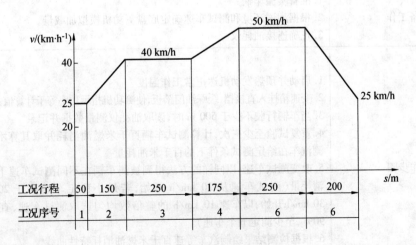

图 4.14 轻型货车试验循环

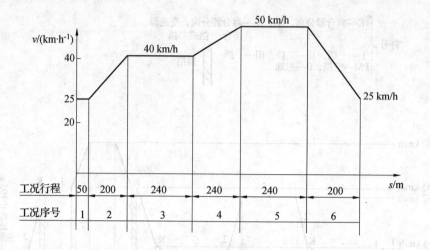

图 4.15 重型货车试验循环

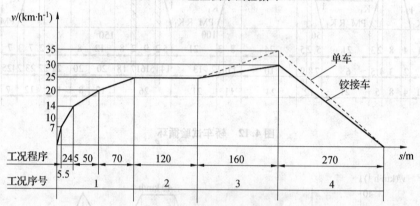

图 4.16 城市客车试验循环

任务实施

1. 汽车燃油经济性台架试验检测

操作环节	对应项目	具体程序
1	准备工作	1. 准备实验车辆 2. 根据测试环境和测试车速确定底盘测功机模拟加载量 3. 正确连接油耗仪
2	操作步骤	1. 启动并预热发动机达正常工作温度 2. 变速箱挂入直接挡,缓踩油门踏板,使测功机指示功率等于计算值并使之稳定 3. 当车辆行驶不少于 500 m 时,读取油耗仪测量数据并记录 4. 重复试验至少三次,计算测试车辆百千米燃油消耗并取其算术平均值作为被测汽车在给定测试条件下的百千米油耗量 5. 改变测试车速,以同样的方法得到被测车辆在不同测试车速下的百千米燃油消耗量(测试车速从 20 km/h 开始,若最小稳定车速高于 20 km/h 时可从 30 km/h 开始,以车速 10 km/h 的整倍数均匀选取测试车速,直到最高车速的 90%,至少测定五个车速) 6. 根据检测结果绘制汽车等速百千米燃油消耗特性曲线 7. 根据国家标准判定被测车辆百千米燃油消耗量是否合格

2. 汽车燃油经济性道路试验检测

操作环节	对应项目	具体程序
1	准备工作	1. 准备实验车辆 2. 准确记录测试环境 3. 正确连接油耗仪
2	操作步骤	1. 直接挡全油门加速燃油消耗量检测 (1)启动并预热发动机达正常工作温度 (2)汽车挂直接挡(没有直接挡可用最高挡),以(30±1) km/h 的速度开始油门全开,加速通过测试路段 (3)记录车辆通过测试段的燃油消耗量、加速时间以及汽车通过测试路段终点时的速度 (4)往返测试各进行至少两次,要求测得同方向加速时间的相对误差不大于5%,通过终点的速度相对误差不大于5% (5)计算该车在测试路段内的百千米燃油消耗量并取其算术平均值作为该车直接挡全油门加速工况的百千米燃油消耗量 (6)根据国家标准判断被测车辆百千米燃油消耗量是否符合要求 2. 等速工况燃油消耗量检测 (1)启动并预热发动机达正常工作温度 (2)车辆挂入合适的挡位,保持发动机转速在1 500 r/min 左右,车速从20 km/h 开始(最小稳定车速高于20 km/h 时可从30 km/h 开始)匀速通过测试路段 (3)记录车辆通过测试路段的时间、通过路段终点的车速以及燃油消耗量 (4)以每隔10 km/h 均匀选取测试车速,直至最高车速的90%且至少测定五个试验车速。每次试验均要求车辆挂入合适的挡位,挂挡动作要快、准、稳并保持发动机转速在1 500 r/min 左右,稳定车速通过500 m 的测试路段。测量并记录通过测试路段的时间、通过路段终点的车速以及燃油消耗量。要求同一测试车速往返各进行至少两次,测得的同方向行驶时间相对误差要不大于5%,到达路段终点的速度相对误差不大于5% (5)计算测试车辆在测试路段内的百千米燃油消耗量并取其算术平均值作为该车等速工况百千米燃油消耗量 (6)绘制等速百千米燃油消耗特性曲线 (7)根据国家标准判断被测车辆百千米燃油消耗量是否符合要求 3. 多工况燃油消耗量检测 (1)启动并预热发动机达正常工作温度。 (2)根据不同的车型分别按照图4.12~4.16 进行试验。每次试验后应记录燃油消耗量、通过的时间和行驶的距离。当完成一次试验后,车辆应迅速掉头,重复试验,试验往返各进行至少两次 (3)每个车速偏差为±2 km/h,时间偏差为±1 s。在工况改变过程中允许车速的偏差大于规定值,但在任何条件下超过车速偏差的时间不大于1 s。每次试验行驶的距离相对误差不超过5% (4)计算得到被测车辆在多工况下的百千米燃油消耗量并取多次试验结果的算术平均值作为该车多工况燃油消耗量 (5)根据国家标准判断被测车辆百千米燃油消耗量是否符合要求

任务工单

<table>
<tr><td colspan="6" align="center">汽车燃油经济性台架检测</td></tr>
<tr><td colspan="2">检测日期</td><td colspan="2">检测地点</td><td>检测人员</td><td>指导教师</td></tr>
<tr><td rowspan="5">检测车辆</td><td>实验车型</td><td></td><td>车架号</td><td>发动机号</td><td></td></tr>
<tr><td>变速器型号</td><td></td><td>车辆生产日期</td><td>整车整备质量</td><td></td></tr>
<tr><td>额定装载质量</td><td></td><td>总质量</td><td>里程表读数</td><td></td></tr>
<tr><td rowspan="2">使用燃料</td><td rowspan="2"></td><td rowspan="2">前轮气压</td><td>左</td><td rowspan="2">后轮气压</td><td>左</td></tr>
<tr><td>右</td><td>右</td></tr>
<tr><td rowspan="3">检测环境</td><td>天气</td><td></td><td>气温</td><td>气压</td><td></td></tr>
<tr><td>相对湿度</td><td></td><td>风向</td><td>风速</td><td></td></tr>
<tr><td>测试路段长度</td><td></td><td>路面状况</td><td colspan="2"></td></tr>
<tr><td rowspan="7">检测内容</td><td>测试车速</td><td colspan="2">底盘测功机模拟加载量</td><td>等速百千米燃油消耗量</td><td>备注</td></tr>
<tr><td></td><td colspan="2"></td><td></td><td></td></tr>
<tr><td></td><td colspan="2"></td><td></td><td></td></tr>
<tr><td></td><td colspan="2"></td><td></td><td></td></tr>
<tr><td></td><td colspan="2"></td><td></td><td></td></tr>
<tr><td></td><td colspan="2"></td><td></td><td></td></tr>
<tr><td rowspan="2">绘制等速百千米燃油消耗特性曲线</td><td colspan="4" rowspan="2"></td></tr>
<tr></tr>
<tr><td colspan="2">检测结果分析</td><td colspan="4"></td></tr>
</table>

任务工单

汽车燃油经济性道路检测（直接挡全油门加速工况）								
检测日期		检测地点		检测人员		指导教师		
检测车辆	实验车型		车架号			发动机号		
	变速器型号		车辆生产日期			整车整备质量		
	额定装载质量		总质量			里程表读数		
	使用燃料		前轮气压		左	后轮气压		左
					右			右
检测环境	天气		气温			气压		
	相对湿度		风向			风速		
	测试路段长度		路面状况					
检测内容	行驶方向	通过测试段的加速时间		末速度		燃油消耗量		备注
检测结果分析								

任务工单

汽车燃油经济性道路检测（等速工况）						
检测日期		检测地点		检测人员	指导教师	
检测车辆	实验车型		车架号		发动机号	
	变速器型号		车辆生产日期		整车整备质量	
	额定装载质量		总质量		里程表读数	
	使用燃料		前轮气压	左	后轮气压	左
				右		右
检测环境	天气		气温		气压	
	相对湿度		风向		风速	
	测试路段长度		路面状况			
检测内容	行驶方向	通过测试段的加速时间	末速度		燃油消耗量	备注
	等速百千米燃油消耗特性曲线					
检测结果分析							

任务工单

汽车燃油经济性道路检测（多工况）

检测日期			检测地点		检测人员		指导教师		
检测车辆	实验车型			车架号			发动机号		
	变速器型号			车辆生产日期			整车整备质量		
	额定装载质量			总质量			里程表读数		
	使用燃料			前轮气压	左		后轮气压	左	
					右			右	
检测环境	天气			气温			气压		
	相对湿度			风向			风速		
	路面状况								
检测内容	循环类型		行驶方向		行驶距离		燃油消耗量		备注
检测结果分析									

评价体会

	评价与考核项目	评价与考核标准	配 分	得 分
知识点	1. 汽车燃油经济性评价指标 2. 汽车燃油经济性影响因素 3. 汽车燃油经济性检测方法	1. 如何评价汽车的燃油经济性 2. 能提出提高汽车燃油经济性的方法 3. 知道汽车燃油经济性的检测方法	5 10 5	
技能点	根据不同的检测方法完成检测	1. 掌握油耗仪的连接方法 2. 能正确使用底盘测功机 3. 掌握汽车燃油经济性台架检测的步骤 4. 掌握直接挡全油门加速燃油消耗量检测、等速燃油消耗量检测和多工况燃油消耗量检测的步骤 5. 能够根据检测结果准确判断被测车辆燃油经济性是否合格	10 10 20 20 10	
情感点	1. 团队协作精神 2. 节能减排意识	1. 能进行团队合作,完成检测任务 2. 试验中尽量消耗最少的燃油完成检测,节约能源同时减少尾气排放,减轻污染	5 5	
	合 计		100	

拓展与提升

"碳平衡法"燃油经济性检测

传统的车辆燃油经济性检测采用串接燃油流量计的方法,需要拆、装发动机供油管路,费时费事且效率很低,不适合量大面广的道路运输车辆年检,易造成车辆燃油经济性检测由"必检"项变成了"免检"项。因此,迫切需要研究简便、快捷、准确、通用的燃油经济性检测技术。

交通运输部公路科学研究院承担的2006年度西部项目"道路运输车辆燃油经济性检测关键技术研究",在对国内外道路运输车辆燃油经济性的各种检测技术进行分析、研究的基础上,着重研究碳平衡法检测燃油经济性的关键技术;建立在用车辆燃油消耗的"碳平衡法"测量模型;分析解决"碳平衡法"测量油耗在实际应用过程中遇到的车况衰退、燃油品质变化等关键问题;对开式、闭式两种碳平衡油耗检测系统进行选型论证;形成了适于各种排量车辆燃油消耗量不解体检测的准确、快捷简便的碳平衡油耗仪(图4.17)。鉴定验收会专家组认为该项目研究成果已达到国际先进水平。

该技术利用"碳平衡法"实现对车辆燃油消耗量的检测,只需将采样管对准车辆排气管口,避免了使用传统容积式耗耗计对发动机油管进行拆卸等难题,满足了交通运输部对道路运输车辆节能降

图4.17 碳平衡油耗仪样机

耗管理的要求,为道路运输车辆燃油消耗量监测提供了便捷有效的手段,填补了空白,如图4.18所示。

"碳平衡法"检测原理是根据质量守恒定律。汽车燃油是C(碳)、H(氢)化合物的混合物,经燃烧后便生成不同量的CO、CO_2、CH_x、H_2O(包括气态和液态)及NO_x等物质。根据质量守恒定律,燃油在发动机中燃烧,不论燃烧状况如何,燃烧后生成物中的碳质量总和等于实验时所消耗燃油(燃烧前)的碳质量总和。这就是"碳平衡法"测定汽车燃油消耗量的理论依据。

本项目研制开发的碳平衡油耗仪,在多轮样机的

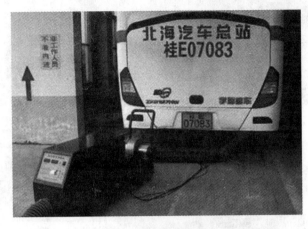

图4.18 样机在车辆综合性能检测站进行油耗检测

设计的基础上进行改进和试制,经过大量的实车油耗比对和发动机油耗比对试验(特别是定型样机经过在车辆综合性能检测站的实际使用验证),连续随机检测排量大小不等的各型送检在用汽柴油车辆,应用简便快捷、性能稳定、运转良好,达到了油耗检测需要的准确度,项目成果软、硬件结构技术均已完备成熟,可直接转化为商品。该产品在"第十届国际交通技术与设备展览会"进行了展出,受到各级领导的关注和好评,如图4.19所示。图4.20是当时李盛霖部长、贺建华司长等领导参观本项目成果。

图4.19 碳平衡油耗仪参展

图4.20 领导参观本项目成果

本项目成果作为道路运输车辆燃油经济性检测必不可少的技术手段,发挥了显著的社会、经济和环境效益。基于本项目成果,交通运输部2009年第11号部令和最新修订的国家标准《道路运输车辆燃料消耗量检测评价方法》(GB/T 18566—2011)要求对车辆燃油经济性进行强制性检测,并明确规定使用碳平衡油耗检测设备。全国两千多家车辆综合性能检测站都将配备商品化的碳平衡油耗仪,且随着"节能减排"政策的深入推行,车辆维修企业也将逐步借助碳平衡油耗仪评定车辆维修质量。粗略估算,本项目推广应用初期将产生两个多亿的产值。同时,该设备的采用将督促车主对车辆技术状况的维护,提高车辆燃油经济性,同时也达到了节约能源和保护环境的目的。

学习任务 5
汽车行驶安全性能检测

【任务目标】

1. 了解汽车制动故障原因,掌握汽车制动性能检测方法。
2. 熟悉汽车车轮侧滑知识,掌握汽车四轮定位检测方法。
3. 熟悉汽车悬架故障原因,掌握汽车悬架检测方法。
4. 熟悉汽车车速表故障原因,掌握汽车车速表故障检测方法。
5. 掌握汽车车轮扒胎与动平衡检测方法。

【任务描述】

汽车安全性能不但直接危及行驶车辆本身及其司乘人员的安全,还危及其他车辆、行人生命和公私财产的安全,具有社会安全的特性。因此,汽车安全性检测是在汽车制造、使用、维修中必须进行的重要检测项目,在交通法规中是强制性的。

汽车安全检测技术伴随着汽车技术的进步,不断向着自动化、智能化方向发展,利用科学、先进、高性能的监测仪器、计算机技术等,有效地提高了检测精度和工作效率。许多国家的检测设备单机自动化水平较高,广泛采用智能化检测设备,检测质量由民众技术协会负责监督,不以赢利为目的,具有很强的公正性和权威性。汽车涉及的安全性能检测方面主要有制动检测、车轮定位检测、悬架检测、车速表校验、车轮动平衡等检测。

【课时计划】

项 目	项目内容	参考课时	备 注
5.1	汽车制动性能检测	4	理实一体化
5.2	汽车车轮侧滑及四轮定位检测	4	理实一体化
5.3	汽车悬架检测	2	理实一体化
5.4	汽车车速表检测	2	理实一体化
5.5	汽车车轮动平衡检测及扒胎	2	理实一体化

项目 5.1　汽车制动性能检测

情境导入

客户报修：

某驾驶员诉说,在汽车行驶过程中突遇前方小孩横穿马路,紧急当中猛踩刹车打方向盘,却发现制动失灵,导致车辆撞上路边电线杆造成车辆严重破损。

故障原因分析：

制动失灵是一个很可怕的现象,很容易带来不可预料的严重后果。常见制动故障现象有制动失效、制动距离延长,超出允许的限度、制动跑偏、制动侧滑、制动拖滞等。所以车辆必须定期进行制动性能检测。

理论引导

汽车制动性能好坏,是安全行车最重要的因素之一,同时也是汽车检测诊断的重点。汽车具有良好的制动性能,在遇到紧急情况时,可以化险为夷;在正常行驶时,可以提高平均行驶速度,从而提高运输生产效率。

5.1.1　制动性能检测的基础知识

1.对制动系的技术要求

汽车制动系应具有行车制动、应急制动和驻车制动三大基本功能。

①行车制动系必须使驾驶员能控制车辆行驶,使其安全、有效地减速和停车。

行车制动装置的作用应能在各轴之间合理分配,以充分利用各轴的垂直载荷。应急制动必须在行车制动系有一处失效的情况下,在规定的距离内将车辆停住。应急制动可以是行车制动系统具有应急特性或是同行车制动分开的独立系统(注意应急制动不是行车制动中的急速踩下制动踏板)。驻车制动应能使车辆即使在没有驾驶员的情况下,也能停放在上、下坡道上。

②制动时汽车的方向稳定性,即制动时不发生跑偏、侧滑及失去转向的能力。

③制动平稳。

制动时制动力应迅速平稳地增加,在放松制动踏板时,制动应迅速消失,不拖滞。

④操纵轻便。

施加于制动踏板和停车杠杆上的力不应过大,以免造成驾驶员疲劳。

⑤在车辆运行过程中,不应有自行制动现象。

⑥抗热衰退能力。

汽车在高速或下长坡连续制动时,由于制动器温度过高导致摩擦系数降低的现象称为热衰退。制动系的热稳定性要好,不易衰退,且衰退后能较快地恢复。

⑦水湿恢复能力。

汽车涉水,制动器被水浸湿后,能迅速恢复制动的能力。

2.汽车制动性的评价

汽车制动性主要由制动效能、制动抗热衰退性和制动时汽车的方向稳定性三个方面来评价。

(1)制动效能。

制动效能是指汽车迅速降低行驶速度直至完全停住的能力,是制动性能最基本的评价指标。它是由制动力、制动减速度、制动距离和制动时间来评定的。

①制动距离。

用制动距离来评价汽车的制动性能具有一定的准确度,而且重复性较好。但需要有较大的试车场地,而且对轮胎的磨损较大。此外,制动距离是一个整车性能参数,它不能单独定量地反映出各车轮的制动状况以及制动力分配情况(从地面印痕只能大致看到),当制动距离延长时,也反映不出具体是什么故障使制动性能变差。

制动距离必须和制动跑偏量一起作为检验制动性能的参数。对于一个确定的汽车来说,它的质量是一定的,其制动器所能产生的制动力也是一定的,制动时汽车的初速度越大,制动距离就越长,因此检验时还必须规定汽车的初速度。

②制动力。

为了使行驶中的汽车能够减速或停车,路面必须对汽车作用一个与其行驶方向相反的外力,来抵消汽车的动能,使汽车产生制动减速度,达到降低其行驶速度以至停车的目的,这个外力叫作制动力。对于一定质量的汽车来说,制动力越大制动减速度越大,制动距离越短。所以制动力是从本质上评价汽车制动性能的参数。制动力对汽车的制动性能具有决定性的影响。

用制动力这个参数评价汽车的行车制动性能,可以对前后轴制动力进行合理分配,并对每轴两轮平衡制动力差提出要求,从而保证汽车制动方向的稳定性,使各轮附着重量得到充分利用。

③制动减速度。

制动减速度反映了制动时汽车速度降低的速率。对于一个确定的汽车来说,它的质量是一定的,产生的制动力也是一定的,因此制动减速度也是一个确定值,制动初速度对减速度的影响不大。可采用速度分析仪、制动减速度仪测出相关参数后,再计算出制动发出的平均减速度。

用减速度仪来检验汽车的制动减速度,仪器本身结构简单,使用方便,但试验的重复性较差,且受路面附着系数的影响很大。制动减速度也是一个整车性能参数,它反映不出各轮的制动力及分配情况。单独用制动减速度来评价汽车制动性能时,必须同时检验制动协调时间和跑偏量。

④制动时间。

制动过程所经历的时间即制动时间,很少作为单纯的评价指标,但是在分析制动过程和评价制动效能时又是不可缺少的参数。如对同一型号的两辆汽车产生同样作用大小的制动力所经历的时间不同,则两辆汽车的制动距离就可能相差较大,将对行驶安全产生不同效果。因此通常把制动时间作为辅助的评价指标。

(2)制动抗热衰退性。

汽车制动抗热衰退性能是指汽车高速制动、短时间重复制动或下长坡连续制动时制动效能的热稳定性。因为制动过程实质是把汽车的动能通过制动器吸收转化为热能,制动过程中制动器温度不断升高,制动器摩擦系数下降,摩擦力距减小,从而使制动能力降低,这种现象称热衰退现象。因此可以用制动器处于热状态时能否保持冷状态时的制动效能来评价汽车制动抗热衰退性能。制动抗热衰退性是衡量制动效能恒定性的一个指标。随着高速公路的发展和车速的提高,汽车制动性能的恒定性要求也越来越高,但由于测试方法较复杂,在一般汽车综合检测站较难实施。对于在用汽车也就无需检测制动抗热衰退性。

(3)制动稳定性。

制动时的方向稳定性指制动时汽车按照驾驶员给定方向行驶的能力,即是否会发生制动跑偏、侧滑和失去转向能力等。制动稳定性是指制动时汽车的方向稳定性,通常用制动时汽车按给定轨迹行驶的能力来评价,即汽车制动时维持直线行驶或预定弯道行驶的能力。制动稳定性良好的汽车,在实验时不会产生不可控制的效能,使汽车偏离一定宽度的试验通道。汽车丧失制动稳定性表现为制动跑偏和车轴侧滑现象,特别是后轴侧滑,这是造成交通事故的重要原因。

汽车跑偏是指汽车制动时不按直线方向减速停车,而无法控制地向左或向右偏驶的现象。汽车制动时出现某一轴或两轴的车轮相对地面同时发生横向移动的现象称为制动侧滑现象。

产生制动跑偏的主要原因是汽车左右车轮制动时制动力增长快慢不一致或左右轮制动力不等,特别是转向轮左右车轮制动器制动力不相等。另外轮胎的机械特性、悬架系统的结构与刚度、前轮定位、道路状况、车辆轮荷分布状况等因素也会影响制动跑偏。为了控制制动跑偏,在安全法规中对左右轮制动力的平衡有相应要求。

制动时前后轮抱死的顺序取决于设计时制动力在各轴之间的分配顺序和道路状况。为了改善制动稳定性,在有的汽车上装有制动力分配调节装置,如限压阀、比例阀、感载阀等,目前已发展到采用计算机控制的汽车防抱死装置。汽车制动跑偏与汽车制动时车轮侧滑也是有联系的,严重的跑偏常会引起后轮侧滑。

汽车跑偏是指汽车制动时不能按直线方向减速停车,而无法控制地向左和向右偏驶的现象。汽车制动时出现某一轴或两轴的车轮相对地面同时发生横行移到的现象称为制动侧滑现象。

产生制动跑偏的主要原因是汽车左右车轮制动时制动力增长快慢不一致或左右制动力不等,特别是转向轮左右车轮制动器制动力不相等。另外轮胎的机械特性、悬架系统的结构与刚度、前轮定位、道路状况、车辆轮荷分布状况等因素也会影响制动跑偏。为了控制制动跑偏,在安全法规中对左右轮制动力的平衡有相应要求。

汽车在制动过程中,当车轮未抱死制动时,车辆具有承受一定侧向力的能力。汽车在一般横向干扰力的作用下不会发生制动侧滑现象。但当车轮抱死制动时,车轮承受侧向力的能力几乎全部丧失,这时汽车在横向干扰力作用下极易发生侧滑。

5.1.2　分析汽车制动故障原因

制动系常见故障原因

①制动失效。即制动系出现了故障,完全丧失了制动能力。

②制动距离延长,超出了允许的限度。

③制动跑偏。指汽车直线行驶制动时,转向车轮发生自行转动,使汽车产生偏驶的现象。由于汽车制动时,偏离了原来的运行轨迹,因而常常是造成撞车、掉沟,甚至翻车等事故的根源,所以必须予以重视。引起跑偏的因素,就制动系而言,一是左右轮制动力不等;二是左右轮制动力增长速度不一致。其中特别是转向轮,因此要对制动力增长全过程的左右轮制动力差作出规定,且对前后轴车轮的要求不同。

④制动侧滑。汽车制动时,某一轴的车轮或两轴的车轮会发生横向滑动,这种现象称为制动侧滑。汽车在水湿路面或冰雪路面上制动时出现侧滑现象较多。尤其是在上述路面上紧急制动时,更容易出现侧滑,造成汽车甩尾,甚至原地转圈,从而导致交通事故发生。车轮抱死与制动侧滑有如下关系:

a. 前轮抱死拖滞,后轮不制动时,汽车按直线行驶,处于稳定状态。但此时前轮失去控制转向的作用。

b. 后轮抱死拖滞,前轮无制动,当车速超过 25 km/h 时,汽车后轴严重侧滑,处于不稳定状态。

c. 当车速较高(例如 50 km/h 以上)时,如果后轮比前轮提前 0.5 s 以上的时间先抱死,汽车后轴侧滑,也是一种不稳定状态。

d. 车轮抱死拖滞时,路面越滑,制动时间越长,侧滑也越严重。

解决制动侧滑最有效的方法是安装防抱死制动装置(ABS)。

⑤制动拖滞。在行车中,踩下制动踏板开始制动后,再抬起制动踏板,不能迅速解除制动的现象称为制动拖滞。制动拖滞会耽误随后的起步行驶。

5.1.3　汽车制动性能检测

1. 检测设备

根据国家标准《机动车运行安全技术条件》(GB 7258—2012)的规定,道路试验主要通过检测制动距离、充分发出的平均减速度参数等来检测汽车行车制动和应急制动性能,用坡道试验检测汽车驻车制动性能。在进行车辆道路试验时,为了测量车辆的行程和速度,虽然可以利用汽车的里程表和速度表,但这种方法不准确。因为车辆驱动轮的滚动半径直接受驱动力矩、地面对轮胎的切向反作用力、车轴载荷、轮胎气压及磨损程度等因素的影响。此外,车用里程表和速度表本身的精度也较低。为了消除这些因素对测量精度的影响,在车辆旁边附加一个测量用的轮子,称第五轮仪。

第五轮仪分接触式和非接触式两种。接触式第五轮仪由第五轮仪、传感器、二次仪表（信号处理、记录、显示等）及安装机架等部分组成，应用较多的是单片机采控的五轮仪，如图5.1所示。

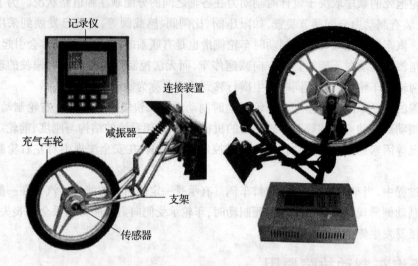

图5.1 接触式第五轮仪

非接触式第五轮仪（图5.2）以计算机为核心部件，配以相应的I/O接口及外设，不需要路面接触或设置任何测量标志，采用光电相关滤波技术，由安装在车上的光电路面探测器（简称光电头）照射路面，把路面图像变换为频率信号，用于汽车动力性、制动性和燃油经济性能的测试。

图5.2 非接触式第五轮仪

2．道路试验检测方法

（1）道路实验要求。

行车制动性能和应急制动性能检验应在平坦（纵向坡度不大于1%）、硬实、清洁、干燥且轮胎与地面间的附着系数不小于0.7的水泥或沥青路面上进行。检验时发动机应脱开。驻车制动试验在坡度为20%（对总质量为整备质量的1.2倍以下的机动车为15%）、轮胎与路面间的附着系数不小于0.7的坡道上进行。

在试验路面上应画出标准中规定的制动稳定性要求的相应宽度试车道的边线。被测车辆沿着试验车道的中线行驶至高于规定的初速度后，置变速器于空挡。当滑行到规定的初速度时急踩制动踏板，使车辆停住。用速度计、第五轮仪或其他测试方法测量车辆的制动距离。

用速度计、制动减速仪或其他测试方法测量车辆充分发出的平均减速度（MFDD）与制动协调时间。充分发出的平均减速度应在测得公式（MFDD）中的相关参数后经计算确定。

（2）路试制动性能检测标准限值。

①制动距离和制动稳定性要求。

汽车在规定的初速度下的制动距离和制动稳定性要求应符合表5.1的规定。对空载检验的制动距离有质疑时，可按表5.1规定的满载检验制动距离要求进行。

表 5.1 制动距离和制动稳定性要求

机动车类型	制动初速度/(km·h)	满载检验制动距离要求/m	空载检验制动距离要求/m	试验通道宽度/m
乘用车	50	≤20.0	≤19.0	2.5
总质量不大于 3 500 kg 的低速货车	30	≤9.0	≤8.0	2.5
其他总质量不大于 3 500 kg 的汽车	50	≤22.0	≤21.0	2.5
其他汽车、汽车列车	30	≤10.0	≤9.0	3.0

制动距离指机动车在规定的初速度下急踩制动时,从脚接触制动踏板(或手触动制动手柄)时起至机动车停住时驶过的距离。

制动稳定性要求制动过程中机动车的任何部位(不计入车宽的部位除外)不允许超出规定宽度的试验通道的边缘线。

②充分发出的平均减速度及制动稳定性要求。

汽车、汽车列车在规定的初速度下急踩制动时充分发出的平均减速度及制动稳定性要求应符合表 5.2 的规定,且制动协调时间对液压制动的汽车不应大于 0.35 s,对气压制动的汽车不应大于 0.60 s,对汽车列车、铰接客车和铰接式无轨电车不应大于 0.80 s。对空载检验的充分发出的平均减速度有质疑时,可用表 5.2 规定的满载检验充分发出的平均减速度进行。

表 5.2 机动车充分发出的平均减速度

机动车类型	制动初速度/(km·h^{-1})	满载检验充分发出的平均减速度/(m·s^{-2})	空载检验充分发出的平均减速度/(m·s^{-2})	试验通道宽度/m
乘用车	50	≥5.9	≥6.2	2.5
总质量不大于 3 500 kg 的低速货车	30	≥5.2	≥5.6	2.5
其他总质量不大于 3 500 kg 的汽车	50	≥5.4	≥5.8	2.5
其他汽车、汽车列车	30	≥5.0	≥5.4	3.0

制动协调时间是指在急踩制动时,从脚接触制动踏板(或手触动制动手柄)时起至机动车减速度(或制动力)达到表 5.2 规定的机动车充分发出的平均减速度(或表 5.2 所规定的制动力)的 75% 时所需的时间。

③进行制动性能检验时的制动踏板力或制动气压要求。

a. 满载检验时,气压制动系:气压表的指示气压≤额定工作气压;液压制动系:踏板力,乘用车≤500 N,其他机动车≤700 N。

b. 空载检验时,气压制动系:气压表的指示气压≤600 kPa;液压制动系:踏板力,乘用车≤400 N,其他机动车≤450 N。

④应急制动性能检验。

汽车(三轮汽车除外)在空载和满载状态下,按表 5.3 所列初速度进行应急制动性能检验时,应急制动性能应符合表 5.3 的要求。

表 5.3 应急制动性能要求

机动车类型	制动初速度/(km·h^{-1})	制动距离/m	充分发出的平均减速度/(m·s^{-2})	试验通道宽度/m
乘用车	50	≥5.9	≥6.2	2.5
客车	30	≥5.2	≥5.6	2.5
其他汽车、汽车列车	30	≥5.0	≥5.4	3.0

⑤驻车制动性能要求。

在空载状态下，驻车制动装置应能保证机动车在坡度为20%（对总质量为整备质量的1.2倍以下的机动车为15%）、轮胎与路面间的附着系数不小于0.7的坡道上正、反两个方向保持固定不动，其时间不应少于5 min。对于允许挂接挂车的汽车，其驻车制动装置必须能使汽车列车在满载状态下能停在坡度为12%的坡道（坡道上轮胎与路面间的附着系数不应小于0.7）上。

驻车制动应通过纯机械装置把工作部件锁止，并且驾驶员施加于操纵装置上的力：手操纵时，乘用车不应大于400 N，其他机动车不应大于600 N；脚操纵时，乘用车不应大于500 N，其他机动车不应大于700 N。

3. 汽车制动性能台架试验检测法

（1）反力或滚筒制动检测台。

目前国内汽车综合性能检测站所用制动检测设备多为反力式滚筒制动检测台和平板式制动检测台。

（2）反力式滚筒制动检测基本结构及原理。

反力式滚筒制动检验台的结构简图如图5.3所示。它由结构完全相同的左右两套对称的车轮制动测试单元和一套指示、控制装置组成。每套车轮制动测试单元由框架（多数试验台将左、右测试单元的框架制成一体）、驱动装置、滚筒组、举升装置、测量装置等构成。

反力式制动驱动装置由电动机、减速器和链传动组成。电动机经过减速器减速后驱动主动滚筒，主动滚筒通过链传动带动从动滚筒旋转。减速器输出轴与主动滚筒同轴连接或通过链条、皮带连接，减速器壳体为浮动连接（即可绕主动滚筒轴自由摆动）。减速器的作用是减速增扭，其减速比根据电动机的转速和滚筒测试转速确定。由于测试车速低，滚筒转速也较低，一般在40～100 r/min（日式检验台转速则更低，甚至低于10 r/min），因此要求减速器级数比较高，一般采用两级齿轮减速或一级蜗轮蜗杆减速与一级齿轮减速。

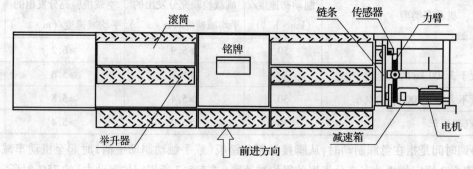

图5.3　检验台结构简图

每一车轮制动力测试单元设置一对主、从动滚筒。每个滚筒的两端分别用滚筒轴承与轴承座支承在框架上，且保持两滚筒轴线平行。滚筒相当于一个活动的路面，用来支承被检车辆的车轮，并承受和传递制动力。汽车轮胎与滚筒间的附着系数将直接影响制动检验台所能测得的制动力大小。为了增大滚筒与轮胎间的附着系数，滚筒表面都进行了相应加工与处理，目前采用较多的有下列五种：

①开有纵向浅槽的金属滚筒，在滚筒外圆表面沿轴向开有若干间隔均匀、有一定深度的沟槽。这种滚筒表面的附着系数最高可达0.65。当表面磨损且沾有油、水时，附着系数将急剧下降。为改进附着条件，有的制动台表面进一步作拉花和喷涂处理，附着系数可达0.75以上。

②表面粘有熔烧铝矾土砂粒的金属滚筒。这种滚筒表面无论干或湿，其附着系数均可达0.8以上。

③表面具有嵌砂喷焊层的金属滚筒，喷焊层材料选用NiCrBSi自熔性合金粉末及钢砂。这种滚筒表面（新的时候）的附着系数可达0.9以上，其耐磨性也较好。

④高硅合金铸铁滚筒。这种滚筒表面带槽、耐磨，附着系数可达0.7～0.8，价格便宜。

⑤表面带有特殊水泥覆盖层的滚筒。这种滚筒表面比金属滚筒耐磨，表面附着系数可达0.7～0.8。但表面易被油污与橡胶粉粒附着，使附着系数降低。

滚筒直径与两滚筒间中心距的大小，对检验台的性能有较大影响。滚筒直径增大有利于改善与车轮之间的附着情况，增加测试车速，可使检测过程更接近实际制动状况，但必须相应增加驱动电机的功率。而且随着滚筒直径增大,两滚筒间中心距也需相应增大,这样才能保证合适的安置角。这样将使检验台结构尺寸相应增大,制造要求提高。依据实际检测的需要,推荐使用直径为 245 mm 左右的制动台。

有的滚筒制动检验台在主、从动滚筒之间设置一直径较小,既可自转又可上下摆动的第三滚筒,平时由弹簧使其保持在最高位置。在许多设置有第三滚筒的制动检验台上取消了举升装置,在第三滚筒上装有转速传感器。在检验时,被检车辆的车轮置于主、从动滚筒上的同时压下第三滚筒,并与其保持可靠接触。控制装置通过转速传感器即可获知被测车轮的转动情况。当被检车轮制动,转速下降至接近抱死时,控制装置根据转速传感器送出的相应电信号计算滑移率达到一定值(如 25%)时,使驱动电动机停止转动,以防止滚筒剥伤轮胎和保护驱动电机。第三滚筒除了上述作用外,有的检验台上还将其作为安全保护装置用,只有当两个车轮制动测试单元的第三滚筒同时被压下时,检验台驱动电机电路才能接通。但依靠第三滚筒控制自动停机绝非唯一或最佳的方法,目前已有其他方法出现。

制动力测试装置主要由测力杠杆和传感器组成。测力杠杆一端与传感器连接,另一端与减速器壳体连接,被测车轮制动时,测力杠杆与减速器壳体将一起绕主动滚筒(或绕减速器输出轴、电动机枢轴)轴线摆动。传感器将测力杠杆传来的、与制动力成比例的力(或位移)转变成电信号输送到指示、控制装置。传感器有应变测力式、自整角电机式、电位计式、差动变压器式等多种类型。早期的日式制动试验台多采用自整角电机式测量装置,而欧式以及近期国产制动检验台多用应变测力式传感器。

为了便于汽车出入制动检验台,在主、从动两滚筒之间设置有举升装置。该装置通常由举升器、举升平板和控制开关等组成。常用的举升器有气压式、电动螺旋式、液压式三种形式。气压式是用压缩空气驱动汽缸中的活塞或使气囊膨胀完成举升作用;电动螺旋式是由电动机通过减速器带动丝母转动,迫使丝杠轴向运动起举升作用;液压式是由液压举升缸完成举升动作。有些带有第三滚筒的制动检验台未装举升装置。

目前制动试验台控制装置大多采用电子式。为提高自动化与智能化程度,有的控制装置中配置计算机。指示装置有指针式和数字显示式两种。带计算机的控制装置多配置数字显示器,但也有配置指针式指示仪表的。

进行车轮制动力检测时,将被检汽车驶上制动试验台,车轮置于主、从动滚筒之间,放下举升器(或压下第三滚筒,装在第三滚筒支架下的行程开关被接通)。通过延时电路启动电动机,经减速器、链传动和主、从动滚筒带动车轮低速旋转,待车轮转速稳定后,由驾驶员踩下制动踏板,车轮在车轮制动器的摩擦力矩作用下开始减速旋转。此时电动机驱动的滚筒对车轮轮胎周缘的切线方向作用制动力以克服制动器摩擦力矩,维持车轮继续旋转。

与此同时,车轮轮胎对滚筒表面切线方向附加一个与制动力方向反向等值的反作用力,在反作用力矩作用下,减速机壳体与测力杠杆一起朝滚筒转动的相反方向摆动(图 5.4),测力杠杆一端的力或位移量经传感器转换成与制动力大小成比例的电信号。从测力传感器送来的电信号经放大滤波后,送往 A/D 转换器转换成相应数字量,经计算机采集、储存和处理后,检测结果由数码显示或由打印机打印出来。打印格式或内容由软件设计而定。一般可以把左、右轮最大制动力、制动力和、制动力差、阻滞力和制动力 - 时间曲线等一并打印出来。

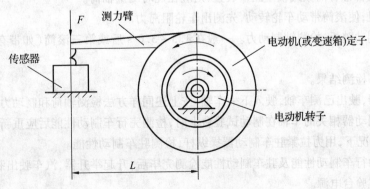

图 5.4 制动力测试原理图

制动力检测技术条件要求是以轴制动力占轴荷的百分比来评判的,对总质量不同的汽车来说是比较客观的标准。为此除了设置制动检验台外,还必须配置轴重计或轮重仪,有些复合式滚筒制动试验台装有轴重测量装置。其称重传感器(应变片式)通常安装在每一车轮测试单元框架的4个支承脚处。

《机动车安全运行技术条件》(GB 7528—2012)中定义制动协调时间是从驾驶员踩下制动踏板的瞬间作为起始计时点,为此,在制动测试过程中必须由驾驶员通过套装在汽车制动踏板上的脚踏开关向试验台的指示、控制装置发出一个"开关"信号,开始计时,直至制动力与轴荷之比达到标准规定值的75%时瞬间停止。这段时间历程即为制动协调时间,通常可以通过检验台的计算机执行相应程序来实现。

目前,通常采用的反力式滚筒制动检验台对具有防抱死(ABS)系统的汽车制动系的制动性能还无法进行准确的测试。主要原因是这些试验台的测试车速较低,一般不超过5 km/h,而现代防抱死系统均在车速10~20 km/h以上起作用。所以,在上述试验台上检测车轮制动力时,车辆的防抱死系统不起作用,只能相当于对普通的液压制动系统的检测过程。

有的反力式滚筒制动试验台可以选择每一车轮制动力测试单元的滚筒旋转方向。两个测试单元的滚筒既可同向正转、同向反转,又可一正一反。具有这种功能的试验台可以检测多轴汽车并装轴(如三轴汽车的中轴和后轴,其间设有轴间差速器)的制动力。测试时使左、右车轮制动测试单元的滚筒转动方向一正一反,只采集正转时的制动力数据,这样可以省去试验台前、后设置自由滚筒装置。这是因为驱动轴内有轮间差速器的作用,当左、右车轮反向等速旋转时,差速器壳与主减速器将不会转动。所以,当被检测轴车轮被滚筒带动时,另一在试验台外的驱动轴将不会被驱动。而对于装有轴间差速器的双后轴汽车,可在一般的反力式滚筒制动台上逐轴测试每个车轴的车轮制动力。

5.1.4 反力式滚筒制动试验台的操作及使用方法

(1)将制动试验台指示与控制装置上的电源开关打开,按使用说明书的要求预热至规定时间。

(2)如果指示装置为指针式仪表,检查指针是否在零位,否则应调零。

(3)检查并清洁制动试验台滚筒上是否粘有泥、水、砂、石等杂物。

(4)核实汽车各轴轴荷,不得超过制动试验台允许载荷。

(5)检查并清除汽车轮胎是否粘有泥、水、砂、石等杂物。

(6)检查汽车轮胎气压是否符合规定,否则应充气至规定气压。

(7)升起制动试验台举升器。

(8)汽车被测车轴在轴重计或轮重仪上检测完轴荷后,应尽可能沿垂直于滚筒的方向驶入制动试验台。先前轴,再后轴,使车轮处于两滚筒之间。

(9)汽车停稳后变速杆置于空挡位置,行车制动器和驻车制动器处于完全放松状态,能测制动时间的试验台还应把脚踏开关套在制动踏板上。

(10)降下举升器,至举升器平板与轮胎完全脱离为止。

(11)如制动试验台带有内藏式轴重测量装置,则应在此时测量轴荷。

(12)启动电动机,使滚筒带动车轮转动,先测出车轮阻滞力。

(13)用力踩下制动踏板,检测轴制动力。一般在1.5~3.0 s后或第三滚筒(如带有)发出信号后,制动试验台滚筒自动停转。

(14)读取并打印检测结果。

(15)升起举升器,驶出已测车轴,驶入下一车轴,按上述同样方法检测轴荷和制动力。

(16)当与驻车制动器相关的车轴在制动试验台上时,检测完行车制动性能后应重新启动电动机,在行车制动器完全放松的情况下,用力拉紧驻车制动器操纵杆,检测驻车制动性能。

(17)所有车轴的行车制动性能及驻车制动性能检测完毕后,升起举升器,汽车驶出制动试验台。

(18)切断制动试验台电源。

任务实施

针对车辆的制动性能进行检测。

操作环节	对应项目	具体程序
1	试车确诊	利用 VAMAG 平板式车辆检测系统测试的汽车制动力。驾驶汽车以 5~10 km/h 的速度驶上测试平板时,当前轮到达前测试板时,就可以测出前轮阻滞力(实际上就是传感器采集到的第一个制动力信号,即制动力初始值)。当测试灯亮起来时应迅速地踩下制动踏板,经过一段时间后停在四块测试平板上,测出协调时间、制动力、悬架效率和轴重后,起步移动一段距离,再拉手刹(此时四个轮子仍在四块测试板上),测出手动制动力后,松开手刹,踩离合器,将车滑出平板,当后轮经过前面的测试板时,可以测出后轴的阻滞力。 在测试时,其用制动力"和"的形式表达了汽车地面制动力的大小,同时还测量了制动过程的协调时间和阻滞力,另外分别用左右制动力的"差"和侧滑量来评价车辆制动时的方向稳定性。要求车辆达到以下要求 1. 汽车前轴(后轴)的左右制动力之和与前轴(后轴)重量的比大于60%,前后制动力之和与整车重量之比也要大于60%。对于手动制动,要求左右制动力之和与整车重量之比要大于20% 2. 在空载的情况下,前轴的左右制动力之差要小于20%,后轴要小于24% 3. 协调时间要求小于0.6 s 若达不到要求,汽车行驶制动时若出现制动减速度小、制动距离长,则表明制动效能不良
2	检查和调整踏板行程	1. 踏板总行程的调整:桑塔纳轿车规定踏板总行程应在 180 mm 以上,若小于规定值,应调整连接叉,通过改变真空助力器推杆长度使踏板总行程达到规定值 2. 踏板自由行程的调整:使发动机熄火,踩几次制动踏板,使真空助力器失去真空作用。用手压下踏板,至感到有阻力时,此时压下的距离为踏板自由行程。自由行程为 3~5 mm,若不符合要求,应首先消除真空助力器推杆与总泵之间的间隙(旋动推杆调整螺栓),然后放尽系统内的空气,再将自由行程调至规定值
3	检查制动液液面高度及系统有无渗漏现象	检查制动主缸、轮缸、管路及接头各部,若有渗漏应予以修复,并向储液室中注满 DOT4 制动液(规定使用美国标 FMVSS 116) 1. 若上述各项均正常,制动力仍不足,则应检查主缸进油孔、补偿孔、通气孔是否畅通。若被堵塞,应予以排除。若各孔均畅通,则应检查主缸出油阀、回油阀是否密封不严,或是主缸回位弹簧预紧力过小等,若是,应更换新件 2. 液压系统的排气:若排除上述故障后,制动力仍然不足,可在急速时连续踩下制动踏板 2~3 次,若踏板位置随之渐次升高(踩下时有软绵、似弹簧的感觉),则表明系统内进入了空气,应按下述方法进行排气 使发动机怠转,旋松轮缸放气螺钉,以软管通入容器内,连续踩下制动踏板数次,使踏板位置一次比一次增高,直至踩不动为止,并踩住不放松。由另一人旋松放气螺钉 $\frac{1}{2} \sim \frac{3}{4}$ 圈,待空气随同制动液一同流出后再旋紧放气螺钉。如此反复数次,直至流出的制动液中无气泡为止。各轮缸放气顺序是:右后轮→左后轮→右前轮→左前轮。流出的制动液应收集在容器内,放气螺钉拧紧力矩为 7~10 N·m 3. 若踩下制动踏板感到很"硬",而制动效能不良,可能是制动液黏度过大或管路不畅(如管路内壁油垢积存过厚、油管凹瘪),若是,应予以更换;若不是,则应检查真空助力器是否工作不良或失效

续表

操作环节	对应项目	具体程序
		4.制动器的检查。若上述部位及真空助力器等机构均正常,则应检查制动器,如出现制动间隙过大、磨损过量、油污、损坏等,应予以拆检、清洗、更换。前轮制动块的厚度应不小于 7 mm(包括底板),制动间隙一般单边为 0.05~0.15 mm;后轮制动器摩擦片的厚度标准值为 5.0 mm,磨损极限为 2.5 mm(不包括底板厚度)。注意:磨损达到极限必须更换 5.故障排除后,应重新进行测试

项目5.2 汽车车轮侧滑及四轮定位检测

情境导入

客户报修：

某驾驶员诉说,在路边一小汽车维修店更换完三角臂后,轮胎经常出现偏磨现象,且汽车直线行驶时会跑偏。

故障原因分析：

更换完三角臂后,汽车车轮定位参数发生了变化,应该做四轮定位调整。而路边小店一般没有四轮定位仪,所以定位角一旦产生变化,车辆容易容易出现跑偏、轮胎偏磨、方向盘不能自动回正等故障。

理论引导

侧滑是轮胎胎面在前进过程中的横向滑移现象。汽车前轮测滑量的检测是指在不解体的前提下,对前轮行进过程中产生横向滑移量大小的检测。汽车的前轮侧滑对汽车的操纵稳定性影响很大。侧滑量太大,会引起汽车行驶方向不稳、转向沉重、增加轮胎磨损、加大燃料消耗,甚至操纵失准而导致交通事故。所以,为确保行车安全,必须对前轮侧滑量做定期检测。为了保证汽车直线行驶的稳定性、转向的轻便、转向轮回正性能良好,以及减少轮胎和机件的磨损、增加汽车行驶的安全性,汽车四轮定位的技术参数逐渐受到驾驶人员的重视,同时也为汽车自动驾驶技术的发展提供了有利的条件。

5.2.1 分析车轮定位对行驶稳定性的影响

1.前轮定位

转向轮、转向节和前轴或下摆臂三者装配时要具有一定的相对位置,这种具有一定相对位置的装配关系称为前轮定位。为了保证汽车具有良好的操纵稳定性,前轮所在平面以及主销轴线总是设计成与汽车纵向或横向铅垂面成一定角度。这些角度参数包括主销内倾角、主销后倾角、前轮外倾和前轮前束,合称前轮定位参数。

前轮定位的作用有以下几项。

(1)保证汽车直线行驶的稳定性。在水平面上驾驶员双手离开转向盘后,汽车仍能直线向前行驶。遇到小坑、小包以及拱形路面时能保持直线行驶。在承载后车轮垂直于路面,并能扼制转向轮的摆振。在高速行驶中没有转向发飘现象。

(2)在驾驶员转向或外力使车轮偏转后,能保证转向盘自动回正。

(3)使转向轻便。

(4)减少转向轮和转向机构的磨损,最大限度地延长轮胎的使用寿命。

①主销后倾角。

在汽车纵向垂直平面内主销轴线与通过前轮中心垂线的夹角称为主销后倾角,如图5.5所示。向垂线后面倾斜的角度称为正后倾角,向前倾斜的角度称为负后倾角。

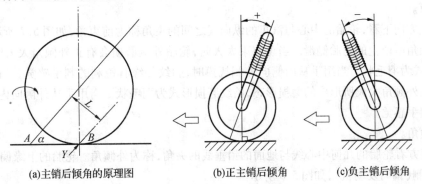

(a)主销后倾角的原理图　　(b)正主销后倾角　　(c)负主销后倾角

图5.5　主销后倾角

主销后倾角的作用:

a. 保证汽车直线行驶的稳定性。按照国内传统的汽车理论,主销后倾角越大,行驶中产生的离心力就大,防止车轮发生偏转的反向推力就越大,所以主销后倾角越大,汽车直线行驶的稳定性就越好。但是随着主销后倾角增大,汽车转向时所克服的反向推力就越大,转向就越重,所以主销后倾角不能超过3°。

b. 适当加大主销后倾角是帮助车轮回正的有效方法。转向轮发生偏转时,主销后倾角能帮助转向轮自动回正到中间位置。

②主销内倾角。

在汽车横向平面内主销轴线与铅垂线的夹角即为主销内倾角,如图5.6所示。

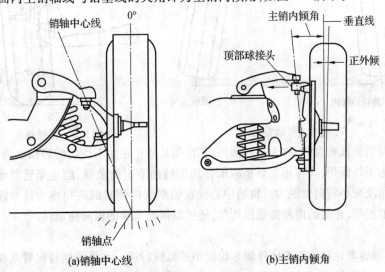

(a)销轴中心线　　(b)主销内倾角

图5.6　主销内倾角

主销内倾角的作用:

a. 帮助转向轮自动回正。前轮是围绕着主销旋转的,而主销是向内倾斜的。

主销内倾使转向节距地面高度降低,距地面更近,重力作用使车辆高度被降低,转向轮在转向时沿着倾斜的主销做弧线运动,就和门围绕歪斜的门轴做弧线运动一样,随着转向角和主销内侧倾角加大,轮胎外侧逐步加大对路面的压力。汽车在松软的路面上转向时,主销内倾角越大,转向角越大,转向轮外侧压入地下就越多,在松软的路面上转弯时前轮的外侧部分陷入地下才可能实现转向。汽车在柏油、水泥路面上行驶时,地面比轮胎更为坚硬,轮胎不可能陷入地下。于是在地面反作用力下,转向轮连同它所承载的汽车前部都要抬起一个相应的高度,才能使它实现转向。

b. 使转向轻便。由于前轴重心在主销的轴线上,主销内倾角使主销轴线延长线与路面的交点和车轮中心与地面的交点距离减小,力臂的减小使转向变轻了。主销轴线的延长线距车轮的中心线过近容易使转向发飘。所以传统的后轮驱动汽车主销轴线的延长线大都设计在距车轮中心线 40~60 mm 处。而 20 世纪 70 年代以后开发的前轮驱动汽车由于技术上的改进,主销内倾角越大,行驶稳定性也很好。

③前轮前束。

从汽车正上方向下看,轮胎的中心与汽车的纵向线之间的夹角称为前束角,如图 5.7 所示。前束的作用是消除由于外倾角所产生的轮胎侧滑。当正前束太大时,轮胎外侧磨损会有正外倾角太大所形成的磨损状态,胎纹磨损形式为羽毛状。当用手从内侧向外侧抚摸时,胎纹外缘有锐利的刺手感觉。当负前束太大时,轮胎内侧会有负外倾角太大所形成的磨损形态,胎纹磨损形式为羽毛状。当用手从外侧向内侧抚摸时,胎纹外缘有锐利的刺手感觉。

④前轮外倾角。

从汽车的前方看轮胎的几何中心线与地面的铅垂线的夹角,称为外倾角。轮胎的上缘偏向内侧(靠近发动机)或偏向外侧(偏离发动机),如图 5.8 所示。

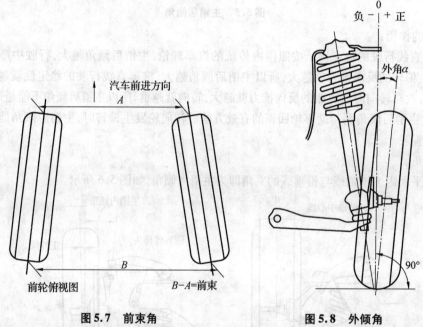

图 5.7 前束角　　　图 5.8 外倾角

当轮胎中心线与铅垂线重合时,称为零外倾角,其作用是防止轮胎不均匀的磨损。当轮胎中心线在铅垂线外侧时的夹角称为正外倾角,其作用主要是减低作用于转向节上的负载、防止车轮滑落、防止由于载荷而产生不需要的外倾角及减小转向操纵力。轮胎中心线在铅垂线内侧时的夹角称为负外倾角,其作用是可使内外侧滚动半径近似相等,轮胎的内外侧磨损均匀,还可以提高车身的横向稳定性。

⑤转向梯形。

车辆转弯时,内侧的车轮被迫沿着比外侧车轮要小的弧线行进。如果两侧转向臂互相平行,转弯时两前轮也将保持平行,就会导致转弯时轮胎滑移。而设计成前轴、梯形臂、横拉杆构成的转向梯形,可使汽车在转向时两前轮产生不同的转向角,通常内侧车轮转向角要比外侧车轮大 1°~3°,两前轮沿着各自的弧线滚动,从而消除了轮胎的滑动,如图 5.9 所示。

转向时所有车轮运动轨迹的向心线都应相交于一点,此点称为转向心。横拉杆位于前轴后端的等腰梯形称为正方梯形,横拉杆位于前轴前端的等腰梯形称为反梯形。二者在作用上没有区别。

转向梯形又称转向外展,由于两只梯形臂都设计成直线行驶时两侧车轮角度相同,可保持两侧车轮平行,因此无论是向左还是右转向,由于内侧轮形成比外侧角大 1°~3°的转角,所以使转向中的前轮形成负前

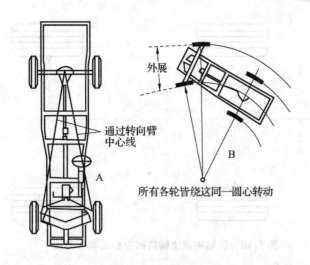

图 5.9　转向梯形

束,且转向角越大,负前束值也越大,转向时的负前束比后桥中的差速器更有利于转向平稳。

⑥转向不足。

在试转半径时,转向盘转到止端,保持不动,此时节气门开度稳定,车轮的转弯半径在一定的圆周上保持不动,似乎是必然的结果,但实际上转向不足的汽车(又被称为平稳转向,大部分汽车都是这种设计的),转弯半径随着旋转的圈数增加,会逐渐加大。这种特性是因前后轮胎侧偏角不同引起的。由于后轮侧偏角小于前轮的侧偏角,在连续作弯半径测试时,后轮达不到前轮行进方向而变慢,所以转弯半径逐渐加大,就会出现转向不足的结果。转向不足的好处是当驾驶员转向时,即使实际转向低于自己的设想,也容易修正过来。

⑦转向负前束(转向前展)。

转向负前束是指转向时内侧车轮相对外侧车轮的角度差。转向系的结构使车轮角度随转向角度变化而变化,该角度的变化由转向梯形保证,如负前束不正确,将加剧轮胎磨损,并出现转向噪声及转向跑偏。

为保证汽车转向轮无横向滑移的直线滚动,要求车轮外倾角和车轮前束有适当配合,当车轮前束值与车轮外倾角匹配不当时,车轮就可能在直线行驶过程中不做纯滚动,而产生侧向滑移现象。当这种滑移现象过于严重时,将破坏车轮的附着条件,丧失定向行驶能力,使方向盘沉重,引发交通事故并导致轮胎的异常磨损。侧向滑移量的大小与方向可用汽车前轮侧滑检验台来检测。目前使用的侧滑检验台主要有双板联动和单板侧滑两种,也有少量用双板分动的,但因其重复性差未能得到普及。

2. 后轮定位

(1)与后轮定位相关的概念及作用。

后轮外倾角:前轮驱动的轿车后轮通常为负外倾角,即空载时后轮向内倾斜,承载后或举升运动时垂直于路面。

前轮驱动轿车通常为很小的后轮反前束。前轮驱动汽车行驶中的驱动力使后轮心轴受向后的力,后轮的前端距离略大于后端距离。

和后轮外倾角一样,前轮驱动汽车后轮的反前束值比前轮也大 1 倍左右。后轮前束主要为了使前后车轮以后轮推力为定位基准,使四个车轮保持平行,保证汽车直线行驶的稳定性。减少后轮在行驶中的侧滑,以最大限度地延长后轮轮胎的使用寿命。

车辆的几何中心线:是恰好穿过前、后轮中央的假想线。

推力线:是与后轮中心线成正 90°角向前延伸的线。汽车受到猛烈冲击,或悬架衬套磨损松旷都会使推力线发生偏移。推力线如果和汽车前、后轮几何中心线平行,再配合适当的主销后倾角和主销内倾角,在笔直的公路上运动时,即使双手离开转向盘,车辆仍可以保持直线行驶。

后轮偏向:指向桥壳或后前移动,另一个后轮移动,后轮推力线不再和几何中心线平行。

后轴偏向造成推力线偏离了几何中心线,如图 5.10 和图 5.11 所示。推力线偏离几何中心线,不仅造成行驶跑偏倾向,也加重了汽车转向轮胎的侧滑。

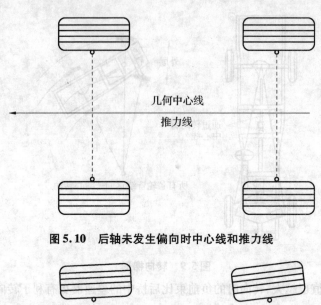

图 5.10 后轴未发生偏向时中心线和推力线

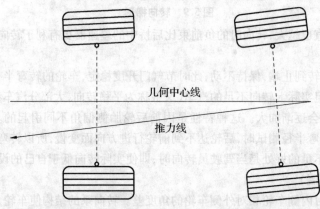

图 5.11 后轴偏向造成推力线偏离了几何中心线

(2) 后轮定位。

设置后轮定位可削弱后轴偏向、偏迹的问题,在正常行驶和转向时的负面保持正确的后轮外倾角和后轮前束是非常重要的。如出现轮胎畸形磨损,特别是再现后轮胎冠偏磨损(后轮外倾角不对),后轮胎肩处出现锯齿形磨损(后轮前束严重超差),以及后轮悬架发生早期磨损时都应做四轮定位。

设置后轮前束最主要的目的是为了使后轮推力线和几何中心重合,设置后轮外倾角最主要的目的就是改善转向的稳定性。

四轮定位和前轮定位的最大区别是在定位基准的选定上。做四轮定位时是以后轮推力线作为车轮定位基准线,后轮推力线是后轮总前束的中心线,该基准线由后轮定位角决定。做四轮定位时先检测和调整后轮定位,如果后轮定位角不对,那么需要对后轮定位在设计上进行调整,按需要更换那些变形了的零部件,即负责车轮定位的悬架上的部件,常见的是摆臂、减少器以及导向装置。在后轮定位调整完后,后轮推力线和几何中心线重合,再以该参考线为基准,对每个前轮进行测量调整,可以保证四个车轮在直线行驶时处于平行状态,转向系处于几何中心,满足车辆在设计时的动力学条件,达到车辆在设计时的性能要求。

任何机械式的定位装置都只能做前轮定位,而无法做后轮定位和四轮定位。

5.2.2 汽车车轮侧滑检测

1. 侧滑检验台的结构

侧滑检验台是使汽车在滑动板上驶过时,用测量滑动板左右移动测量的方法来测量前轮侧滑量的大小和方向,并判断是否合格的一种检测设备。目前,在国内侧滑检验台有单板侧滑检验台和双板联动式侧滑检验台,我们这里以双板联动式侧滑检验台为例进行介绍。

双板联动侧滑检验台主要有机械和电气两部分组成。机械部分主要有两块滑板、联动机构、回零机构、滚轮及导向机构、限位装置及锁零机构组成。电气部分包括位移传感器和电气仪表。

(1)机械部分。

左右两块滑板分别支撑在各自的四个滚轮上,每块滑板与其连接的导向轴承在轨道内滚动,保证了滑板只能沿左右方向滑动而限制了其纵向的运动(图5.12)。两块滑板通过中间的联动机构联接起来,从而保证了两块滑板做同时向内或同时向外的运动。相应的位移量通过位移传感器转变成电信号送入仪表。回零机构保证汽车前轮通过后滑板能够自动回零。限位装置是限制滑板过分移动而超过传感器的允许范围,起保护传感器的作用。锁零机构能在设备空闲或设备运输时保护传感器。润滑机构能够保证滑板轻便自如地移动。

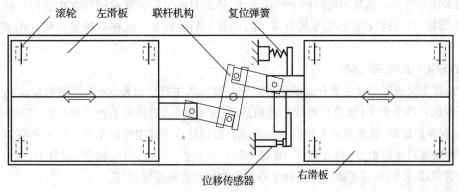

图5.12 侧滑检验台结构示意图

(2)电气部分。

电气部分按传感器的种类不同而有所区别。目前常用的位移传感器有电位计式和差动变压器式两种。早期的侧滑台也有用自整角电机的,现已很少用。

①电位计式测量装置。其原理非常简单,将一个可调电阻安装在侧滑检验台底座上,其活动触点通过传动机构与滑板相连,电位计两端输入一个固定电压(比如5 V),中间触点随着滑板的内外移动也发生变化,输出电压也随之在0~5 V之间变化,把2.5 V左右的位置作为侧滑台的零点,如果滑板向外移动,输出电压大于2.5 V,达到外侧极限位置输出电压为5 V。滑板向内移动,输出电压小于2.5 V,达到内侧极限输出电压为0 V。这样仪表就可以通过A/D转换将侧滑传感器电压转换成数字量,并送入单片机处理,得出侧滑量的大小。

②差动变压器式测量装置。原理与电位计式类似,只是电位计式输出一个正电压信号,而差动变压器式输出的是正负两种信号。把电压为0时的位置作为零点,滑板向外移动输出一个大于0 V的正电压,向内移动输出一个小于0 V的负电压。同样,仪表就可以通过A/D转换将侧滑传感器电压转换成数字量,并送入单片机处理,得出侧滑量的大小。

2.侧滑检验方法和数据分析

(1)检验前仪器及车辆准备。

①打开锁止装置,拨动滑板,仪表清零。

②车辆轮胎气压、花纹深度符合标准规定,胎面清洁。

(2)检验程序。

① 车辆正直居中驶近侧滑检验台,并使转向轮处于正中位置。

②以3~5 km/h车速平稳通过侧滑检验台。

③读取最大示值。

(3)注意事项。

①车辆通过侧滑检验台时,不得转动转向盘。

② 不得在侧滑台上制动或停车。

③ 勿使轴荷超过检验台允许载荷的汽车驶到检验台上,以防压坏机件或压弯滑动板。

④不要在检验台上进行车辆修理保养工作。

⑤清洁时,不要让水或泥土带入试验台。应保持侧滑台滑板下部的清洁,防止锈蚀或阻滞。

5.2.3 汽车车轮四轮定位检测

1.汽车四轮定位的概念

汽车四轮定位指汽车的转向车轮、转向节和前轴三者之间的安装具有一定的相对位置,这种具有一定相对位置的安装称为转向车轮定位,也称前轮定位。前轮定位包括主销后倾(角)、主销内倾(角)、前轮外倾(角)和前轮前束四个内容。这是无论对两个转向前轮,还是对两个后轮来说同样存在的与后轴之间安装的相对位置,称后轮定位。后轮定位包括车轮外倾(角)和逐个后轮前束。这样前轮定位和后轮定位总称为四轮定位。

(1)汽车四轮定位的组成结构。

①四轮定位仪主要由定位仪主机和必要附件组成。定位仪主机由机箱(大机箱带后视镜)、计算机主机(含显示器、打印机)、四个机头(定位传感器)、通信系统、充电系统、总供电系统六部分组成。必要的附件由方向盘固定器、刹车固定器、转角盘及夹具四部分组成。要很好地完成定位调车工作用户还应自行配备必要的工具,如:各种型号的开口扳手、梅花扳手、套筒、接杆、快速扳手、扭力杆、钳子、螺丝刀、气动扳手(小风炮)、拉杆球头拆装器、外倾角校正器以及各种型号的调整垫片和调整螺栓等。

②四轮定位仪的结构。

四轮定位仪分拉线式、光学式、计算机拉线式和计算机几何式,现以光学式四轮定位仪为例说明四轮定位仪的结构与测量原理。计算机拉线式四轮定位仪如图 5.13 所示,其主要结构由带微处理器的主机柜及彩色监视器、键盘、80 系列 A4 打印机、红外电子测量尺(用来检测轮距)、红外遥控器、标准转盘或电子转盘、自定心卡盘、传感器、接线盒、电缆、传感器拉线、方向盘锁定杆和刹车制动杆等组成。

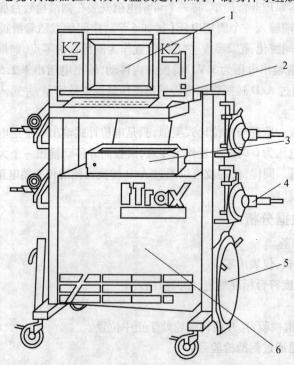

图 5.13 计算要拉线式四轮定位仪
1—彩色监视器;2—键盘;3—打印机;4—自定心卡盘;5—转盘;6—主机柜

(2)汽车四轮定位的重要性和必要性。

为了提高汽车行驶的安全性、平顺性和乘坐的舒适性,汽车研发部门必须恰当地设计车轮定位角。正确的车轮角可以保证汽车转向轻便、转向后能自动回正,在汽车转向、急剧改变车速、高速行驶、在坏路行驶以及紧急制动时能保证行驶方向的稳定性。驾驶车辆时能稳定准确,路面振动小,不好路面上车身没有明显摇摆,乘车舒适,轮胎寿命长。

①正确的车轮定位可以帮助系统中所有不可见位置处于正常,具体优点如下:

a. 延长轮胎的使用寿命。

一组新的轮胎,有时表现为某一个轮胎使用不久就会发生异常磨损,有时发生在前轮,有时发生在后轮。在大多数情况下轮胎的异常磨损,或跑长途时爆胎的原因是车轮定位不准确。

b. 操纵的稳定性。

不正确的车轮定位可能加剧转向轮,以至整个转向系的摆振,还可能造成行驶跑偏、高速时转向发飘、左右牵引、车轮不能自动回正、路面的振动无法被有效地吸收等状况。正确的车轮定位可以避免或排除上述故障。

c. 减少转向机械和悬架的磨损。

由于不同的车轮定位角可以使汽车处于不同的平稳关系中,因此不正确的车轮定位角不仅会加剧车轮的磨损,而且会造成悬架和转向系统传动部分的转动部件,如控制臂衬套、球头销、主销衬套等的非正常磨损。

d. 提高燃油的经济性。

所有的车轮定位角,都是为了使车轮在行驶中尽可能地垂直于地面,并最大限度减少车轮滑移,使车轮滚动阻力减少,燃油经济性提高。正确的车轮定位,还可以保证四个车轮彼此平行,这样保证了最小的滚动阻力,再加上正确的轮胎充气,可确保提高燃油经济性。

e. 得到最佳的行驶平顺性。

正确的车轮定位可帮助前、后悬架恰如其分地工作,使行驶系和转向系的所有部件处于正确关系中,路面的振动被有效地吸收,车辆行驶更平稳。

f. 确保安全驾驶。

正确的车轮定位最大的好处就是保证安全驾驶。它可以确保车辆的可操作性,操作的稳定性,在正常行驶中有正确、迅速的操纵响应。

正确的车轮定位校正是非常重要的。校正不适当,可能会造成转向困难、转向后车轮不能自动回正、行驶跑偏、产生不正常的噪声和轮胎异常磨损等状况。

②什么情况下,需要进行四轮定位。

每行驶 10 000 km 或 6 个月后;直线行驶时车子往左或往右拉;直行时需要紧握方向盘;直行时方向盘不正;感觉车身会飘浮或摇摆不定;前轮或后轮单轮磨损;安装新的轮胎后;碰撞事故维修后;换装新的悬挂或转向有关配件后;新车每行驶 3 000 km 后。

任务实施

根据现有车辆进行四轮定位。

操作环节	对应项目	具体程序
1	准备工作	(1)车辆开上定位四柱举升架,检查轮胎气压,车辆高度 (2)将四轮悬空,进行下一步检查 (3)检查轮胎是否有不规则磨损、变形等情况,如磨损量达到可接受的最低标准则可测量数据。转向球节有无松旷等情况,左右横拉杆长度是否一致 (4)检查上下悬架、稳定杆、四方架、大梁有无变形、松动现象 (5)检查后桥、横助力杆、后拉杆有无变形,胶套是否松旷 (6)检查无异常后放下车辆,摇动车辆数次,以证明悬架系统处于正常状态下,拨开四轮定位固定销

续表

操作环节	对应项目	具体程序
2	四轮定位角检测与决策	(7)计算机开机,准备进入检测状态,然后固定好方向盘,安装四轮探测杆,连接导线,进入四轮定位检测系统,根据计算机操作顺序读取数据 (8)根据定位角数据偏差大小,确定是否能调节或更换零部件 (9)调节定位必须由后轮至前轮进行,前轮的前束角是最后进行调节的,因为对其他定位角的调节能使上推角与车辆中心线重合,将影响到前轮的前束
3	定位角调整	(10)先进行后轮外倾角调节,安装好外倾角调节工具在减振器上,根据定位角度需要拧紧或放松外倾角调节工具,以便按照规格设置好外倾角,达到标准数据时再拧紧减振器螺丝 (11)调节后轮前束,通过横助力杆长度的调节可以增大或减小前束,放松横助力杆调节管两末端的夹紧螺丝,转动调节管以获得标准的前束,再紧固夹紧螺丝,两轮之间的前束数据尽量保持一致 (12)部分车型的前轮主销内、外倾角、轮胎外倾角及轮距,属非调节角,即使这些角不能调节,但仍需对它们进行检测,在没有调节的情况下,数据不符合规格,则表明某些部件磨损、损坏 (13)调节前轮前束角,确认在调节前束时转向机齿条密封件没有被扭曲,在固定好方向盘的情况下,放松转向横拉杆的夹紧螺丝,转动转向横拉杆以获得标准的数据,两轮之间的前束角数据尽量保持一致,确认横拉杆末端是否是直角,然后再拧紧螺丝
4	试车交付	(14)做好以上定位角调节后再试车,路试时需注意车辆行驶的稳定性和操纵性等 注:路试时如有方向跑偏、发抖等问题,在定位角度又符合规格的情况下,再根据轮胎之间的磨损情况进行换位调整 (15)填写完工单,主修工自检。交车给组长质检 →交洗车→交车

项目5.3 汽车悬架检测

情境导入

客户报修:

某驾驶员反映,在汽车行驶一段时间后,汽车在越过障碍物时,车辆底盘会发出"嘎吱嘎吱"的异响声,且响声现在是越来越明显。

故障原因分析:

汽车异响出现的原因、地点比较多。必须根据其响声类型和位置,认真进行排查。检查后发现,该车左前减震器上有油迹,试验确定该响声从此减震器发出。可更换减震器故障排除。

理论引导

悬挂系统是汽车上一个非常重要的系统。它不但影响汽车的乘坐舒适性(平顺性)、还对其他性能诸如通过性、稳定性以及附着性能都有重大影响,每一个悬架都由弹性元件(起缓冲作用)、导向机构(起传力和稳定作用)以及减震器(起减震作用)组成。但并非所有的悬挂都必须有上述三种元件,只要能起到上述三种作用即可。

1. 弹性元件的种类

①钢板弹簧。由多片不等长和不等曲率的钢板叠合而成。安装好后两端自然向上弯曲。钢板弹簧除具有缓冲作用外,还有一定的减震作用,纵向布置时还具有导向传力的作用,非独立悬挂大多采用钢板弹簧做弹性元件,可省去导向装置和减震器,结构简单。

②螺旋弹簧。只具备缓冲作用,多用于轿车独立悬挂装置。由于没有减震和传力的功能,必须设有专门的减震器和导向装置。

③油气弹簧。以气体作为弹性介质,液体作为传力介质,它不但具有良好的缓冲能力,还有减震作用,同时还可调节车架的高度,适用于重型车辆和大客车使用。

④扭杆弹簧。将用弹簧杆做成的扭杆一端固定于车架,另一端通过摆臂与车轮相连,利用车轮跳动时扭杆的扭转变形起到缓冲作用,适合于独立悬挂使用。

2. 减震器

多采用筒式减震器,利用油液在小孔内的节流作用来消耗振动能量。减震器的上端与车身或者车架相连,下端与车桥相连。多数用压缩和伸张行程都能起作用的双作用减震器。

3. 导向装置

独立悬挂上的弹性元件,大多只能传递垂直载荷而不能传递纵向力和横向力,必须另设导向装置。如上、下摆臂和纵向、横向稳定器等。

5.3.1 分析汽车悬架故障原因

为了使车架与车身的振动迅速衰减,改善汽车行驶的平顺性和舒适性,汽车悬架系统上一般都装有减震器,目前汽车上广泛采用的是双向作用筒式减震器。减震器影响汽车行驶的平稳性和其他机件的寿命,因此我们应使减震器经常处于良好的工作状态。可用下列方法检验减震器的工作是否良好。

(1)使汽车在道路条件较差的路面上行驶10 km后停车,用手摸减震器外壳,如果不够热,说明减震器内部无阻力,减震器不工作。此时,可适当加入润滑油,再进行试验,若外壳发热,则为减震器内部缺油,应加足油;否则,说明减震器失效。

(2)用力按下保险杠,然后松开,如果汽车有2~3次跳跃,则说明减震器工作良好。

(3)当汽车缓慢行驶后紧急制动时,若汽车震动比较剧烈,说明减震器有问题。

(4)拆下减震器将其直立,并把下端连接环夹于台钳上,用力拉压减震杆数次,此时应有稳定的阻力,往上拉的阻力应大于向下压时的阻力,如阻力不稳定或无阻力,可能是减震器内部缺油或阀门零件损坏,应进行修复或更换零件。

在确定减震器有问题或失效后,应先查看减震器是否漏油或有陈旧性漏油的痕迹。

油封垫圈、密封垫圈破裂损坏,贮油缸盖螺母松动,可能是油封、密封垫圈损坏失效,应更换新的密封件。如果仍然不能消除漏油情况,应拉出减震器,若感到有发卡或轻重不一时,再进一步检查活塞与缸筒间的间隙是否过大,减震器活塞连杆有无弯曲,活塞连杆表面和缸筒是否有划伤或拉痕。

如果减震器没有漏油的现象,则应检查减震器连接销、连接杆、连接孔、橡胶衬套等是否有损坏、脱焊、破裂或脱落之处。若上述检查正常,则应进一步分解减震器,检查活塞与缸筒间的配合间隙是否过大,缸筒有无拉伤,阀门密封是否良好,阀瓣与阀座贴合是否严密,以及减震器的伸张弹簧是否过软或折断,根据情况采取修磨或换件的办法修理。

另外,减震器在实际使用中会出现发出响声的故障,这主要是由于行驶过程中减震器与钢板弹簧、车架或轴相碰撞,使胶垫损坏、脱落、减震器防尘筒变形或油液不足等原因引起的,应查明原因,予以修理。

减震器在进行检查修复后应在专门试验台上进行工作性能试验,当阻力频率在(100±1) mm时,其伸张行程和压缩行程的阻力应符合规定。如解放CA1091伸张行程最大阻力为2 156~2 646 N,压缩行程最大阻力为392~588 N;东风车伸张行程最大阻力为2 450~3 038 N,压缩行程最大阻力为490~686 N。如果没有试验条件,还可以采用一种经验做法,即用一铁棒穿入减震器下端吊环内,用双脚踩住其两端,双手握住上吊环往复拉2~4次,向上拉时阻力很大,向下压时不感到费力,而且拉伸的阻力与修理前相比有所恢复,无空程感,则表明减震器基本正常。

5.3.2 汽车悬架检测

1. 汽车悬架装置检验台结构与工作原理

目前悬架装置试验台,根据其结构形式可分为跌落式和谐振式两类。

跌落式悬架装置试验台测试开始时,先通过举升装置将汽车升起一定高度,然后突然松开支撑机构,车辆自由振动,可用测量装置测量车辆振幅,或者用压力传感器测量车轮对台面的冲击力,对压力波形进行分析,以此评价汽车悬架装置的性能。

谐振式悬架装置试验台如图5.14所示,通过电机、偏心轮、储能飞轮、弹簧组成的激振器,迫使汽车悬架装置产生振动,在开机数秒后断开电机电源,从而电储能飞轮产生扫频激振。由于电机的频率比车轮固有频率高,飞轮逐渐减速的扫频激振过程总可以扫到车轮固有频率处,从而使台面——汽车系统产生共振。测量此振动频率、振幅、输出振动波形曲线,以使系统处理评价汽车悬架装置性能。

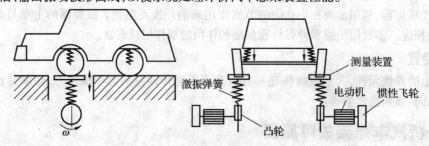

图5.14 谐振式悬架试验台结构原理图

2. 谐振式悬架装置检测台检验

(1)检验方法。

①汽车轮胎规格、气压应符合规定值,车辆空载,不乘人(含驾驶员)。

②将车辆受检轴车轮驶上悬架装置检测台,使轮胎位于台面的中央位置。

③启动检测台,使激振器迫使汽车悬挂产生振动,使振动频率增加过振荡的共振频率。

④电机转速稳定后切断电机电源,振动频率逐渐降低,并将通过共振点。

⑤记录衰减振动曲线(图5.15),纵坐标为动态轮荷,横坐标为时间。测量共振时动态轮荷。计算并显示共振时的最小动态车轮垂载荷与静态车轮垂载荷的百分比值及其同轴左右轮百分比的差值。

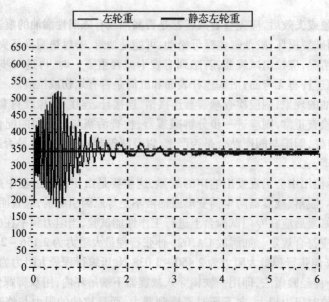

图5.15 衰减振动曲线图

(2)检测标准。

《道路运输车辆综合性能要求和检验方法》(GB 18565—2012)规定,用悬架检测台检测时受检车辆的车轮在受外界激励振动下测得的吸收率(被测汽车共振时的最小动态车轮垂直载荷与静态车轮垂直载荷的百分比值)不得小于40%,同轴左右吸收率之差不得大于15%。

3. 谐振式悬架装置检测台使用注意事项

(1)超出试验台额定载荷的汽车,禁止驶上悬架台。
(2)不要在悬架台上停放车辆和堆积杂物,严禁做空载试验。
(3)不要让不干净的车辆直接检测,特别是轮胎和底盘部分粘有较多泥土的情况。应首先清洗并待滴水较少时进行检测。
(4)雨天检测必须为车辆除水,滴水较少时才能检测。
(5)严禁悬架台中进水,保持传感器干燥,以保证传感器正常工作。
(6)为保证测试精度,传感器必须预热30 min。

任务实施

根据现有车辆用平板检测台进行悬架检测。

操作环节	对应项目	具体程序
1	准备工作	(1)查询相关资料 (2)制定悬架检测方案 (3)准备所需仪器和设备,进行机器预热
2	检测方法	(1)检验员将车辆以5~10 km/h的速度,正直驶向平板,接近平板时置变速器于空挡 (2)当各被测车轮均驶上平板后,急踩制动,使车辆停住 (3)测量制动时的动态轮荷;记录动态轮荷的衰减曲线(图5.16) (4)计算并显示悬架效率和同轴左右轮悬架效率之差值 悬架效率 $\eta = 1 - \lvert (G_B - G_0)/(G_A - G_0) \rvert$ **图5.16 动态轮荷曲线**
3	检测标准	GB 18565—2012规定,用平板制动检测台检测时,受检车辆制动时测得的悬架效率应不小于45%,同轴左右轮悬架效率之差不得大于20%

项目 5.4 汽车车速表检测

情境导入

客户报修：
某驾驶员反映，自己从来都是严格按照车辆仪表盘上的速度表严格控制车速，绝不超速。可是这个月却收到了两张超速罚单，让他很难以理解。

故障原因分析：
汽车行驶时一定要注意汽车仪表板上指示的车速是否正确无误，或者是否在规定误差范围内。经查该车车速指示明显偏慢，导致行车时容易造成超速行驶。

理论引导

汽车的行驶速度与行车安全直接相关，汽车驾驶员通过车速表随时准确地掌握车速信息，在不同环境下调整运行速度，这是实现安全行车的前提保障。但由于车速表使用时间过长、内部磁场减弱和车轮直径磨损等原因，会导致车速表计数失准。如果车速表的误差过大，就极易误导驾驶员而造成交通事故。所以，为确保车速表的指示精度，就必须对车速表进行定期的检测与校正。

5.4.1 分析汽车车速表故障原因

随着汽车使用年限的增加，车速表的误差往往会逐渐增大。造成车速表失准主要有车速表本身的问题和轮胎的状况两方面原因。

1. 车速表自身的原因

不论是磁电式还是电子式车速表，其主轴都是由与变速器相连的软轴驱动的。对于磁电车速表（车速表通常与里程表做在一起，如图 5.17 所示），当主轴旋转时，与主轴固定连接的永久磁铁也一起旋转。其磁场会在铝罩上感应涡流，产生的涡流力矩引起铝罩偏转并带动游丝和指针偏转，最后达到涡流力矩与游丝的弹性反力矩相平衡。车速越高，涡流力矩越大，指针偏转的角度也越大。对于电子式车速表来说，主轴的转动会引起传感器产生与主轴转速成正比的脉冲信号，经电子线路处理后，送到仪表引起指针偏转或显示数字指示。

当汽车长期使用后，车速表内的机械零件难免出现磨损变形，永磁元件可能退磁老化，这些因素都会使车速表指示值误差增大。

2. 轮胎状况的原因

由车速表的工作原理可知，车速表的指示值仅仅与车轮的转速成正比，而汽车行驶的速度相当于驱动轮的线速度，显然线速度不仅与转速有关，还与车轮的半径有关。

实际上，由于轮胎是一个充气的弹性体，所以汽车行驶时，

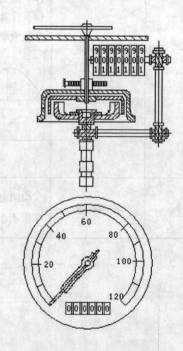

图 5.17 磁感应式车速表

轮胎在垂直载荷、车轮驱动力和地面阻力等作用下会发生弹性变形。另外,由于轮胎磨损、气压不符合标准(过高或不足)等原因也会影响车轮半径的变化。因此,即使在驱动轮转速不变(车速表的指示也不变)的情况下,上述原因也会引起实际车速与车速表指示值不一致的现象。

5.4.2 车速表检验标准限值及误差原因分析

1. 车速表检验台的结构

车速表检验台按有无驱动装置可分为标准型与电机驱动型两种。标准型检验台无驱动装置,它靠被测汽车驱动轮带动滚筒旋转;电机驱动型检验台由电动机驱动滚筒旋转,再由滚筒带动车轮旋转。此外,还有把车速表检验台与制动检验台或底盘测功机组合在一起的综合式检验台。目前,检测机构多使用标准型滚筒式车速表检验台。

(1) 标准型车速表检验台。

标准型车速表检验台主要由滚筒、举升器、测量装置、显示仪表及辅助装置等几部分组成。

①滚筒部分。

检验台左右各有两根滚筒,用于支撑汽车的驱动轮。在测试过程中,为防止汽车的差速器起作用而造成左右驱动轮转速不等,前面的两根滚筒是用联轴器联在一起的。滚筒多为钢质,表面有防滑处理,按《滚筒式汽车车速表检验台》(GB/T 13563—2007)标准要求直径不小于 175 mm,滚筒表面附着系数不小于 0.6。如直径为 176.8 mm 时,滚筒转速为 1 200 r/min 正好对应滚筒表面的线速度为 40 km/h。

②举升器。

举升器置于前后两根滚筒之间,多为气动装置,也有液压驱动和电机驱动的。测试时,举升器处于下方,以便滚筒支撑车轮。测试前,举升器处于上方,以便汽车驶上检验台,测试后,靠气压(或液压、电机)升起举升器,顶起车轮,以便汽车驶离检验台。

③测量元件。

即测量转速的传感器,其作用是测量滚筒的转动速度。通过转速传感器将滚筒的速度转变成电信号(模拟信号或脉冲信号),再送到显示仪表。常用的转速传感器有:测速发电机式、光电编码器式、旋转编码器和霍尔元件式等,现在测速发电机式很少使用。按《滚筒式汽车车速表检验台》(GB/T 13563—2007)标准,转速传感器要求装在主滚筒上。

④显示仪表。

目前多用智能型数字显示仪表,其由一个单片机系统组成。来自传感器的模拟信号经放大、A/D 转换或经滤波整形后进入单片机处理,再输出显示测量结果。若为数字编码信号,直接由计数器计算单位时间内的脉冲数或测量脉冲之间的时间来计算滚筒表面线速度。在全自动检测线上也有直接把速度传感器信号接到工位机(或主控机)上直接进行处理的。

⑤辅助部分。

a. 安全装置:检验台滚筒两侧设有挡轮,以免检测时车轮左右滑移损坏轮胎或设备。

b. 滚筒抱死装置。汽车测试完毕出车时,如果只依靠举升器,可能造成车轮在前滚筒上打滑,为了防止打滑,增加滚筒抱死装置,使其与举升器同步,在举升器升起的同时,抱死滚筒。举升器下降时再将其放开。

c. 举升保护装置。车辆在速度检验台上运转时,举升器突然上升会导致严重的安全事故,因而车速台设有举升器保护装置(软件或硬件保护),以确保滚筒转速低于设定值后(如 5 km/h)再允许举升器上升。

(2) 电机驱动型车速表检验台。

如图 5.18 所示,车速表的转速信号多数取自汽车变速器或分动器的输出轴,但对于后置发动机的汽车,由于车速表软轴过长会出现传动精度和寿命等方面的问题,所以部分车辆转速信号取自前从动轮。对这种车辆必须采用电动机驱动型车速表检验台,测试时由电动机驱动滚筒与前从动轮旋转,这种检验台往往在滚筒与电动机之间装有离合器。若检验时将离合器分离,这种检验台又可作为标准型检验台使用。

2. 车速表检验台测试原理

检测时将汽车被测轮停于前后滚筒之间,由车轮(或电机)驱动滚筒旋转。旋转的滚筒相当于移动的路

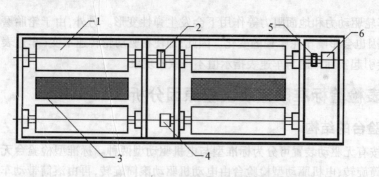

图 5.18 电机驱动型车速表检验台结构示意图
1—滚筒；2—联轴器；3—举升器；4—速度传感器；5—离合器；6—驱动电机

面,由此来模拟汽车在路面上行驶的实际状态。通过滚筒端部的码盘与测速传感器发生信号传递,传感器发出的脉冲信号频率随滚筒转速增高而增加,滚筒的转速与车速成正比,因此测速传感器脉冲频率与车速成正比。将采集到的脉冲信号经过计算(滚筒的线速度(km/h) = 滚筒周长(mm) × 滚筒转速(r/min) × 60 × 10^{-6}),车轮的线速度与滚筒的线速度相等,经计算后的值即为汽车真实的车速。利用滚筒的线速度值与此时车辆在检测时速度表的显示值比较可得出该车车速表的误差。车速检验台信号经计算机或仪表计算处理后,显示结果打印输出。

任务实施

根据现有车辆进行车速表检测。

操作环节	对应项目	具体程序
1	准备工作	1. 查询相关资料 2. 制定车速表检测方案 3. 准备所需仪器和设备,进行机器预热 (1)检验台滚筒表面清洁,无异物及油污,仪表清零 (2)车辆轮胎气压、花纹深度符合出厂标准规定;车辆清洁,轮胎清洁不得夹有泥、砂等杂物 (3)检查滚筒上是否沾有油、水、泥等杂物,若有应予以清除 (4)检查举升器动作是否自如,汽缸(或油缸)有无漏气(或漏油),否则予以修理 (5)检查信号线的连接情况。若有接触不良或断路应予以修复
2	检测方法	(1)将车辆正直驶上检验台,驱动轮停放在测速滚筒的中间位置 (2)降下举升器或放松滚筒锁止机构,在非驱动轮前部加止动块(前轮驱动车使用驻车制动) (3)对于标准型车速表试验台:启动汽车,缓慢加速,当车速表指示 40 km/h 时,维持 3～5 s 测取实际车速,检测结束,减速停车 (4)对于电机驱动型车速表试验台:汽车变速器置于空挡,启动电机驱动滚筒缓慢加速,当车速表指示 40 km/h 时,维持 3～5 s 测取实际车速,检测结束,减速停车 (5)举起举升器或锁止滚筒,将车辆驶出检验台
3	注意事项	(1)测速时车辆前、后方及驱动轮两旁不准站立人员 (2)检验结束后,检验员不可采取任何紧急制动措施使滚筒停止转动 (3)对于不能在车速表检验台上检验的车辆,可路试检验车速表指示误差

项目 5.5 汽车车轮动平衡检测及扒胎

情境导入

客户报修：

某驾驶员反映，一次偶然在农村爆胎，在路边小店补好轮胎后发现车速高速行驶时车辆有震动和明显噪声。怀疑车辆有问题，便送来检修。

故障原因分析：

根据客户描述，检测轮胎轮毂上面并无任何平衡块，震动原因为车轮动平衡失效造成。拆下轮胎进行动平衡校正后，故障排除。

理论引导

按轮胎内空气压力的大小，轮胎可分为高压胎（0.45～0.7 MPa）、低压胎（0.15～0.45 MPa）和超低压胎（0.15 MPa 以下）三种。低压胎弹性好、减振性能强、壁薄散热性好、与地面接触面积大、附着性好，因而广泛用于轿车。超低压胎在松软路面上具有良好的通过能力，多用于越野汽车及部分高级轿车。

由于轮胎制造技术的不断发展，轮胎负荷能力大幅度提高，气压也相应提高，而轮胎的缓冲性仍在某种程度上坚持了原有"低压胎"的性能。因此，按过去的标准，虽然车轮气压已在高压胎气压范围内，但在国内外还都将其归于"低压胎"一类。

轮胎按有无内胎，可分为有内胎轮胎和无内胎轮胎（即真空胎）两种。目前，轿车上普遍采用真空胎。轮胎按胎体帘布层结构的不同，可分为斜交轮胎和子午线轮胎。目前，子午线轮胎在汽车上广泛应用。轮胎按照胎面的花纹，可分为普通花纹轮胎、越野花纹轮胎和混合花纹轮胎三种。

5.5.1 轮 胎

现代汽车都采用充气式轮胎，轮胎安装在轮辋上，直接与路面接触，它的功用如下：

①支承汽车及货物的总质量，承受路面传来的各种载荷。

②与汽车悬架一起缓和汽车行驶中所受到的冲击，并衰减由此而产生的振动。

③保证车轮和路面有良好的附着性，以提高汽车的动力性、制动性和通过性。

④保证汽车有良好的乘坐舒适性和行驶平顺性。

1. 轮胎的组成

（1）有内胎轮胎。

有内胎轮胎由外胎、内胎和垫带等组成，使用时安装在汽车车轮的轮辋上，如图 5.19 所示。

外胎由胎面、帘布层、缓冲层和胎圈组成，是轮胎的框架，必须具有足够的刚性，阻止高压空气外泄，又必须有足够的弹性以吸收载荷的变化和冲击。

内胎是装入外胎内部的一个环形橡胶管，外表光滑，装有气门嘴，以便充入或排出空气，为使内胎在充气状态下不产生褶皱，其尺寸应稍小于外胎的内壁尺寸。

垫带是一个环形橡胶带，垫在内胎和轮辋之间，保护内胎不被轮辋和胎圈磨损。

（2）无内胎轮胎。

无内胎轮胎俗称真空胎，在外观上与普通轮胎相似，但是没有内胎及垫带。它的气门嘴用橡胶垫圈直接固定在轮辋上,空气直接充入外胎中,其密封性由外胎和轮辋来保证,如图5.20所示。

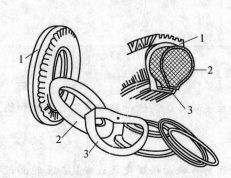
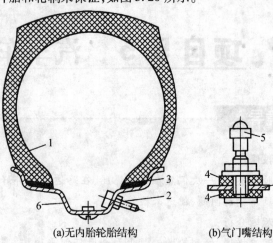

图5.19 有内胎轮胎
1—外胎;2—内胎;3—垫带

图5.20 无内胎轮胎
1—橡胶密封层;2—气门嘴;3—胎圈橡胶密封层;
4—橡胶垫圈;5—气门螺母;6—轮辋

无内胎轮胎的内壁有一层橡胶密封层,有的在该层下面还有一层自黏层,能自行将刺穿的孔黏合。在胎圈外侧也有一层橡胶密封层,用以加强胎圈与轮辋之间的气密性。无内胎轮胎一旦被刺破,穿孔不会扩大,故漏气缓慢,胎压不会急剧下降,仍可继续行驶一定距离,可消除爆胎的危险。因没有内胎,摩擦生热少、散热快,适用于高速行驶。此外,结构简单,质量较轻,维修也方便。无内胎轮胎必须配用深槽轮辋,目前在轿车上应用较多。

(3)外胎的结构。

外胎由胎面、帘布层、缓冲层和胎圈组成,胎面包括胎冠、胎肩、胎侧,帘布层是外胎的骨架,缓冲层连接胎面和帘布层,胎圈结构如图5.21中4所示。

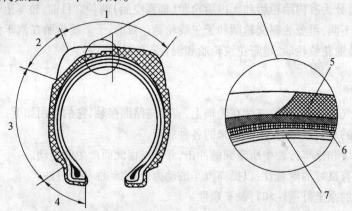

图5.21 外胎的结构
1—胎冠;2—胎肩;3—胎侧;4—胎圈;5—胎面;6—缓冲层;7—帘布层

胎面是轮胎的外表面,可分为胎冠、胎肩和胎侧三部分。胎冠与路面直接接触,并产生附着力,使车辆行驶和制动。为使轮胎与地面有良好的附着性能,防止纵、横向滑移,在胎面上制有各种形状的凹凸花纹。

胎肩是较厚的胎冠和较薄的胎侧间的过渡部分,一般也制有各种花纹,以提高该部位的散热性能。

胎侧又称胎壁,它由数层橡胶构成,覆盖轮胎两侧,保护内胎免受外界损坏。胎侧在行驶过程中,不断地在载荷作用下挠曲变形。胎侧上标有厂家名称、轮胎尺寸及其他资料。

帘布层是外胎的骨架,主要用于承受载荷,保持外胎的形状和尺寸,并使其具有足够的强度。帘布层通常由成双数的多层帘布用橡胶贴合而成,相邻层的帘线交叉排列。帘布层数越多,轮胎的强度越大,但弹性下降。帘线可以是棉线、人造丝、尼龙和钢丝。采用人造丝、尼龙丝或钢丝帘线时,在轮胎的承载能力相同的情况下,帘布层数可以减少,此时在外胎表面上标注的是层级(相当于棉线帘布层数)。我国已大量采用人造丝和尼龙线帘线,近来也开始采用钢丝帘线,但因价高和质脆而没有广泛应用。

按照帘布层帘线排列方式的不同,外胎可以分为斜交线轮胎和子午线轮胎。

帘布层和缓冲层各相邻帘布层的帘线交叉,帘布的帘线与轮胎断面的交角一般为52°~54°,相邻层帘线相交排列,称为普通斜交胎。帘布层数越多,强度越大。

子午线轮胎的帘布层帘线与胎面中心线夹角呈现90°排列,并从一侧胎边穿过胎面到另一侧胎边,帘线分布像地球子午线,故由此得名,如图5.22(b)所示。

子午线轮胎的优点是质量轻,弹性大,减振性好,附着性好,滚动阻力小,承载力大,行驶中胎温低,胎面耐刺穿,使用寿命长。缺点是成本高,胎侧变形大,易产生裂口,侧向稳定性差。

子午线轮胎与斜交胎相比较,具有滚动阻力小、节约燃料、承载能力大、减振性能好、附着性能好、不易爆胎和行驶里程长等优势,目前在汽车上应用广泛。

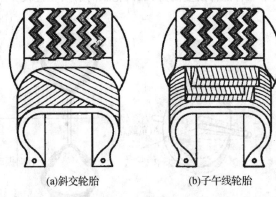

(a)斜交轮胎　　(b)子午线轮胎

图5.22　轮胎的结构形式

缓冲层夹在胎面和帘布层之间,由两层或数层较稀疏的帘布和橡胶制成,弹性较大。其作用是加强胎面与帘布层之间的结合,防止汽车紧急制动时胎面与帘布层脱离,并缓和汽车行驶时所受到的路面冲击。

胎圈由钢丝圈、帘布层包边和胎圈包布组成,有很大的刚度和强度,可以使外胎牢固地安装在轮辋上。

(4)胎面花纹。

胎面花纹主要有普通花纹、组合花纹和越野花纹等,如图5.23所示。

(a)纵向花纹　　(b)横向花纹　　(c)组合花纹　　(d)越野花纹

图5.23　胎面花纹

普通花纹中的纵向折线花纹最适合于在较好的硬路面上高速行驶,广泛用于轿车、客车及货车等各种车辆。

纵向花纹(图5.23(a))滚动阻力小,防横向滑移性能好,噪声小,但防纵向滑移性能差,在泥泞路面和雨天行驶时,排水性能差,并且容易夹石,适用于高速行驶的车辆。

横向花纹(图5.23(b))耐磨性高,防纵向滑移性能好,不易夹石,但散热性能和防横向滑移性能差,滚动阻力也较大,仅用于货车。

组合花纹(图5.23(c))由纵向折线花纹和横向花纹组合而成,在好路面和不良路面上都可提供稳定的驾驶性能,广泛用于客车和货车。

越野花纹(图5.23(d))的凹部深而粗,在软路面上与地面附着性好,越野能力强,适用于矿山、建筑工地及其他一些在松软路面上使用的越野汽车轮胎。

5.5.2 分析汽车车轮不平衡故障原因

1. 车轮不平衡的危害

汽车车轮是旋转构件。如果车轮不平衡,在高速行驶时会引起车轮上下跳动和横向摇摆,如图 5.24 所示。这不仅影响汽车乘坐舒适性,而且使驾驶员难以控制行驶方向,从而影响行车安全。车轮不平衡还会大大增加各部件所受的力,加大轮胎的磨损和行驶噪声等。

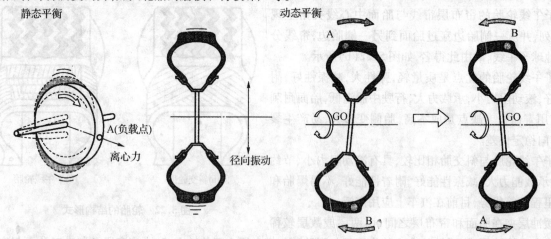

图 5.24 车轮不平衡

2. 车轮不平衡的原因

车轮不平衡的主要原因是其质量分布不均匀,如轮胎产品质量欠佳、翻新胎、补胎、胎面磨损不均匀及在外胎与内胎之间垫带等。轮辋、制动鼓变形,轮毂与轮辋加工质量不佳,如中心不准、轮胎螺栓孔分布不均、螺栓质量不佳等,也会导致车辆不平衡。

新车上安装的轮胎都经过平衡校正,随着车辆的行驶及轮胎的磨损,或维护修理中对车胎进行了拆装或更换,就会使车轮失去原有的平衡。车轮的不平衡有两种情况,即静不平衡和动不平衡。

(1)静平衡。静平衡是质量围绕车轮轴线均匀分配,即车轮的质量中心位于其旋转轴线上的平衡方式。如果车轮的质量中心偏离了旋转中心,则称为静不平衡,在车轮旋转时会由于质量中心离心力的作用而造成跳动,也称角振动。这种情况还会引起轮胎不均匀磨损。实际上,静平衡就是车轮在静止时是平衡的,即不管车轮在车轴上旋转到任何位置,都能保持静止不动。静不平衡的车轮只有重的部分转到下方时,才能保持静止,在其他位置总有转动趋向。

(2)动平衡。动平衡简单地说,就是车轮在运动中处于平衡状态,即车轮的所有质量在旋转过程中的离心力是平衡的或其合力为零。动不平衡的车轮会引起车轮摆动和磨损。动不平衡的原因实质上是不平衡质量所产生的力偶的作用。

5.5.3 汽车车轮动平衡检测

由于车轮不平衡对汽车危害很大,因此,必须对车轮的平衡性进行试验,并进行调平衡工作。车轮的不平衡包括静不平衡和动不平衡,由于达到动平衡的车轮一定是静平衡的,因此,只要检测调整了车轮的动平衡,就没有必要再检测和调整车轮的静平衡了。

1. 车轮静平衡的检测

对于非驱动桥上的车轮,支起车轴,调整好轮毂轴承松紧度,用手轻转车轮,使其自然停转。将停转的车轮在离地最近处作一标记,然后重复上述步骤。如果每次试验标记都停在离地最近处,则车轮静不平衡。如果多次转动自然停止后的标记位置各不相同,说明车轮静平衡。

驱动桥上的车轮,由于受到差速器等的制约,无法使用该法,只能在装车前检测。

即使静平衡的车轮,在装车使用时也可能动不平衡。因此,还应对车轮动平衡进行检测校正。

2. 离车式车轮动平衡

离车式动平衡需将车轮从车上拆下,用车轮动平衡机对车轮进行动平衡检测,如图 5.25 所示为常见的车轮动平衡机。该动平衡机主要由驱动装置、转轴与支承装置、显示与控制装置、制动装置及防护罩等组成。

3. 离车式车轮平衡机的结构

离车式车轮平衡机目前应用最多的是卧式平衡机。卧式平衡机由驱动装置、转轴与支承装置、显示与控制装置、制动装置、机箱和车轮防护罩等组成。检测原理为转轴由两个滚动轴承支承,每个轴承均有一个能将振动转变为电信号的传感器。

图 5.25 常见的车轮动平衡机

任务实施

以车轮动平衡为例,进行车轮动平衡试验。

1. 轮胎固定

清除被测车轮上的泥土、石子和旧平衡块;检查轮胎气压,使其必须符合原厂的规定;根据轮辋中心孔的大小选择好锥体,仔细装好车轮,用快速螺母上紧,如图 5.26 所示。

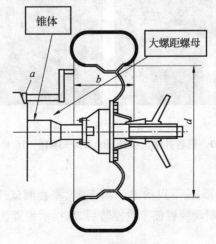

图 5.26 安装轮胎示意图

2. 输入参数

打开电源开关,检查指示与控制装置的面板指示是否指示正确。用卡尺测量轮辋宽度 b,轮辋直径 d,用平衡机上的标尺测量轮辋边缘至机箱距离 a,再用键入或选择器旋钮对准测量值的方法将 a、b、d 的值输入到指示与控制装置中去。

(1)测量动平衡机到轮毂的距离(图 5.27),输入参数(图 5.28)。

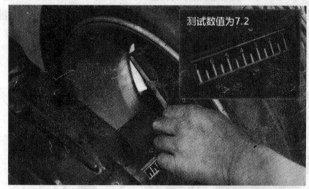
图 5.27 测量动平衡机到轮毂的距离

图 5.28 输入参数

(2)测轮毂宽度(图 5.29),输入参数。

图 5.29 测量轮毂宽度

(3)查看轮毂尺寸(图 5.30)。

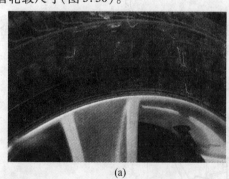
(a)

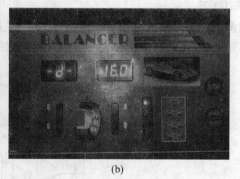
(b)

图 5.30 查看并输入参数(例:205/55R16 16 寸轮毂)

3. 开始检测

如图 5.31 所示,放下车轮防护罩,按下启动键,车轮旋转,平衡测试开始,自动采集数据;车轮自动停转或听到"嘀"声,按下停止键并操纵制动装置使车轮停转后,从指示装置读取车轮内外侧不平衡量和不平衡位置。

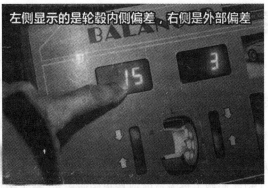

图 5.31　开始检测

显示偏差值：内侧轮毂需要增加 15 g，外侧需要增加 3 g

4. 校正动平衡

抬起车轮防护罩，用手慢慢转动车轮，当指示装置发出指示（音响、指示灯亮、显示检测数据等）时停止转动，在轮辋的内侧或外侧的上部(12 点位置)加装指示装置显示该侧的平衡块质量。内、外侧要分别进行，平衡块装卡要牢固，如图 5.32 所示。

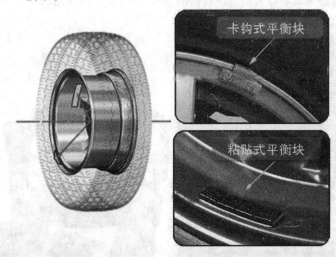

图 5.32　常见的两种平衡块及平衡块的安装位置

5. 重新检测

安装平衡块后有可能产生新的不平衡，应重新进行平衡试验，直至不平衡量小于 5 g(0.3 盎司)指示装置显示"00"或"OK"时为止，测试结束，关闭电源开关。

注：若不平衡量小于该车型的规定值，则不必对车轮进行平衡校正。

6. 检测标准

不平衡量小于 5 g(0.3 盎司)指示装置会显示"00"或"OK"，虽然这种平衡结果最为理想，但是严格达到标准较难。一般检测评定办法是：小型车不平衡质量不大于 10 g，重型车不大于 20 g，且每侧轮辋边缘所加平衡块以不超过三块为宜。

5.5.4　车轮扒胎

1. 轮胎拆装机安全技术操作规程

(1)使用前应清除轮胎拆装机上及附近妨碍作业的器具及杂物,并检查机器各部件是否正常。常见轮胎拆装机如图5.33所示。

(2)拆卸轮胎时先将轮胎内的气完全放净,去掉钢圈上所有铅块。

(3)拆胎前,将轮胎放到轮胎挤压位置,反复转动轮胎并操作挤压臂使轮胎和钢圈彻底分离,挤压过程中应防止手、脚深入挤压臂内。

(4)轮胎搬上拆装台时应避免磕碰设备,踩下踏板锁住钢圈前,应确认卡盘和钢圈之间没有异物,不允许用手指探察钢圈是否放正。

(5)拆装轮胎前应用毛刷在轮胎内圈抹好润滑液,禁止使用矿物油做润滑液。

(6)拆装轮胎过程中,用撬棍将轮胎边挑到拆装头上时,应注意撬棍的用力方向和力度,绝不允许将手深入撬开的缝隙中。轮胎边挑上拆装头取出撬棍后,才能踩下踏板使卡盘旋转,将轮胎扒出钢圈。

(7)轮胎充气前应首先确认轮胎气压表是否正常,充气时一定要注意安全,同时注意观察压力表,以免轮胎过压造成人员伤害。

(8)每天工作结束时必须对机体及周边进行清洁、对转动部位注油润滑。

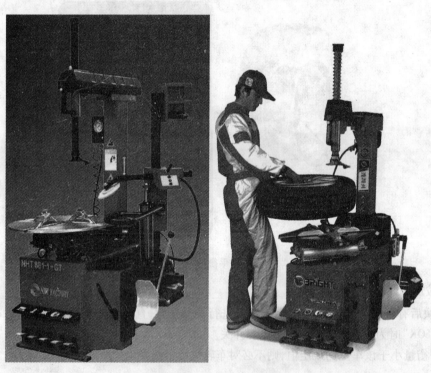

图5.33　常见轮胎拆装机

任务实施

根据现有车辆进行轮胎拆装与安装。

操作环节	对应项目	具体程序
1	准备工作	1. 查询相关资料 2. 制定车速表检测方案 （1）检查拆装机的电源、气源、机械传动部分是否正常 （2）踩下和踩回撑夹踏板，检查转盘上夹爪能否张开和闭合 （3）踩下和松开风压铲踏板，检查风压铲能否运动和复位 （4）踩下和上抬正反转踏板，检查转盘能否顺时针转动和逆时针转动 （5）检查锁紧杠杆是否锁紧垂直轴
2	拆轮胎方法与步骤	开启胎唇 （1）准备工作 a. 放尽胎气 b. 去掉车轮上的平衡块，以免发生危险 c. 把车轮放在地上，竖起；靠近支撑板。踩下踏板；慢慢转动车轮。重复上述动作，直到把胎唇全部撬开；换另一面，重复上述动作 （2）扳动锁紧杆，松开垂直立杆 （3）将轮胎锁在转盘上，锁紧方式有外夹和内平两种 a 外夹：将轮胎放于大盘上踩开启踏板，使卡爪直至将轮胎锁紧 b 内夹：先将卡爪外胀开，将轮胎放置于转盘上，踩锁紧踏板，小爪锁紧轮辋外缘。对胎口较紧的轮胎推荐内夹 （4）按下垂直杆，使拆装头靠近轮胎边缘，并用锁紧杆锁紧垂直杆。调整悬臂定位螺栓，使机头滚轮与钢圈外缘间隙为 5～7 mm，上下提升 3 mm 左右 注意：使拆装机头锥滚与轮缘接触，避免划伤轮缘。拆装机头角度在出厂时已按标准轮毂调校完毕；如遇特大或特小轮毂，请使用扳手重新定位 （5）用撬杆将胎缘撬在拆装头上，点踩踏板，让转盘顺时针旋转，直到胎缘脱落为止。 注意：如拆胎受阻，应立即停车，点踩踏板，让转盘逆时针转动，消除障碍。重复以上步骤，拆下另一面胎缘
3	装胎操作	（1）将轮辋在转盘上锁定 （2）先给胎唇涂上润滑膏或肥皂水然后把轮胎套在钢圈上，把拆装头固定到工作位置 （3）将胎缘置于拆装头尾部上面机头下部，同时压低胎缘使其落入钢圈槽内 充气操作： （1）从转盘上松开轮胎卡爪 （2）将充气管接头与轮胎气门相连 （3）在给轮胎充气时应慢慢地压充气枪数次，确定压力计量器显示的压强不超过轮胎生产厂家所注明的范围 （4）在给轮胎充气过程中让手和身体尽量远离轮胎，以免轮胎爆炸造成伤害

评价体会

	评价与考核项目	评价与考核标准	配 分	得 分
知识点	汽车制动性能检测方法	会汽车制动性能检测方法	10	
	汽车车轮侧滑及四轮定位检测方法	会汽车车轮侧滑及四轮定位检测方法	10	
	汽车悬架检测方法	会汽车悬架检测方法	5	
	汽车车速表检测方法	会汽车车速表检测方法	5	
	汽车车轮动平衡检测及扒胎方法	会汽车车轮动平衡检测及扒胎方法	5	
技能点	对汽车行驶安全性能进行检测	会对汽车行驶安全性能进行检测	55	
情感点	团队协作精神	能进行团队合作,制订检修方案	5	
	安全环保意识	能注重工作安全和环保要求,废旧配件及时回收,保持工作环境的整洁,保证工具和零部件摆放整齐	5	
	合 计		100	

任务工单

任务名称	汽车行驶安全性能检测	课时	2	班级	
学生姓名		学生学号		任务成绩	
实训设备	1. 汽车检测线 2. 车辆若干辆	实训场地	实训室	日期	
客户任务	利用汽车检测线装置进行汽车行驶安全性能检测				
任务目的	1. 熟悉汽车行驶安全性能检测项目内容 2. 掌握汽车行驶安全性能检测项目检测方法				

★资讯

(1) 汽车制动性主要由_____、_____和制动时汽车的_____三个方面来评价。

(2) _____是轮胎胎面在前进过程中的横向滑移现象。

(3)《道路运输车辆综合性能要求和检验方法》(GB 18565—2012)规定,用平板制动检测台检测时,受检车辆制动时测得的悬架效率应不小于45%,同轴左右轮悬架效率之差不得大于_____。

(4) 什么情况下需要做四轮定位?

(5) 子午线轮胎相对其他轮胎有哪些优点?

★决策与计划

请根据任务要求,确定所需要的检测仪器及工具,并对小组成员进行合理分工,制订检测计划和方案。

(1)需要的检测仪器及工具。

(2)小组成员分工。

(3)实施计划。

★实施

(1)汽车制动性力检测:

汽车四个车轮的制动力分别是:_____、_____、_____、_____,前轮制动力差是_____,后轮制动力差是_____。

(2)汽车四轮定位检测:

汽车四轮定位检测的各个数据分别是多少?请抄写下来,并说出哪些合格哪些不合格。

(3)汽车悬架检测:

汽车悬架检测结果为_____,需要_____。

(4)汽车车速表检测:

汽车车速表检测结果为_____,需要_____。

(5)汽车轮胎动平衡检测:

汽车轮胎动平衡检测结果为_____,需要_____。

★检查与评估

以小组为单位对完成任务情况进行评价。(评价过程:自评、小组评价及教师评价)

拓展与提升

一、关于严重磨胎问题（案例分析）

1. 故障现象

2003年款三菱速跑，两前轮内侧胎面磨损严重。

2. 故障分析

检查转向系、制动系及行驶系均无明显异常。

该车采用发动机前置后轮驱动形式；不等长双横臂前独立悬架，上控制臂可用调整垫片的方式来调整前轮外倾角；后悬架采用非独立悬架，定位参数不可调。

因为理论分析和实践证实，车轮外倾角过小或车轮前束角过小是引起两轮胎内侧胎面都磨损严重的主要因素。因此我们推断此车磨胎严重主要是因为车轮外倾角过小或车轮前束角过小引起的。

3. 故障排除

如上所述，经元征四轮定位仪检测后的数据证实了我们的推断，前束角和外倾角都明显偏小。

再调整前束角后试车，无其他故障出现，虽然磨胎故障是否排除无法证实，但车主对调整思路较为认同，因此颇感满意。

4. 总结思考

刨根问底，什么原因会导致车轮外倾角过小呢？

总结起来，主要有以下几方面的原因：

(1) 弹簧在剧烈颠簸中疲劳，弹性变弱，车身降低。
(2) 摆臂、横梁或其他机件在颠簸中疲劳变形。
(3) 各机件或车架在碰撞后变形。
(4) 因换件等其他原因。

当车轮外倾角过小时，轮胎内侧胎面接触压力相对大于外侧胎面，久之造成偏磨。

调整垫片的增减，一定要根据具体情况进行计算，才能事半功倍。

二、关于严重跑偏问题（案例分析）

1. 故障现象

帕杰罗V33，行使里程超过25×10^4 km。直行时必须紧拉方向盘，否则立刻右行。

2. 故障分析

检查转向系、制动系及行驶系均无明显异常。

该车采用发动机前置后轮驱动形式；不等长双横臂前独立悬架，下控制臂是非"I"字形A架结构，上控制臂可用调整垫片的方式来调整前轮外倾角和主销后倾角；后悬架采用非独立悬架，定位参数不可调。

因为理论分析和实践证实，对于后轮驱动的汽车，前轮主销后倾角左右差异太大是引起跑偏严重的主要因素。因此我们推断此车主要是因为前轮右主销后倾角过小引起直行时偏右严重。

3. 故障排除

果然，经元征四轮定位仪检测后的数据证实了我们的推断，右主销后倾角为$-2°25'$，左边是$1°21'$。其他数据均无太大异常。如果我们能够想办法使$-2°25'$靠近$1°21'$的话，问题应能得到解决。那么我们应采取什么样的办法来调整呢？

根据帕杰罗V33的维修手册，在前悬架上摆臂的前端垫片厚度不变的情况下，后端每增加1 mm的垫片，则主销后倾角增加约$27'$，根据这些数据，我们可以计算出使$-2°25'$靠近$1°21'$应在右上摆臂后端增加垫片的厚度：

$$[1°21' - (-2°25')]/27' = 8 \text{ mm}$$

这样,我们就只在右上摆臂后端加 8 mm 的垫片而前端的垫片厚度不变,再用元征四轮定位仪检测,则数据显示两边的主销后倾角值已基本接近了,重新调整前束角后试车,故障已彻底消除,车主相当满意。

4. 总结思考

那么是什么原因造成主销后倾角变小甚至变负了呢?

汽车在行驶过程中,使下摆臂向后窜动的倾向有多种原因,但主要是由紧急制动、不同程度的碰撞或上路肩太猛等因素造成的,在这种情况下,下控制臂和车轮已减速或制动,但车身因惯性仍向前运动,下控制臂必然要被向后推动,久之,后倾角便变小甚至变负了。

大家知道,汽车前轮设置主销后倾角的目的是为了使转向盘稳定和自动回转转向盘,以保证汽车稳定地直线行驶,当两前轮主销后倾角都变得太小时,因转向盘稳定性能变差而导致方向发飘。

另一种情况,因转向轮左右两边主销后倾变化不均使两边角度相差太大,这样两前轮自动回正能力差异就会太大,从而导致两前轮直行时行驶阻力差别太大,后倾角太小的前轮比后倾角大的前轮阻力要大得太多,从而有直行时偏向后倾角太小一边运动的倾向,这样便出现了直行时跑偏的故障。

根据具体情况,结合理论分析和实践经验,抓住主要问题而忽略次要问题,才能最终解决问题,否则的话有可能最终以陷入困境而告终。

学习任务 6
前照灯检测

【任务目标】

1. 了解前照灯的基本结构及原理。
2. 熟悉前照灯检测仪基本结构及检测原理。
3. 掌握前照灯检测方法及对前照灯的国标要求。
4. 学会对汽车前照灯检测及调整。

【任务描述】

汽车前照灯照射位置及亮度对汽车行驶安全影响较大,在汽车使用中由于自燃老化及碰撞事故等因素会造成照射位置及亮度的变化,对于汽车前照灯亮度及照射位置检测是车辆年检的必检项目。对于不符合要求的前照灯应予以调整。

【课时计划】

项目	项目内容	参考课时	备注
6.1	前照灯检测	12	
6.2	前照灯光束照射位置调整	6	

项目 6.1 前照灯检测

情境导入

客户报修：

客户车辆在发生车辆前部碰撞修复后，出现夜间行驶时开启前照灯后对前方道路情况辨认不清，在与对面来车交会时造成对方驾驶人眩目。

故障原因分析：

判断车辆照射位置发生变化。

理论引导

6.1.1 汽车灯光光学基础知识

1. 光的物理单位

在光的物理单位中，与前照灯检测有密切关系的是发光强度和照度。

（1）发光强度。

发光强度简称光强，国际单位是 candela（坎德拉）简写 cd。

（2）照度。

照度（Luminosity）指物体被照亮的程度，采用单位面积所接受的光通量来表示，表示单位为勒[克斯]（Lux, lx），即 $1m/m^2$。

（3）发光强度和照度的关系。

在不计光源（看着是点光源）大小的情况下，照度与离开光源距离的平方成反比（倒数二次方法则），即照度 = 发光强度/离开光源距离的平方。

2. 汽车前照灯的组成

前照灯由以下三部分组成：光源、反射镜、配光镜，如图 6.1 所示。

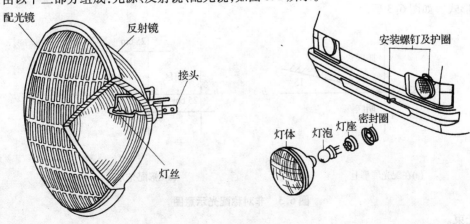

图 6.1　前照灯组成及安装

(1)光源。

普通灯泡灯丝用钨丝制成,玻璃泡内抽出空气,然后充以86%的氩气和约14%的氮气的混合惰性气体。卤素灯泡是在惰性气体中加入了一定量的卤族元素(如碘、溴)。

(2)反射镜。

反射镜的表面形状呈旋转抛物面,一般由0.6~0.8 mm的薄钢板冲压而成或由玻璃、塑料材料制成。其内表面镀银、铝或镀铬,然后抛光处理。目前反射镜内面采用真空镀铝的较多。反射镜可将灯泡的散射(直射)光反射成平行光束,使光度增强几百倍乃至上千倍,以保证汽车前方150~400 m范围内足够的照明亮度。

(3)配光镜。

配光镜又称散光玻璃,由透光玻璃压制而成,是多块特殊棱镜和透镜的组合,外形一般为圆形或矩形。配光镜将反射镜反射出的平行光束进行折射,使车前的路面有良好而均匀的照明效果。

3. 汽车前照灯的特性

前照灯的特性可分为配光、全光束和照射位置等。

(1)配光特性。

①对称式配光。

由于前照灯上装有散光玻璃,当前照灯垂直地照射到前方的平滑表面后,被照射面上的照度是不均等的,光束的中心区域较高,两侧区域较低,如图6.2(b)所示。如果把各个相同照度的区域用曲线连接起来,即可得到如图6.2(a)、6.2(c)所示的等照度曲线图,如图6.2所示。

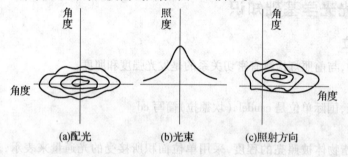

图 6.2 等照度曲线

配光特性图(光分布特性图)就是用等照度曲线表示的明亮分布特性图。对于有良好配光特性的前照灯,其等照度曲线不偏向水平、垂直两坐标轴交点的任何一边,即呈现左右对称、上下扩展不大、左右扩展较大的光束分布特性。

②非对称式配光。

非对称式配光的配光屏安装时偏转一定角度,光形中有条明显的明暗截止线。我国前照灯的近光灯采用Z形配光形式。如图6.3所示。

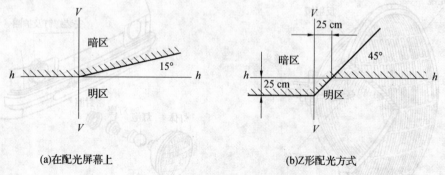

图 6.3 非对称配光示意图

(2)全光束。

光束用明亮度分布纵断面的配光特性曲线来表示,该断面的积分值即为全光束。可以认为它是光源所发出光的总量。

(3)光束照射位置(偏移量)。

把等照度曲线最亮的部分看作光束中心,用光束中心与水平、垂直两坐标轴交点的偏移量来表示照射方向,光束中心与两坐标交点的距离,就是光束照射的偏移量。

4. 氙气灯的特性

和传统的卤素灯相比,氙气灯(HID)具有众多优点。

(1)高亮度输出。

同样功率的 HID 灯亮度大约是卤素灯的 2~3 倍,而且射程更远、更宽,从而有效提高了夜间行车的安全性。

(2)亮度舒适度高。

氙气灯可以制造出 4 000~6 000 K 的色温光,是卤素灯 3 倍的亮度效率,对提升夜间以及雾中驾驶时的视线清晰度有明显的效果,可有效地降低夜间驾驶的视觉疲劳。

(3)使用寿命长。

氙气灯的工作原理决定了它不存在传统卤素灯常有的因钨丝烧断而报废的问题,其使用寿命可达 2 000~3 000 h,是卤素灯的 10 倍左右。

(4)能耗低。

传统卤素灯的功率达到 65 W,HID 灯仅仅为 35 W,这样可以明显减轻车辆电力系统的负担。

6.1.2 《机动车运行安全技术条件》(GB 7258—2012)对前照灯的要求

1. 基本要求

(1)机动车装备的前照灯应有远、近光变换功能。当远光变为近光时,所有远光应能同时熄灭。同一辆机动车上的前照灯不得与左、右的远、近光灯交叉开亮。

所有前照灯的近光均不应眩目,汽车(三轮汽车和装用单缸柴油机的低速货车除外)、摩托车装用的前照灯应分别符合 GB 4599、GB 21259、GB 25991、GB 5948 及 GB 19152 的规定。

(2)机动车前照灯光束照射位置在正常使用条件下应保持稳定。

2. 远光光束发光强度要求

机动车每只前照灯的远光光束发光强度应达到表 6.1 的要求,并且,同时打开所有前照灯(远光)时,其总的远光光束发光强度应符合 GB 4785 的规定。测试时,电源系统应处于充电状态。

表 6.1 前照灯远光光束发光强度最小值要求　　　　　　cd

机动车类型		检查项目					
		新注册车			在用车		
		一灯制	二灯制	四灯制	一灯制	二灯制	四灯制[a]
三轮汽车		8 000	6 000	—	6 000	5 000	—
最大设计车速小于 70 km/h 的汽车		—	10 000	8 000	—	8 000	6 000
其他汽车		—	18 000	15 000	—	15 000	12 000
普通摩托车		10 000	8 000	—	8 000	6 000	—
轻便摩托车		4 000	3 000	—	3 000	2 500	—
拖拉机运输机组	标定功率 >18 kW	—	8 000	—	—	6 000	—
	标定功率 ≤18 kW	6 000[b]	6 000	—	5 000[b]	5 000	—

注:a——四灯制是指前照灯具有四个远光光束;采用四灯制的机动车其中两只对称的灯达到两灯制的要求时视为合格

b——允许手扶拖拉机运输机组只装用一只前照灯

3. 光束照射位置要求

(1) 前照灯近光光束照射位要求。

检验前照灯近光光束照射位置时,前照灯照射在距离 10 m 的屏幕上,乘用车前照灯近光光束明暗截止线转角或中点的高度应为 $(0.7 \sim 0.9)H$(H 为前照灯基准中心高度,下同),其他机动车(拖拉机运输机组除外)应为 $(0.6 \sim 0.8)H$。机动车(装用一只前照灯的机动车除外)前照灯近光光束水平方向位置向左偏应小于等于 170 mm,向右偏应小于等于 350 mm。

(2) 前照灯远光照射位置要求。

检验前照灯远光照射位置时,对于能单独调整远光光束的前照灯,前照灯照射在距离 10 m 的屏幕上时,要求在屏幕光束中心离地高度,对乘用车为 $(0.85 \sim 0.95)H$(但不得低于前照灯近光光束明暗截止线转角或中点的高度),对其他机动车为 $(0.8 \sim 0.95)H$;机动车(装用一只前照灯的机动车除外)前照灯远光光束水平位置要求,左灯向左偏应小于等于 170 mm,向右偏应小于等于 350 mm,右灯向左或向右偏均应小于等于 350 mm。

6.1.3 前照灯检测方法

前照灯的技术状况,可用屏幕法和前照灯检测仪检测。

1. 屏幕法检测前照灯光束照射位置

(1) 检测前准备。

用屏幕法检测前照灯光束照射位置时,检查用场地应平整,屏幕与场地应平直,被检验的车辆应在空载、轮胎气压正常、只乘坐一名驾驶员的条件下进行。将车辆停于屏幕前,并与屏幕垂直,使前照灯基准中心距屏幕 10 m,在屏幕上确定与前照灯基准中心离地面距离 H 等高的水平基准线及以车辆纵向中心平面在屏幕上的投影线为基准确定的左右前照灯基准中心位置线。分别测量左右远近光束的水平或垂直照射方位的偏移值。如图 6.4 所示。

如图所示屏幕上画有三条垂直线和三条水平线。中间垂直线 $V-V$ 与被检车辆的纵向中心垂直面对齐;两侧的垂直线 V_L-V_L 和 V_R-V_R 分别为被检车辆左右前照灯基准中心的垂直线。

水平线中的 $h-h$ 线与被检车辆前照灯的基准中心等高,距地面高度为 H;H 为被检车辆前照灯基准中心距地面的高度,其值视被检车型而定;中间水平线与被检车辆前照灯远光光束的中心等高,距地面高度为 H_1,$H_1 = (0.85 \sim 0.95)H$;下侧水平线与被检车辆前照灯近光光束的中心等高,距地面高度为 H_2,$H_2 = (0.70 \sim 0.90)H$。

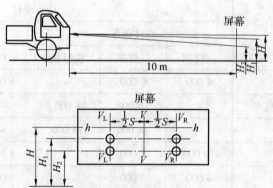

图 6.4 屏幕法检测前照灯光束照射位置

(2) 检测步骤。

①先遮盖住一边的前照灯,然后打开前照灯的近光开关,未被遮盖的前照灯的近光明暗截止线转角或光束中心应落在图中下边水平线与 V_L-V_L 或 V_R-V_R 线的交点位置上,否则为光束照射位置偏斜。其偏斜方向和偏斜量可在屏幕上直接测量。用同样方法检测另一边前照灯近光光束照射位置。

②根据检测标准,检测调整前照灯光束的照射位置时,对远、近双光束灯应以检测调整近光光束为主。

对于远光单光束前照灯,则要检测远光光束的照射位置。其光束中心应落在中间水平线与 $V_L - V_L$ 或 $V_R - V_R$ 线的交点位置上。

用屏幕法检测前照灯简单易行,但只能检测出光束的照射位置,不能检测发光强度。为适应不同车型的检测,需经常更换屏幕,检测效率低,同时,需要占用较大场地。因此目前广泛采用前照灯校正仪对汽车前照灯进行检测。

2. 前照灯检测仪结构、原理

(1)前照灯检测仪的检测原理。

前照灯校正仪的类型很多,但基本检测原理类似,一般均采用能把吸收的光能变成电流的光电池作为传感器,按照前照灯主光束照射光电池产生电流的大小和比例,测量前照灯发光强度和光轴偏斜量。

①发光强度的检测原理。

测量前照灯发光强度的电路由光度计、可变电阻和光电池等组成,如图 6.5 所示。按规定的距离使前照灯照射光电池,光电池便按受光强度的大小产生相应的光电流使光度计指针摆动,指示出前照灯的发光强度。

②光轴偏斜量的检测原理。

测量前照灯光轴偏斜量的电路如图 6.6 所示,由两对光电池组成,左右一对光电池 $S_左 S_右$ 上接有左右偏斜指示计,用于检测光束中心的左右偏斜量;上下一对光电池 $S_上 S_下$ 上接有上下偏斜指示计,用于检测光束中心的上下偏斜量。当光电池受到前照灯光束照射时,如果光束照射方向偏斜,将分别使光电池的受光面不一致,因而产生的电流大小也不一致。光电池产生的电流差值分别使上下偏斜指示计及左右偏斜指示计的指针摆动,从而检测出光轴的偏斜方向和偏斜量。

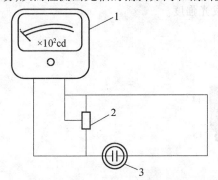

图 6.5 发光强度的检测原理
1—光度计;2—可变电阻;3—光电池

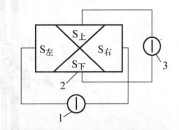

图 6.6 光轴偏斜量检测原理
1—右偏斜指示计;2—光电池;3—上下偏斜指示计

如图 6.7 所示为光轴无偏斜时的情况,这时上下偏斜指示计的指针和左右偏斜指示计的指针均垂直向下,即处于零位。如图 6.8 所示为光轴有偏斜时的情况,这时上下偏斜指示计的指针向"下"方向偏斜,左右偏斜指示计的指针向"左"方向偏斜。

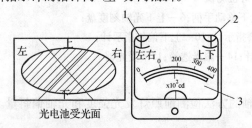

图 6.7 光轴无偏斜的情况
1—左右偏斜指示计;2—上下偏斜指示计;3—光度计

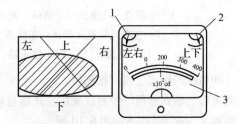

图 6.8 光轴有偏斜时的情况
1—左右偏斜指示计;2—上下偏斜指示计;3—光度计

若通过适当的调节机构,调整光线照射光电池的位置,使$S_{左}$、$S_{右}$和$S_{上}$、$S_{下}$每对光电池受到的光照度相同,此时每对光电池输出的电流相等,两偏斜指示计的指针均指向零位,其调节量反映了光束中心的偏斜量。当偏斜指示计指针处于零位时,光电池受到的光照最强,四块光电池所输出电流之和表明了前照灯的发光强度。

（2）前照灯检测仪的结构原理。

按照前照灯校正仪的结构特征与测量方法不同,常用的汽车前照灯校正仪可分为聚光式、屏幕式、投影式和自动追踪光轴式四种类型。

①聚光式前照灯检测仪。

聚光式前照灯检测仪利用受光器的聚光透镜把前照灯的散射光束聚合起来,并导引到光电池的光照面上,根据其对光电池的照射强度,检测前照灯的发光强度和光轴偏斜量。检测时,检测仪放在距前照灯前方1 m处。

②屏幕式前照灯检测仪。

屏幕式前照灯检测仪在固定屏幕上装有可以左右移动的活动屏幕,在活动屏幕上装有能上下移动的内部带有光电池的受光器。前照灯的光束照射到屏幕上,检测发光强度和光轴偏斜量。通常测试距离为3 m。

③投影式前照灯检测仪。

投影式前照灯检测仪采用把前照灯光束的影像映射到投影屏上,进而检测发光强度和光轴偏斜量。检测时,测试距离一般为3 m。其结构如图6.9所示。在聚光透镜的上下和左右方向装有四个光电池。前照灯光束的影像通过聚光透镜、光度计的光电池和反射镜后映射到投影屏上。检测时,通过上下、左右移动受光器使光轴偏斜指示计指示为零,从而找到被测前照灯主光轴的方向,然后根据投影屏上前照灯光束影像的位置,即可得出主光轴的偏斜量,同时可从光度计的指示中读取发光强度。

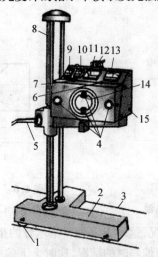

图6.9　投影式前照灯检测仪

1—车轮；2—底座；3—导轨；4—光电池；5—上下移动手柄；6—上下光轴刻度盘；
7—左右光轴刻度盘；8—支柱；9—左右偏斜指示计；10—上下偏斜指示计；
11—投影屏；12—汽车摆正器；13—光度计；14—聚光透镜；15—受光器

④自动追踪光轴式前照灯检测仪。

自动追踪光轴式前照灯检测仪采用受光器自动追踪光轴的方法检测前照灯发光强度和光轴偏斜量。一般检测距离为3 m。其构造如图6.10所示。

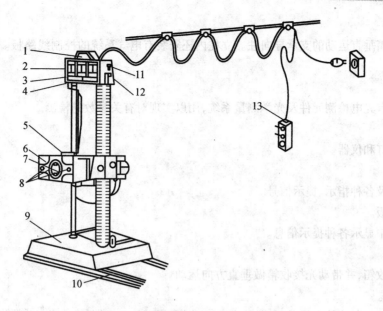

图 6.10 自动追踪光轴式前照灯检测仪

1—在用显示器；2—左右偏斜指示计；3—光度计；4—上下偏斜指示计；
5—车辆摆正找准器；6—受光器；7—聚光透镜；8—光电池；9—控制箱；
10—导轨；11—电源开关；12—熔丝；13—控制盒

3. 南华 NHD—6106 型前照灯检测仪结构原理

（1）南华 NHD—6106 型前照灯检测仪结构。

南华 NHD—6106 型前照灯检测仪结构的外形及各部件的名称、作用如图 6.11 所示。

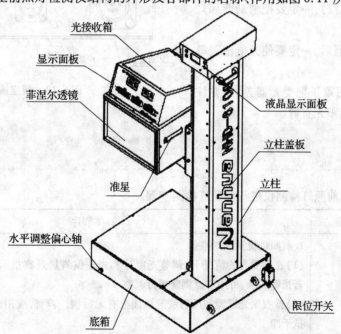

图 6.11 南华 NHD-6106 型前照灯检测仪外形

①底箱。

底箱是整台仪器的基座，装有水平方向驱动系统及垂直方向驱动系统，使驱动仪器做水平方向运动及牵引光接收箱做垂直方向运动。

②限位开关。

用于限制仪器在导轨上的运范围。

③立柱。

立柱是光接收箱垂直运动的支承导向柱。立柱内还安装有电气系统的控制线路板。立柱表面安装有扫描光电管阵列。

④光接收箱。

光接收箱内装有光电检测元件及光学测量系统,用以实现对有关参数的检测。

⑤准星。

用于对准校准灯和仪器。

⑥显示面板。

显示检测结果及各种指示、提示信号。

⑦液晶显示面板。

在校准与测量中显示各种提示信息。

⑧支承座。

用以安装光接收箱,并带动光接收箱做垂直方向运动。

⑨插座接口板。

插座接口板上装有各连接电缆的插座、电源开关及保险丝插座等,如图 6.12 所示。

(2)使用注意事项:

①检测仪要事先调整至水平状态。

②检测仪不应受外来光线的影响。

③必须在汽车保持空载并只乘坐一名驾驶人的状态下检测。

④汽车有四个前照灯时,一定要把辅助前照灯遮住后再进行测量。

⑤开亮前照灯受光器后,一定要使光电池灵敏度稳定后再进行测量。

⑥仪器不用时,要用罩子把受光器盖好,并注意不要受潮、受冲击或让阳光直射。

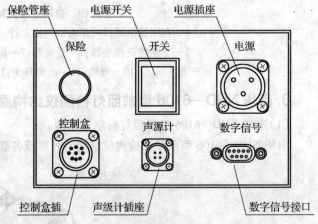

图 6.12 插座接口板

任务实施

使用 NHD-6106 型前照灯检测仪进行前照灯检测步骤。

操作环节	对应项目	具体程序
1	检测准备	1.前照灯检测仪的准备 (1)在不受光的情况下,调整光度计和光轴偏斜量观察指示计是否对准机械零点。若指针失准,可用零点调整螺钉调整 (2)检查聚光透镜和反射镜的镜面上有无污物。若有,应用柔软的布料或镜头纸擦拭干净 (3)检查水准器的技术状况。若水准器无气泡,应进行修理或更换。若气泡不在红线框内时,可用水准器调节器或垫片进行调整 (4)检查导轨是否沾有泥土等杂物。若有,应扫除干净 2.被检车辆的准备 　　清除前照灯上的污垢。轮胎气压应符合汽车制造厂的规定。前照灯开关和变光器应处于良好状态。汽车蓄电池和充电系统应处于良好状态 3.仪器的检测距离为 1 m,应确认被检前照灯至仪器光接收箱正面的距离符合要求

操作环节	对应项目	具体程序
2	检测步骤	1. 自检过程 　　仪器接通电源后,"远光"指示灯绿灯闪烁,仪器自动进入"自检"程序。当仪器各部件工作正常时,5 s后,仪器的显示表显示为"000",所有指示灯熄灭 2. 手动检测过程 (1)控制盒控制手动检测 ①扳动控制盒的"上、下"开关,使仪器的光接收箱在垂直方向上下移动 ②扳动控制盒的"左、右"开关,使仪器在水平方向左右移动 ③按下"远光"或"近光"按钮,仪器开始寻找光照区。当仪器进入被检前照灯的光照区时,进入自动检测状态,自动对准被检前照灯的远光灯或近光灯,自动进行测量,各显示表显示测量结果 (2)液晶屏控制手动检测 　　在待机状态下,按液晶显示面板上"上升""下降"键,将光标移动到相应的检测项目上 ①"自动检测"选项用于进行两灯制左灯远、近光和右灯远、近光检测 ②"单测左灯"选项用于进行两灯制左灯远、近光检测 ③"单测右灯"选项用于进行两灯制右灯远、近光检测 3. 自动检测过程 (1)启动前,仪器必须处于导轨的左端或右端 (2)自动检测程序启动后,仪器按下述步骤自动进行检测(以左停原始位、两灯制为例) ①仪器从原始位置右行走寻找光照区 ②在仪器行走的过程中,光电扫描阵列不断进行扫描。当扫描到光照区时,仪器停止水平方向运动,并根据光电扫描阵列的光照区高度,控制光接收箱进入光照区 ③当光接收箱进入左灯光照区后,仪器自动转入自动跟踪状态,对被检前照灯进行检测 ④检测过程仪器通过"远光""近光"指示灯提示用户在检测远光时把前照灯切换到远光,检测近光时切换到近光。检测完成后,各表头显示检测数据 ⑤完成左灯检测后,仪器自动向右行驶寻找右灯光照区 ⑥在仪器行走的过程中,光电扫描阵列不断进行扫描。当扫描到光区时,仪器停止水平方向运动,并根据光电扫描阵列的光照区高度,控制光接收箱进入光照区 ⑦当光接收箱进入右灯光照区后,仪器自动转入自动跟踪状态,对被检前照灯进行检测 ⑧检测过程仪器通过"远光""近光"指示灯提示用户在检测远光时把前照灯切换到远光,检测近光时切换到近光。检测完成后,各表头显示检测数据 ⑨仪器自动返回至原始位置,并回复到"待命"状态
3	检测结果分析	前照灯检验不合格有前照灯发光强度偏低和前照灯照射位置两种情况 1. 左右前照灯发光强度均偏低 (1)检查前照灯反光镜的光泽是否明亮,如发现灯光昏暗、镀层剥落或发黑应予更换 (2)检查灯泡是否老化,质量是否符合要求,如老化、质量不符合要求或光度偏低应更换 (3)检查蓄电池端电压是否偏低,如端电压偏低,应先充足电再检测。仅靠蓄电池供电,前照灯发光强度一般很难达到标准的规定,检测时发电机应供电 2. 左右前照灯发光强度不一致 检查发光强度偏低的前照灯的反射镜光泽是否灰暗、灯泡是否老化、质量是否符合要求,如有此类状况发生一般多为搭铁线路接触不良 3. 前照灯光束照射位置偏斜 前照灯安装位置不当或因强烈震动而错位致使光照射位置偏斜超标,应予以调整

项目6.2 前照灯光束照射位置调整

情境导入

由于在行车过程中,汽车受到振动,可能引起前照灯部位的安装位置发生变动,从而改变光束的正确照射方向。这些变化,都会使驾驶人对前方道路情况辨认不清,或在与对面来车交会时造成对方驾驶人眩目等状况,从而导致交通事故的发生。如果前照灯光束照射位置不正确,应按厂家规定的方法予以正确调整,使之符合《机动车运行安全技术条件》(GB 7258—2012)对前照灯的要求。在检测站通常结合检测仪进行调整。

理论引导

6.2.1 常见调整部位

调整部位一般分为外侧调整式和内侧调整式两种,如图6.13所示。

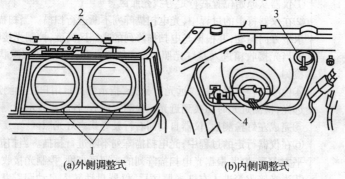

图6.13 前照灯的调整部位
1—左右调整螺钉;2—上下调整螺钉;3—左右调整钮;4—上下调整钮

6.2.2 前照灯调整步骤

1. 二灯制前照灯调整步骤

(1)从左面大灯开始,打开远光灯,遮住右侧灯光,高度调整完毕后再调整角度。

(2)远光灯保持开启状态,遮住左侧灯光,先调整右侧灯光高度,后调整右侧灯光角度。

(3)拿掉所有灯光遮挡物,开始修正调整,这时可以适当小范围修正高低、左右,以保持光束的整体一致。

2. 四灯制前照灯调整步骤

(1)分体调整的四灯制大灯,首先调整左右主灯(近远光合一为主灯),方法同二灯制前照灯调整,可以适当再提高外侧角度与高度。

(2)调整时注意遮挡其他所有的灯光,这点尤其重要。每个大灯最佳照射高度都不一定相同。

(3)调整左右辅助大灯,注意这两个大灯光束应保持直线,允许适当相交。

(4)最后进行修正调整,左右主灯与左右辅助灯调整层次,辅助灯比外侧主灯光束略近即可。

(5)由于一些灯具本身的原因,会导致每个灯光的照明高度、亮度和面积不一致,最后做一定的微调,保持前方光束扇形覆盖。

6.2.3 结合前照灯检测仪进行调整

(1)开启前照灯近光,选择被检测前照灯近光检测。
(2)读取检测值并与标准相比较。
(3)调整前照灯照射位置并复检,直到调整合格。
(4)选择远光灯检测(对于能单独调整远光光束的前照灯,需检测远光灯照射位置),检测并调整至合格。

6.2.4 结合屏幕法进行调整

没有前照灯校验仪的条件下可结合屏幕法进行调整,下面以凯越轿车前照灯灯光调整为例介绍屏幕法。

1. 调整前准备

(1)如果在车辆上进行了其他维修,确保将所有部件安装就位。
(2)确保燃油液面不到半满燃油量。
(3)确保轮胎充气压力合适。
(4)停止车辆上其他操作。
(5)定位车辆使其对正校准屏幕,并且前照灯盒罩位于已标记好的地面参考线9的正上方,如图6.14所示。

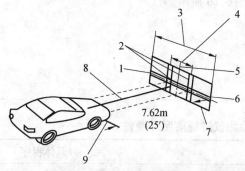

图6.14 前照灯调整的准备工作
1—校准屏幕水平带;2—校准屏幕竖向带;3—校准屏幕宽;4—竖向带间距;
5—两竖向带中心线;6—校准屏幕水平带上线;7—校准屏幕下边缘;8—车辆中心线;9—地面参考线

(6)在校准屏幕上使垂直中心线5与车辆中心8对齐,通过从后窗中线处越过发动机罩进行瞄准,可以实现这一目的。用窄带在前后窗纵向中心线上做标记,并以这两处标记为基准确定车辆中心线。移动车辆或屏幕,直至屏幕中心线与上述两处标记共线。
(7)关闭车门。
(8)摇动车辆侧边以稳定悬架。
(9)测量从地面至前照灯总成近光灯泡水平中心的高度。上下移动校准屏幕的水平带1使之与该处测得的高度相适应。
(10)测量右前照灯近光灯泡中心线与左前照灯近光灯泡中心线之间的距离,使校准屏幕上两竖向带2相对于屏幕中线5左右对称,且其间距4等于如上测得的两灯泡中心线间的距离。

2. 调整步骤

(1)打开发动机罩。
(2)接通近光灯。

(3)检查水平校准。如图6.15所示,用水平调整旋钮对光束的水平位置进行调整。使校准屏幕上呈现出高亮度区的拐点3与前照灯近光灯灯泡垂直中心线1对正,该拐点应位于距近光灯泡垂直中心线1的左侧5和右侧4包括的区间范围内,均为合格,如图6.16所示。

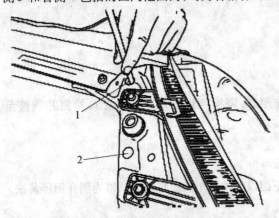

图6.15 前照灯灯光调整(左前)
1—水平调整旋钮;2—垂直调整旋钮

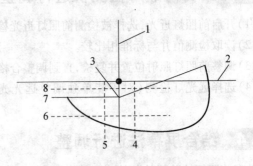

图6.16 前照灯灯光调整区域
1—两近光灯垂直中心线;2—近光灯水平中心线;
3—明暗拐点;4、5—垂直方向区域;
6、8—水平方向区域;7—距水平中心线120 mm

(4)检查垂直校准。

如图6.15所示,用垂直调整旋钮对光束的垂直位置进行调整,使校准屏幕上近光灯光束截止线的上边缘对正于前照灯近光灯泡水平中心线2~120 mm的7附近,允许的偏差范围为近光灯泡水平中心线2下8 mm处至170 mm的6处之间,如图6.16所示。

(5)将前照灯关闭。

(6)扣上发动机罩。

任务实施

结合NHD-6106型前照灯检测仪进行前照灯调整。

操作环节	对应项目	具体程序
1	调整前准备	1. 工具准备 (1)检测仪使用说明书 (2)盒尺 (3)常用调整工具 (4)检测用车辆 2. 车辆准备 (1)清除前照灯上的污垢。轮胎气压应符合汽车制造厂的规定。前照灯开关和变光器应处于良好状态。汽车蓄电池和充电系统应处于良好状态 (2)仪器的检测距离为1 m,应确认被检前照灯至仪器光接收箱正面的距离符合要求
2	前照灯调整 (以两灯制为例)	1.用控制盒控制检测仪进行左前照灯照射位置检测,不合格车辆进行前照灯调整 (1)根据具体车型的调整方法进行前照灯上下调整 (2)复检合格结束 (3)进行前照灯左右位置调整 (4)复检合格结束 (5)综合复检左前照灯位置合格结束 2.用控制盒控制检测仪进行左前照灯照射位置检测,不合格车辆进行前照灯调整 (调整方法同左灯)

评价体会

	评价与考核项目	评价与考核标准	配 分	得 分
知识点	前照灯照射位置及亮度国标要求	能够说出前照灯照射位置及亮度国标要求	15	
	前照灯检测基本原理	能够说出不同方法前照灯检测基本原理	15	
技能点	对前照灯检测结果评价	能够对前照灯检测结果正确评价	30	
	对前照灯照射位置调整	能够正确对前照灯照射位置进行调整	30	
情感点	团队协作精神	能进行团队合作，制订检修方案		
	安全环保意识	能注重工作安全和环保要求，废旧配件及时回收，保持工作环境的整洁，保证工具和零部件摆放整齐		
	合 计		100	

任务工单

任务名称	前照灯检测及调整	课时	2	班级	
学生姓名		学生学号		任务成绩	
实训设备	1. 实验用车辆 2. 前照灯检测仪 3. 前照灯调整常用工具	实训场地		日期	
客户任务	客户反应夜间行驶不能看清情况。				
任务目的	1. 能够进行前照灯检测及评价。 2. 能够进行前照灯调整。				

资料查询	1. 前照灯检测步骤。 2. 前照灯国标要求。 (1) 在检验前照灯近光光束照射位置时，前照灯照射在距离_____m的屏幕上时，乘用车前照灯近光光束明暗截止线转角或中点的高度应为_____H（H为前照灯基准中心高度，下同），机动车（装用一只前照灯的机动车除外）前照灯近光光束水平方向位置向左偏不允许超过_____mm，向右偏不允许超过_____mm。 (2) 在检验前照灯远光光束及远光单光束灯照射位置时，前照灯照射在距离_____m的屏幕上时，要求在屏幕光束中心离地高度，对乘用车为_____H；机动车（装用一只前照灯的机动车除外）前照灯远光光束水平位置要求，左灯向左偏不允许超过_____mm，向右偏不允许超过_____mm，右灯向左或向右偏均不允许超过_____mm。 装用远光和近光双光束前照灯以调整近光光束为主。 (3) 前照灯远光光束发光强度最小值（单位：cd）

机动车类型	检查项目及标准					
	新注册车			在用车		
	一灯制	两灯制	四灯制[a]	一灯制	二灯制	四灯制[a]
其他汽车						

前照灯检测及结果分析	1. 前照灯检测结果正确。						
	左灯	近光	上下		右灯	近光	上下
			左右				左右
		远光	上下			远光	上下
			左右				左右
			发光强度				发光强度
	2. 前照灯评价。						
	左灯	近光	上下		右灯	近光	上下
			左右				左右
		远光	上下			远光	上下
			左右				左右
			发光强度				发光强度

前照灯检测结论	被测车前照灯_____。

前照灯调整及检测仪维护	1. 前照灯调整步骤。						
	2. 前照灯调整注意事项。						
	3. 前照灯检测仪维护内容。						
前照灯调整后参数	左灯	近光	上下		右灯	近光	上下
			左右				左右
		远光	上下			远光	上下
			左右				左右
			发光强度				发光强度
前照灯调整后结论	被测车前照灯_____。						

拓展与提升

前照灯照射距离自动调整及前照灯随动调整

1. 前照灯照射距离自动调整

夜晚行车,只有装上良好的前照灯并且随时随地调整前照灯的倾斜角度,才能开好车。换言之,只有路面获得了最佳照明,才不会使车灯晃得对面车辆驾驶员眩目。然而,载重量的变化、刹车和提速等情况都会引起车身倾斜角度发生变化,进而使近光灯的光束倾角发生变化。塞满行李的后备箱和猛然提速都会造成车尾下沉,车头抬高,以致灯光晃得对面来车的驾驶员睁不开眼。刹车时,车头又会下扎,尤其是在紧急制动时,因车头下扎得厉害,可能会造成视距丧失。全新概念的前照灯照明距离自动调节系统,将使夜晚行车更安全。

（1）技术现状。

目前市场上的前照灯照明距离调节系统产品可分为人工系统或手动调节系统、自动系统或准静态系统、动态系统三大类。

（2）手动调节照明距离。

在1980年,就已经开发出了能让驾驶员根据载重情况设定前照灯倾角的调节系统。这种被称之为"照明距离手动调节"的系统,除了有液压和气动的方式外,还有电动操作的。从那时起,这种手动式照明距离调节系统成了新车的标准配置。尽管有了这一系统,但载重量大的汽车以及无法校正的前照灯调节系统仍然使刺眼的光束像往常一样影响着夜间行车。大多数司机都对这种照明距离调节装置不满意。

（3）自动调节照明距离。

照明距离自动调节系统有准静态照明距离调节系统和动态照明距离调节系统两种。如图6.17所示为一种常规照明距离调节系统。它由前照灯作动器、控制装置和前后桥上的两个桥传感器组成。

（4）准静态照明距离调节系统。

可以根据载重量的变化校正大灯倾角变化量。其工作原理是由车桥传感器将弹簧压缩行程信号提供给控制装置,控制装置在考虑了车姿后计算出前照灯的理论倾角,并令前照灯的照明距离执行机构作出相应的运动。这套系统由于工作阻尼大,不可能具有很高的

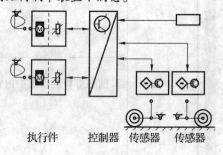

图6.17 常规照明距离调整系统

调节速度。这套系统,就像大批量生产的机件一样,由于是整体的位置调节回路,所以成本较低。

（5）动态照明距离调节系统。

除了考虑载重量的变化外,还考虑了加速和减速对大灯倾角变化的影响。像准静态照明距离调节系统一样,该系统有两个桥传感器,负责将前后桥相对车身的弹簧压缩行程信号提供给控制装置。该控制装置通过一个与动态运动相适的滤波器,使得系统在制动和加速过程中具有较高的反应速度。且在匀速行驶时,静态的灯光视觉感对理论运动不会产生干扰。

目前市面上的系统有用直流作动器驱动前照灯的,也有用步进电机作前照灯执行机构的。直流作动器上装有位置反馈装置,并与位置调节回路构成闭环。在汽车制造厂的流水线末端,通过编码机或编程机,系统可以按照不同的车型被匹配上该种车型特定的参数,从而以数量少类型多的优势使其具有很强的可塑性。

（6）采用综合控制器的准静态照距调节系统。

准静态照距调节系统与动态系统的区别,从原理上讲仅在于使用了手动照距调节系统的作动器,因为这时要求的调节速度明显地减小了,尤其像手动调节一样,它也采用了模拟控制方式。除此之外,当应用准静态照距调节系统时,也可以针对不同的车型舍弃掉前桥传感器。

当这样的系统不能够调整动态行驶过程时,该过程前桥压缩行程弹簧的影响则是占压倒优势的;反之,负载的变化则对后桥的影响占压倒优势。行李箱载荷作用点距离后桥后边并不远的汽车,将得出以下画

面:人们可以参照欧盟法规来加装负载,通过前后桥压缩行程弹簧分量的变化,来划分倾角的变化,该法规规定了负载的状态和光束亮-暗-极限的允许偏差。这时人们发现,利用后桥引出的倾角分量作为整车检测量和调节量已经足够用了,而且满足法规的各项要求。

2. AFS(Adaptive Front-lighting System)

AFS又称自适应转向大灯系统,它能够根据汽车方向盘角度、车辆偏转率和行驶速度,不断对大灯进行动态调节,适应当前的转向角,保持灯光方向与汽车的当前行驶方向一致,如图6.18所示。以确保对前方道路提供最佳照明并对驾驶员提供最佳可见度,它能够根据行车速度、转向角度等自动调节大灯的偏转,以便能够提前照亮"未到达"的区域,提供全方位的安全照明,从而显著增强了黑暗中驾驶的安全性。在路面无(弱)灯或多弯道的路况中,扩大驾驶员的视野,也可提前提醒对方来车。

图6.18 前照灯随动效果

(1)AFS系统的三种形式。

①转向头灯形式,就是头灯内灯具可以左右旋转8°~15°照明弯道死角。

②利用独立弯道照明系统,就是在灯具里有一个固定的灯泡照向弯道,转弯时候自动点亮。

③利用左右雾灯进行弯道时候照明,转向时候对应弯内侧雾灯亮起,照明弯道死角。

目前进口车中进口现代的劳恩斯和雅科仕配备AFS功能,作用原理属于第一项。

AFS系统是一套能够根据行驶路况和车辆状态的变化自动对灯光的照度分配进行最优化调节的系统。能够提供最优的行驶安全性和驾驶舒适性。即对于一种照明装置,提供具有不同特征的光束,能自动适应近光和远光(若使用)在不同使用条件下的需要。

AFS系统在国际上也是一项新的汽车照明系统,它改变了以往前照灯只有远光和近光两种照明功能,在基本近光的基础上增加了三种不同的近光,是一种能够实现恶劣天气照明、弯道随动转向、车身纵倾调光和故障诊断等四大主要功能的汽车照明智能化解决方案。

AFS系统利用可变的光学系统、电子控制和随动系统技术,可根据道路和天气状况,自动地改变前照灯的光形,把有限的光投向更需要照明的地方,大幅度地提高夜间行驶的安全性。汽车工艺AFS属于汽车的一项新技术,全称为随动转向控制大灯,是汽车安全装备中的大灯随动转向。其作用为随着车辆的转向及倾斜度,车辆自动调节前照灯扩大夜间行驶时的视野,提高安全性。

(2)AFS的应用。

①凯旋。

凯旋的随动转向大灯是雪铁龙C5的优良传统得以保持的结果,它不仅具有随动转向功能,而且还是双氙气大灯。

凯旋的随动转向功能可"上下""左右"随动,光束随转向盘转动而转动(转弯时内侧灯可转动15°,外侧灯可转动8°),光束宽度加大,特别在连续弯道上,弯道内侧照明更宽,照明范围更大,可照亮传统车灯照不到的盲区,以便驾驶员及时发现路上的障碍物和行人,提高了驾车的安全性。再加上双氙气大灯的光线比卤素灯强两倍,可以看清更远处的障碍物。

无AFS随动系统与有AFS随动系统的车灯照射效果,如图6.19所示。

②凯美瑞。

凯美瑞的随动转向大灯基本上与凯旋的工作原理相同。所谓的"上下"随动和"左右"随动分别是AFS前大灯智能随动系统和ALS光轴自动调整系统。在夜间转弯时,AFS能根据车速以及转向盘转向角度,自动调整近光灯的照射中心,自动指向入弯,确保弯道中的高能见度。在后排

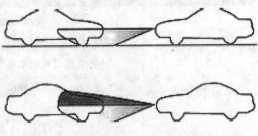

图6.19 凯旋AFS效果

负载较重导致车身角度上扬时,ALS自动调整光轴倾角,避免光轴上扬对对面车驾驶人员的干扰。

学习任务 7
汽车排放与噪声检测

【任务目标】

1. 了解汽车排放组分。
2. 会使用五气体分析仪检测发动机排放。
3. 了解汽车噪声的危害。
4. 会使用声压计测定汽车噪声。

【任务描述】

无论是燃油汽车还是燃气汽车,只要发动机工作,就会有气体排放,汽车发动机排出的废气对环境污染较大,所以需要重视。随着汽车技术性能的变坏,发动机排出的废气有害成分增多,还会伴随噪声,所以通过对汽车发动机排出的废气以及汽车噪声进行检测,可以判断出汽车的技术状况,这样既节省燃料又可以将故障消灭在萌芽之中。

【课时计划】

项 目	项目内容	参考课时	备 注
7.1	分析汽车排放超标的原因	2	
7.2	点燃式发动机排气污染物检测	6	理实一体化
7.3	压燃式发动机汽车排气烟度检测	8	理实一体化
7.4	汽车噪声	6	理实一体化

项目 7.1 分析汽车排放超标的原因

情境导入

客户报修：
某客户一辆 2005 款帕萨特 B51.8T 轿车行驶 320 000 km 后出现耗油增加、动力性下降和发动机排气异常的现象。

故障原因分析：
汽车发动机燃油增加、动力下降、排气异常，这主要是汽车发动机汽缸压力不足，燃烧不完全所致。引起汽缸压力不足主要是汽缸磨损超限，活塞环失去密封性能和进排气门密封不严等原因。

理论引导

1. 汽车发动机排放基础知识

（1）汽车发动机排放污染物主要成分及形成原因。

根据燃料在发动机汽缸里进行燃烧的热化学过程可知，由碳、氢、氧组成的石油燃料完全燃烧后生成的是二氧化碳（CO_2）、水蒸气（H_2O）、氮气（N_2）和过量的氧气（O_2）。这几种气体在正常情况下，一般将其视为无害气体。实际上汽车发动机工作所用的燃料往往都含有其他杂质与添加剂，加之燃料在燃烧过程中不能完全燃烧，发动机工作中所排出的废气有害成分较多。近年来无论是点燃发动机还是压燃发动机在燃烧控制上采取了较多的先进技术，但是还是远远达不到排气无公害的目的，对于这种情况只能将排气中的有害成分控制在一定的限度范围内。

汽车排气污染物主要是指发动机工作中排出的一氧化碳（CO）、碳氢化合物（HC）、氮氧化物（NO_x）、二氧化硫（SO_2）、微粒物质（铅化物、碳烟、油雾物等）和臭气等有害排放物。这些排放物都是有毒的，除可形成光化学烟雾，还可致癌，近年在中国大部分地区出现的雾霾天气就与汽车尾气排放有直接关系。

①一氧化碳的形成。

汽车排出气体中没有燃烧的燃料、燃料没有燃烧完全的产物及部分被离解的产物，其化学表达式通用为 HC，也常称其为碳氢化合物。对于四冲程点燃发动机而言，未燃烃的形成主要是汽缸激冷面和燃料不完全燃烧产生的。缸壁激冷是指当火焰传播到汽缸壁附近时出现的一种使燃烧反应减慢或终止的一种现象。汽油机中混合气的燃烧是靠火焰传播进行的，当火焰传播到汽缸壁附近时，由于低温汽缸壁的冷却作用，使得在距离汽缸壁壁面不到 0.5 mm 的厚度上的被压缩可燃混合气不能燃烧，实际上火焰也不可能在这么小的缝隙内传播。例如，活塞顶部与第一道活塞环之间的空隙、火花塞磁芯周围的空隙和由于汽缸垫装配不恰当所形成的空隙等。这样充填这些间隙的可燃混合气，虽经压缩但是没有燃烧就会很自然地随着废气排除机外。研究表明，汽缸壁激冷缝隙与燃烧室内的气体压力成反比，和绝对温度的平方成反比。因此提高汽缸壁面的温度对于降低未燃烃的排放浓度是很必要的。以前人们环保意识不强，只考虑发动机汽缸在低温条件下磨损加速，为了减少发动机汽缸壁在冷态下的磨损，一般尽可能怠速预热。随着能源的紧张，环保要求越来越严格，全球汽车开发商都在致力于节约能源和控制排放，因此一改以往的做法，尽可能让发动机进入快怠速，并且减少发动机怠速工作时间，现在点燃发动机普遍推广低速行驶预热。由于发动机运行时，混合气浓度不可能总是维持 14.7∶1，所以势必会导致残余废气中未燃烃含量的增高，基于此种因素，如宝来等轿车用点燃发动机增设二次循环泵。

一氧化碳是烃燃料燃烧的中间产物，如果空气量充分，理论上燃料燃烧后不会存在一氧化碳，如果空燃比小于14.7时就有部分燃料不能完全燃烧而生成一氧化碳。尽管氧传感器能够检测到发动机废气中的氧含量，实现闭环控制，但是废气中的二氧化碳和水在高温条件下还会离解为一氧化碳和水。一氧化碳的排放浓度基本上取决于空燃比，在实际汽车上控制空燃比就是控制一氧化碳排量。

②氮氧化物与其他成分的形成。

氮氧化物是在燃烧室内处于高温状态下的燃烧产物，在发动机做功和排气冲程中仅有微量的分解，排到大气遇到氧气时就能生成二氧化氮和其他氮氧化物。氮氧化物成分较多，主要有一氧化氮（NO），二氧化氮（NO_2），四氧化二氮（N_2O_4），氧化二氮（N_2O），三氧化二氮（N_2O_3），五氧化二氮（N_2O_5）。氮的过氧化物都是不稳定的化合物，在大气状态下会自动分解成二氧化氮和氧气。试验证明，给发动机供给略稀的混合气（空燃比≥15.5）会增大NO_x的排放量，汽油机排出的氮氧化物中NO占99%，而柴油机排出的氮氧化物中NO_2占比例稍大。对于使用浓度很低或很高的混合气，NO排放浓度都较低。

在点燃发动机中，不论使用燃气还是汽油同样会有微粒，只不过相对柴油机要少得多，但是不能忽略，也会给环境带来很大影响，尽管抗爆剂不再使用四乙基铅，但是空气与燃料本身要有一定的不可燃烧成分，在发动机不同工况下均会以一定的颗粒形式排出机体外。目前不同的石油产品其含硫量与石油产地品质有直接关系，尽管炼制时尽量控制杂质含量，但是结果还是偏高一些，这样硫的氧化物随着发动机工作过程而生成，特别是发动机机械性能变坏，出现烧机油、碳烟、颗粒和胶质等有害成分都会生成并被排到大气中。

（2）汽车发动机排放有害物的危害。

一氧化碳是一种无色、无刺激的气体，是发动机排出的有害成分中含量最大的部分，人体吸入一定浓度的一氧化碳，很容易和体内的血红蛋白结合并输送到身体各个部位，从而阻碍血红素带氧，造成体内缺氧而引起窒息。

未燃烃是汽车尾气中的碳氢化合物成分相当复杂的一部分，其中大部分对人体的健康无直接影响，但其中的多环芳香烃是一种很强的致癌物质，当它在空气中达到一定浓度值时，在气候条件合适的情况下，会和氮氧化物发生光化学反应，产生的光化学烟雾对人的呼吸系统和眼睛有刺激作用。因此，对人体健康造成很大危害。

氮氧化物在汽车尾气中含量较少，但毒性很大，其毒性是含硫氧化物的三倍。氮氧化物进入肺泡后，能形成亚硝酸和硝酸，能对肺组织产生剧烈的刺激作用，增加肺毛细管的通透性，最后造成肺气肿。亚硝酸盐则与血红蛋白结合，形成高铁血红蛋白，引起组织缺氧。

汽车尾气中的二氧化硫和悬浮颗粒物，会增加慢性呼吸道疾病的发病率，损害肺功能。二氧化硫在大气中含量过高时，会随降水形成"酸雨"。

（3）柴油机的有害排放物。

柴油机的有害排放物与同功率的汽油机相比，排出的一氧化碳和未燃烧烃等均比较少，但是氮的氧化物的含量基本差不多。由于柴油机燃料供给部分性能的下降导致发动机排出大量黑烟，即使各部性能达到最佳状态，排除的尾气中还有让人难以忍受的特殊气味，特别是一些进口柴油在没有燃烧之前本身就有特殊的气味。柴油机燃烧过程比较复杂，混合气形成时间短，混合气形成过程与燃烧过程有一个重叠区十分容易出现燃烧不完全现象。柴油机混合气成分是干质调节，其运行的过量空气系数大约在1.1~10的范围之内，是一种不均匀的混合气燃烧。在多数情况下，对燃料进行点火时，还有相当量的燃料正在连续喷入或将要喷入汽缸，因此喷油过程的规律，喷入燃料的雾化质量、汽缸内的气体流动以及燃烧室结构形状等直接影响燃烧室内燃料与空气的混合与分布。这对于柴油机的燃烧进展及燃烧中生成的有害成分都有着重大的影响。

柴油机排放的有害物主要是一氧化碳、氮氧化物、未燃烃、碳烟与臭气。柴油机排出的一氧化碳和未燃烃相对于汽油机较少，但是氮氧化物和二氧化硫相对多，碳烟和臭气是柴油机排放中有别于汽油发动机排放的主要标志。柴油机排烟通常有蓝烟、白烟和黑烟三种。不同的烟色其形成因素不同，所含成分当然也不同。其中白烟一般在寒冷天气形成，主要是发动机冷机启动和怠速工况时排出白烟，白烟是液状微粒直径在1 μm以上；蓝烟是燃油或润滑油在几乎没有完全燃烧或部分燃烧而处于分解状态下排出的液态微粒，其微粒直径大约在0.4 μm以下，产生蓝烟一般是在柴油机充分暖机之前，或在负荷极小工况下运行时燃烧室温度很低,燃烧处于不良条件下发生的,与此同时还会伴有刺激性的臭味,主要是燃烧的中间产物醛类随之排出。需要说明的是蓝烟与白烟都是液状微粒,本质上差别不大,只是微粒的几何尺寸有差别,不同微粒直径大小决定了对光线反射程度不同,就会出现不同的烟色。

黑烟是柴油机燃烧过程中的标志性产物,在柴油机性能良好的情况下,通常是在柴油机大负荷时产生。在大负荷或急加速时燃烧室中的温度较高,此时喷入的燃料较多,混合气形成肯定不均匀,不可避免地在汽缸内局部空间出现缺氧性燃烧,燃油在高温缺氧的条件下,十分容易裂解、聚合形成碳烟。碳烟成分中碳占85%以上,聚合体占10%左右,其他的是氧气、氢气灰分和一系列多环芳香烃化合物等。柴油机碳烟对人体的呼吸道和肺部影响较大,特别是碳烟颗粒夹附的二氧化硫以及致癌物质多环芳香烃、苯并芘等有害物。

柴油机排放臭味有两种,一种是煤油味,它是由烷基苯、烷基萘等芳香碳氢化合物所产生;另一种是焦烟味,它是由部分氧化的碳氢化合物所造成。柴油燃料中的硫含量也不容忽视,在柴油机工作中以二氧化硫的形式排出机外,会给人的呼吸道、肺器官带来伤害。目前对柴油机排放的臭味还没有较实用的检测仪器,一般检测有感官分析法、浓缩成分 pH 值检测法和还原 FID 检测法。

感官分析法用于检测柴油机排放气体的臭味浓度,也就是用检测人员的鼻子检测排放气体的臭味,用检测人员的眼睛检测排放气体的刺激性。这种方法偏差大,只要全体参检人员认同一致,那么结果就是可靠的。这种检测有两种分析法,一种是直接分析法,被检测气体直接来自排气管;另一种是间接分析法,被分析气体来自样本袋,气体温度以及气流速度影响着分析结果。臭味浓度分为无、轻、中、强、很强五级。眼睛刺激直接由排气管进行测试。浓缩成分的 pH 值检测法,通过排放气体水溶液的 pH 值评价排放气体臭味的浓度。还原 FID 法就是氢火焰离子分析法,此种方法比较准确,对环境温度及大气压力也不敏感,常用来分析排放气体中的甲醛浓度。还原 FID 系统还可对气体色度进行分析。

2. 汽油机排放超标原因分析

(1) 一氧化碳(CO)。

一氧化碳是燃料没有完全燃烧的产物。引起一氧化碳含量过高主要是混合气过浓,由于空气量不足引起可燃混合气的不完全燃烧。

一氧化碳含量过高表明燃油供给过多、空气供给过少,燃油供给系统和空气供给系统有故障,主要表现在空气滤清器不洁净、混合气不洁净、活塞环胶结阻塞、燃油供应太多、空气太少、点火提前角过大(点火太早)、曲轴箱通风系统受阻、喷油器漏油、油压过高、水温传感器和空气流量计有故障或电控系统产生了故障方面。理论上,当混合气空燃比≥14.7∶1 时,即在氧气充足情况下,排气中将不含 CO 而代之产生 CO_2 和未参加燃烧的 O_2。但现实中由于混合气的分布并不均匀,总会出现局部缺氧的情况,当空气量不足,即混合气空燃比≤14.7∶1 时,必然会有部分燃料不能完全燃烧而生成 CO。比如发动机在怠速时,燃烧的混合气偏浓,此时发动机工作循环中的气体压力与温度不高,混合气的燃烧速度减慢,就会引起不完全燃烧,使一氧化碳 CO 的浓度增加。发动机在加速和大负荷范围工作,或点火时刻过分推迟时也会使尾气中 CO 的浓度增高。即使燃料和空气混合很均匀,由于燃烧后的高温,已经生成的 CO_2 也会有小部分被分解成 CO 和 O_2。另外排气中的 H_2 和未燃烃 HC 也可能将排气中的部分 CO_2 还原成 CO。

CO 的含量过低,则表明混合气过稀,故障原因为燃油油压过低、喷油嘴堵塞、真空泄漏、EGR(废气再循环)阀泄漏等。

(2) 碳氢合物(HC)。

碳氢化合物是燃料没有完全燃烧或没有燃烧的产物,包括燃油、润滑油及其裂解产物和部分氧化物的 200 多种复杂成分。碳氢化合物(HC)在尾气排放中含量过高,说明燃油没有充分燃烧。碳氢化合物偏高的原因有混合气过稀和混合气过浓。

前者由于汽缸压力不足、发动机温度过低、混合气由燃烧室向曲轴箱泄漏、燃油管泄漏、燃油压力调节器损坏等原因;后者由于油箱中油气蒸发、燃油回油管堵塞、燃油压力调节器损坏等原因。点火正时不准确、点火间歇性不跳火、温度传感器不良、喷油嘴漏油或堵塞、油压过高或过低等因素都将导致 HC 读数过高。

在装有催化器的轿车上,如果发动机处于正常状态,排气中的 HC 读数是很低的。如果一个汽缸失火,汽缸中所有未燃汽油都会进入排气系统,会导致 HC 排放增加。混合气过浓或过稀、点火不正时、点火间歇性不跳火、温度传感器不良、喷油器漏油或堵塞、油压过高或过低等均会导致碳氢化合物值上升。排气中的碳氢化合物是由未燃烧的燃料烃、不完全氧化产物以及燃烧过程中部分被分解的产物所组成。当混合气过稀或缸内废气过多时会出现火焰传播不充分,即燃烧室部分地区由于混合气过稀或缸内残余废气过多而不能燃烧出现断火现象。这时,排气中的碳氢化合物浓度会显著增加。

碳氢化合物总称烃类,是发动机未燃尽的燃料分解产生的气体,目前轻型汽车排放污染物中的未燃烃几乎都是来自发动机的排气系统,由于发动机曲轴箱通风设计很合理,废气的再循环(EGR)实现密闭循环,完全控制了由曲轴箱排放的碳氢化合物,燃油箱排放的碳氢化合物一般通过燃油箱的循环控制进入活性炭罐,所以现在的轻型点燃式发动机碳氢化合物只考虑发动机排气管排出的碳氢化合物所占的分数。

(3)氮氧化物(NO_x)。

氮氧化物的主要成分是燃烧过程中形成的多种氮氧化物。氮氧化物 NO_x 包含 NO、NO_2 等多种气体,常常发生在高温大负荷的情况下。它的产生首先要有足够高的温度(1 000℃以上);其次要有高压,即足够大的压力;再次要有多余的氧才能反应,这三个条件任何一个不满足都不会产生氮氧化物。

过多的氮氧化物排放最大的原因是废气循环(EGR)阀工作不好或者是汽缸里面有炽热点造成炽热点点火,会出现爆燃现象。当燃烧室内产生爆燃时,汽缸温度大幅提高,这可能导致过多的氮氧化物的排放。而汽缸的爆燃则可能是由于点火提前过大、燃烧室中的积碳和点火控制系统故障造成。冷却液温度过高也会促成爆燃。一般发动机出现爆燃,爆震传感器会将信息传给发动机电控单元(ECU),发动机电控单元会发出指令控制点火时刻。但是爆震传感器损坏就会破坏对点火正时的控制。混合气浓度对排气中的氮氧化物也有较大影响,试验证明供给略稀的混合气(空燃比≥15.5)会增大氮氧化物的排放量。汽油机排出的氮氧化物中,NO 占 99%,而柴油机排出的氮氧化物中 NO_2 比例稍大。

3. 汽车排放标准简介

我国在汽车排放限制方面所制定的标准较晚,为贯彻《中华人民共和国环境保护法》和《中华人民共和国大气污染防治法》,控制汽车污染物的排放,改善环境空气质量,我国制定了相应的汽车排放标准。下面看一下 21 世纪我国针对汽车排放所制定的标准。2004 年 7 月 1 日,全国范围内开始实施"国Ⅱ"排放标准。2005 年 12 月 30 日,北京实施"国Ⅲ"排放标准,之前已经上市并且通过"国Ⅲ"标准的车型可以延迟 1 年安装 OBD。2006 年 1 月 1 日,北京在全国范围内率先实施"国Ⅲ"排放标准。2006 年 7 月 31 日,上海市环保局宣布,上海公交与出租车行业率先实施"国Ⅲ"排放标准。2006 年 9 月 1 日,中央国务院正式批准广州实行"国Ⅲ"标准。2006 年 12 月 1 日,北京全面禁止在京销售未安装 OBD 的新车。2007 年 7 月 1 日,全国范围内开始实施"国Ⅲ"排放标准。2008 年 1 月 1 日,"国Ⅳ"燃油在北京上市。2008 年 1 月 1 日,在全国范围内对重型汽车上牌执行"国Ⅲ"排放标准。2008 年 7 月 1 日,在全国范围内对轻型汽车上牌执行"国Ⅲ"排放标准。

自 2013 年 2 月 1 日起,北京市停止受理汽车企业申报符合第四阶段标准轻型汽油车型,不再发布符合第四阶段排放标准轻型汽油车环保目录,同时停止销售、注册不符合第五阶段排放标准的公交和环卫用途重型柴油车。自 2013 年 3 月 1 日起,停止销售、注册不符合第五阶段标准的轻型汽油车。符合"京Ⅴ"排放标准的车辆将发放蓝色环保标志。

近年发布以及执行的有关汽车排放标准列举如下:

GB 18285—2005《点燃式发动机汽车排气污染物排放限值及测量方法》

GB 3847—2005《车用压燃式发动机和压燃式发动机汽车排气烟度排放限值及测量方法》

HJ/T 289—2006《汽油车双怠速法排气污染物测量设备技术要求》

HJ/T 290—2006《汽油车简易瞬态工况法排气污染物测量设备技术要求》

HJ/T 291—2006《汽油车稳态工况法排气污染物测量设备技术要求》

HJ/T 292—2006《柴油车加载减速工况法排气烟度测量设备技术要求》

HJ/T 395—2007《压燃式发动机汽车自由加速法排气烟度测量设备技术要求》

JJF 1221—2009《汽车排气污染物监测用底盘测功机校准规范》
JJF 1227—2009《汽油车稳态加载污染物排放检测系统校准规范》

4. 汽车排放的限值

（1）2005年7月1日起排气污染物的排放限值。

①新生产汽车排气污染物排放限值。

装用点燃式发动机的新生产汽车，形式核准和生产一致性检查的排气污染物排放限值见表7.1。

表7.1 汽车排气污染物排放限值（体积分数）

车 型	类 别			
	急速		高急速	
	$\varphi_{CO}/\%$	$\varphi_{HC}/10^{-6}$	$\varphi_{CO}/\%$	$\varphi_{HC}/10^{-6}$
2005年7月1日起新生产的第一类轻型汽车	0.5	100	0.3	100
2005年7月1日起新生产的第二类轻型汽车	0.8	150	0.5	150
2005年7月1日起新生产的重型汽车	1.0	200	0.7	200

②在用汽车排气污染物排放限值。

装用点燃式发动机的在用汽车，排放污染物排放限值见表7.2。

表7.2 在用汽车排气污染物排放限值（体积分数）

车 型	类 别			
	急速		高急速	
	$\varphi_{CO}/\%$	$\varphi_{HC}/10^{-6}$	$\varphi_{CO}/\%$	$\varphi_{HC}/10^{-6}$
1995年7月1日前生产的轻型汽车	4.5	1 200	3.0	900
1995年7月1日起生产的轻型汽车	4.5	900	3.0	900
2000年7月1日起生产的第一类轻型汽车①	0.8	150	0.3	100
2001年10月1日起生产的第二类轻型汽车	1.0	200	0.5	150
1995年7月1日前生产的重型汽车	5.0	2 000	3.5	1 200
1995年7月1日起生产的重型汽车	4.5	1 200	3.0	900
2004年9月1日起生产的重型汽车	1.5	250	0.7	200

注：①对于2001年5月31日以后生产的5座以下（含5座）微型面包车，执行此类在用车标准

②过量空气系数λ的要求。

对于使用闭环控制电子燃油喷射系统和三元催化转化器技术的汽车进行过量空气系数（λ）的测定。发动机转速为高急速转速时，λ应在1.0±0.03或制造厂规定的范围内。进行测试前，应按照制造厂使用说明书规定预热发动机。

（2）2005年7月1日起装配压燃式发动机的在用汽车排气烟度排放限值。

①对《车用压燃式发动机和压燃式发动机汽车排气烟度排放限值及测量方法》（GB 3847—2005）实施后生产的在用汽车，经形式核准批准生产的在用汽车，应按自由加速 - 不透光烟度法的要求进行试验，所测得的排气光吸收系数应不大于车型核准批准时的自由加速排气烟度排放限值，再加 $0.5~m^{-1}$。

②对于2001年10月1日起生产的在用汽车，自2001年10月1日起至2005年6月30日生产的汽车，应按自由加速 - 不透光烟度法的要求进行试验，所测得的排气光吸收系数应不大于以下数值：

自然吸气式：$2.5~m^{-1}$，涡轮增压式：$3.0~m^{-1}$。

③对于2001年10月1日前生产的在用汽车。

自1995年7月1日起至2001年9月30日期间生产的在用汽车，应按自由加速试验 - 滤纸烟度法的要

求进行试验,所测得的烟度值应不大于 $4.5R_b$。

自 1995 年 6 月 30 日以前生产的在用汽车,应按自由加速试验－滤纸烟度法的要求进行试验,所测得的烟度值应不大于 $5.0 R_b$。

④在用汽车的排放监控。

自 2005 年 7 月 1 日起,压燃式发动机在用汽车排放监控,采用该标准规定的排气烟度排放限值及测量方法。在机动车保有量大、污染严重的地区,可采用在用汽车加载减速试验－不透光烟度法进行检测。

检验在用汽车排放时,可选择自由加速法或加载减速法中的一种对在用汽车排气污染物排放进行检测。

(3) 燃油蒸发污染物排放限制和控制要求。

① 对于影响车辆燃油蒸发污染物排放性能的部件,在设计、制造和组装上,必须保证在车辆正常使用过程中,都能达到相应的规定和要求。

②系统所使用的软管、接头,以及各接线的可靠性,在制造上必须符合其设计要求。

③车辆必须具备防止由于加油盖丢失造成的蒸发污染物排放和燃油溢出的措施。防护措施如下:

a. 采用不可卸下的自动开启和关闭的加油盖;

b. 加油盖丢失时,具有指示装置警告车辆蒸发物排放超标;

c. 装有其他有同样功能的装置,如:用绳索或链条拴住加油盖等。

④按照汽车排放检验方法及合格性评定规定的方法和条件进行试验,蒸发排放量小于 4.0 g 测量循环。

⑤对于两用燃料车辆,仅对燃用汽油进行试验。

(4) 汽车曲轴箱污染物排放控制。

①对于关系到车辆曲轴箱污染物排放性能的部件,必须保证车辆在设计、制造、组装后的正常使用过程中,都能达到规定的要求。

②系统所使用的软管及其接头和各连接处的可靠性,在制造时必须符合设计要求。

③按照汽车排放检验方法及合格性评定规定的方法和条件进行试验,不允许曲轴箱内的任何气体排入大气。

④对于两用燃料车辆,仅对燃用汽油进行试验。

⑤对于单一燃料车辆,仅对燃用气体燃料试验。

任务实施

针对情境导入的案例进行尾气直观检测,然后对该车发动机进行技术状况分析。

操作环节	对应项目	具体程序
1	车辆准备	(1)安全教育 (2)场地准备 (3)进入工位
2	车辆发动	(1)发动车辆 (2)冷运行排气观察 (3)工作温度正常排气观察
3	发动机不同工况排气观察	(1)低速 (2)中速 (3)高速
4	分析记录	结合不同状态,根据发动机排放的尾气,分析发动机性能下降的原因
5	信息收集	利用网络查找国家最新排放法规,并整理

项目 7.2 点燃式发动机排气污染物检测

7.2.1 点燃式发动机排气污染物双怠速法检测

情境导入

客户报修：
一台沃尔沃80轿车，发动机在冷车运行时排气管排气有刺激气味，伴有蓝烟，热车后略有好转，但是燃油较以前有所增加，火花塞积碳较多。
故障原因分析：
根据现象，初步判断汽缸壁磨损较重，并出现烧机油现象。

理论引导

点燃式发动机排气污染物检测方法较多，有怠速工况法、双怠速工况法、稳态工况法（加速模拟工况法）、瞬态工况法和简易瞬态工况法等。2005年5月30日由国家环保总局和国家质量监督检验检疫总局正式批准发布的汽车检测方法，执行《点燃式发动机汽车排气污染物排放限值及测量方法（双怠速法及简易工况法）》(GB 18285—2005)。

《点燃式发动机汽车排气污染物排放限值及测量方法（双怠速法及简易工况法）》(GB 18285—2005)于2005年7月1日起开始实施。本标准自实施之日起，代替《汽油车怠速污染物排放标准》(GB 14761.5—93)、《汽油车排气污染物的测量怠速法》(GB/T 3845—93)和《在用汽车排气污染物排放限值及测量方法》(GB 18285—2000)中的点燃式发动机汽车部分。无论使用什么方法都要知道检测仪器的基本原理、使用方法和意事项。

1. 两气体分析仪

测量汽油车尾气排放的传统方法是使用怠速法检测CO和HC。鉴于我国目前还存在部分地区使用该方法和CO/HC红外线气体分析仪，因此主要介绍CO/HC红外线气体分析仪的使用。

（1）所需仪器及设备条件。

试验所需仪器设备有MEXA-324F型CO/HC红外线气体分析仪（图7.1）、HC/CO标准气体（即浓度已知的样气）、被检测汽油车及220 V/50 Hz电源。

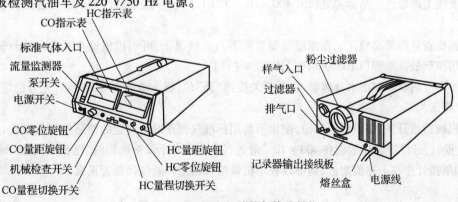

图7.1 CO/HC红外线气体分析仪

(2)检测前的准备。

①被检测汽油车的准备。

检测前应使被测汽油车运转达到正常使用温度。

②仪器的准备。

a. 用取样软管把测试探头(带前置过滤器)和水分离器连接起来,并用软管箍夹紧(图7.2),防止接头部位漏气。

b. 将水分离器连接到仪器的样气入口,注意使密封垫圈可靠夹紧。

c. 接通仪器电源,把电源开关拨到"开",预热30 min,在预热过程中CO、HC零位旋钮不断进行调零。

d. 把测试探头置于洁净空气中,将泵开关拨到"开",检查流量监测器指针是否指在黑色区域,如落在黑色区域为检测正常,表明抽气流量足够大。如果指针落在红色区,表明抽气流量太小,应检查探头、前置过滤器、粉尘过滤器等是否堵塞,如堵塞应清洁探头更换滤芯或滤纸。

(3)仪器的校正。

仪器的校正必须在电源开关、泵开关拨到"开"位预热30 min后进行。校正分为用标准气体进行的精确校正和用机械检查器进行的简易校正。

①用标准气体校正。

a. 首先要确定校正值。标准气瓶上所标明的CO气体浓度就是其校正值;但是标准气瓶上所标明的丙烷(C_3H_8)气体浓度应与仪器上所标明的换算系数(本仪器为0.51)相乘后的值作为正己烷(C_6H_{14})的换算浓度,此值作为HC气体浓度的校正值。根据校正值大小选择适当的量程挡位。

b. 仪器的零位校正。取下水分离器,吸入清洁空气,待指针充分稳定后,调整零位旋钮,使指针指到零位。

c. 仪器的量距校正。将泵开关拨到"关"位,使标准气瓶喷嘴对准仪器的标准气入口(图7.3),用力压紧直到指示稳定,一般只需7~8 s。取下标准气,密封标准气入口,用螺钉旋具调整CO、HC量距旋钮,使其指示值与标准气瓶标明的气体浓度(或换算浓度)一致。

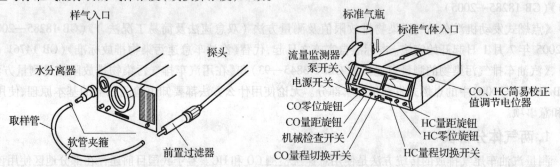

图7.2 采样管连接法　　　　　　　图7.3 仪器的校正方法

d. 确定机械检查简易校正值。此时将量程切换开关置于最低量程挡CO 2%、HC 500×10^{-6}。取下水分离器,将泵开关拨到"开"位,确认零点正确。按下机械检查开关,调整简易校正值调节电位器(图7.3),使仪器指示在刻度线上的绿色三角标志处(HC 400×10^{-6},CO 1.5%)。这个值作为下面所述的分析仪的简易校正值。

②用机械检查进行简易校正。在测量精度要求不高的情况下,可用机械检查开关来进行简易校正。先把量程开关切换到最低量程(HC 500×10^{-6},CO 2%挡)。

a. 仪器的零位调整。取下水分离器,将泵开关拨到"开"位,吸入清洁空气,待指针充分稳定后,调整零位旋钮,使指针指示为零。

b. 按下机械检查开关,调节量距旋钮,使指示与用标准气校正时所设定的简易校正值相符,HC分析仪为500×10^{-6}量程时,已设定其指示值在400×10^{-6}附近;CO分析仪为2%量程时,已设定其指示值在1.5%附近。因此,如果指针指在上述值附近,则可以利用机械检查器来判断仪器是否正常。

(4)检测方法及步骤。

检测时被测车应达到正常使用温度,并处于怠速状态。

①仪器经过 30 min 预热及校正后,将水分离器连接到仪器的样气入口,把取样探头插入汽车排气管出口,插入深度不得小于 0.30 m。

②根据表头指示,选择适当的量程挡位,在 30 s 内读取最高值和最低值,取其平均值为测量结果,也可在 30 s 内随机读取 3 次数据,取其平均值为测量结果。

③测试结束后,取出探头置于清洁空气中,泵开关保持在"开"位,直到指针回到零位附近。

(5)检测中应注意的事项。

① 防止把水、汽油、灰尘等吸入仪器,否则会影响过滤器、泵和分析部位的正常工作,甚至损坏。

②注意观察流量监测器的指针位置,当指针接近红色区域时,说明抽气流量偏低,要及时更换滤清器,否则会使测量误差增大。

③不要过度拉伸取样软管,以免导致连接处破损。

④测试结束后,取出探头置于清洁空气中,应使表头指针回到零位后才能关闭泵开关。

2. 不分光红外线尾气分析仪检测原理和构成

(1)不分光红外线尾气分析仪检测原理。

不分光红外线尾气分析仪利用不同气体具有吸收不同波长红外线的特性进行检测。通过视觉观察(在可见光范围内)汽车排放废气中 CO、HC、NO 和 CO_2 等气体都是透明的,但在某种波长红外线照射下就似乎不那么透明,好像红外线被吸收或被挡住了一部分。也就是说当红外线穿过这些气体时它的能量被吸收了一部分,而被吸收能量的多少,与该气体的浓度有一定关系。

不同的气体对不同波长的红外线吸收的情况也不一样,如图7.4所示,CO 主要吸收波长为 4.7 μm 附近的红外线。如果要检测尾气的 CO 含量,可以让红外线穿过一定量的汽车尾气,然后检测 4.7 μm 红外线经过尾气前后能量的变化值,即可确定尾气 CO 的浓度。这就是不分光红外线尾气分析仪的检测原理。

需要注意的是,在图 7.4 中 HC 对应的曲线是正己烷(C_6H_{14})的特性,它吸收的红外线波长为 3.4 μm。尾气中含有多种成分 HC,而且不同的 HC 化合物吸收红外线的波长也有一些差异。检测汽车废气指的是 HC 浓度,并且都是以正己烷为基准的。

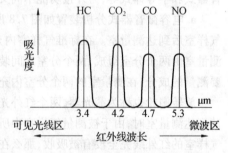

图 7.4 不同气体吸收红外线特性

(2)不分光红外线尾气分析仪的构成。

不分光红外线 CO 和 HC 气体分析仪从汽车排气管中采集气样,对其中 CO 和 HC 含量连续进行分析,外形图如图7.5和图7.6所示。它的组成主要是排气取样装置、排气分析装置、含量指示装置和校准装置等。

图7.5 不分光红外线五气体分析仪1

图7.6 不分光红外线五气体分析仪2

汽车排气在分析仪中的流动顺序如图7.7所示。

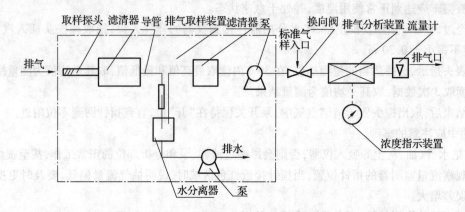

图7.7 排气在分析仪内流动路线

①排气取样装置。排气取样装置的组成有取样探头、滤清器、导管、水分离器和泵。取样探头、导管和泵从车辆排气管里采集排气,滤清器和水分离器把排气中的碳渣、灰尘和水分等去除,经过这样处理的排气送入分析装置。用特殊材料制成的取样探头具有耐热性和防止导管吸附 HC 气体的特性。

②排气分析装置。排气分析装置的组成有红外线光源、气样室、旋转扇轮(截光器)、测量室和传感器等。该装置利用不分光红外线分析法,对来自取样装置的混有多种成分的排气中的 CO 和 HC 含量进行分析,然后将含量转变成电信号输送给指示装置。按照测量尾气成分传感器形式不同,排气分析装置可分为电容微音器式和半导体式等,另外按功能不同又可分为 CO、HC 等单一功能和 CO、HC 等综合功能两种形式。

a.电容微音器式分析装置如图7.8所示,从两个红外线光源发出的红外线,分别通过标准气样室和测量气样室后到达测量室。在标准气样室内充有不吸收红外线的 N_2,在测量气样室内充有被测量的发动机排气。测量室由两个分室组成,两个分室之间装有金属膜片式电容微音器作为传感器。为了能够从排气中选择需要测量的成分,在测量室的两个分室内充入适当含量的与被测气体相同的气体。

旋转扇轮也称为截光器,两个红外光源在通过截光器时能够连续地导通、截止,形成射线脉冲。射线脉冲到达测量室时,由于被测量气样室中所测气体按浓度大小吸收掉一部分一定波长范围的能量,而通过标准气样室的红外线完全没有被吸收,那么在测量室的两个分室内的能量不同,这个差别导致温度差别,温度差别又使得测量室内压力不同,致使金属膜片向能量小的一侧(尾气侧)弯曲变形。排气中被测气体含量越大金属膜片弯曲变形也越大。膜片弯曲变形使电容微音器输出信号变化,经放大器放大后送往含量指示装置。

b.半导体式分析装置如图7.9所示。半导体式分析装置与电容微音器式分析装置相似,该装置从两个红外线光源发出的红外线,也分别通过标准气样室和测量气样室(在标准气样室内充有不吸收红外线的 N_2,在测量气样室里充有被测量的发动机排气),然后用聚光管聚光,输送到测量室。半导体式分析装置的传感器采用的是一种能按照红外线能量强度变化改变电信号大小的半导体元件。在半导体元件前面放置光学绿色片仅让被测气体吸收的一定波长范围内的红外线通过,红外线穿过旋转扇轮后,断续地通过标准气室和测量气样室,经过聚光管和光学滤色片后到达半导体传感器。通过测量气样室的红外线,由于被所测气体吸收掉一部分波长范围的红外线,导致能量减小,而通过标准气样室的红外线由于未被吸收,能量保持不变。因而分别通过两气样室的红外线的能量形成的差异到达半导体传感器后,由传感器将红外线能量差异转变成电信号差异,经放大器放大后输送给含量装置。

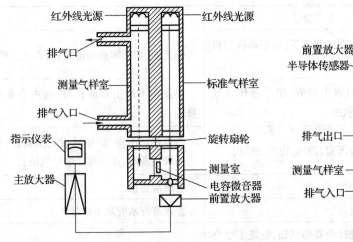
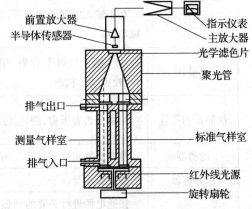

图7.8 电容微音器式分析装置　　　　图7.9 半导体式分析装置

③含量指示装置。CO 和 HC 综合式气体分析仪的含量指示装置主要由 CO 指示装置和 HC 指示装置组成,显示器类型有指针式和数字式两种。从排气分析装置送来的电信号在 CO 指示仪表上以体积分数(%)表示;HC 的体积分数常用正己烷当量的体积百分数表示。指针式仪表的指示,可利用调零旋钮、标准调整旋钮和读数转换开关等进行控制。

气体分析仪滤清器脏污时,会对测量值产生影响,发现指针进入红色区域应及时更换滤清器芯。

④校准装置。校准装置是一种为了保持分析仪的指示精度,使之能准确指示测量值的装置,在校准装置中往往设有两种,一种是用加入标准气样进行校准的装置,另一种是用机械方式简易校准的装置。

a. 标准气样校准装置是把标准气样从分析上单设的一个专用注入口直接送到排气分析装置,再通过将仪表指示值与标准气样浓度值进行比较而进行的校准。

b. 简易校准装置通常是用遮光板把排气分析装置中通过测量气样室的红外线遮挡住一部分,将此时仪表实际指示值与标准值进行比较而完成校准的。

(3)不分光红外线 CO 和 HC 气体分析仪的使用和维护。

①CO 和 HC 气体分析仪的使用。

a. CO、HC 分析仪使用前的准备。接通电源,进行必要的预热(30 min 以上)对仪器进行校准,接通 CO、HC 分析仪的简易校准开关,用标准调整旋钮把指示仪表指针调到校准刻度线位置,把取样头和取样管接到检测仪上,检查取样头和取样管内是否有残留的 CO 和 HC,如果导管内壁吸附有较多的 CO 和 HC,仪表指针将大大超过零点,在此情况下要用压缩空气吹洗管道或用细布条擦拭,启动发动机进行充分预热。

b. CO、HC 测量步骤。把 CO、HC 分析仪的测量挡位开关旋到最高量程位置。把取样头插入排气消声器内 60 cm 左右(无法插入 60 cm 时,需接长排气管或用布套把排气管口罩住,以防外部气体混入)。一边看指示仪表,一边用测量挡位开关选择适于排气中 CO、HC 浓度的量程挡位,待指示稳定后,读取仪表显示值。测量结束后,把取样头从排气管内抽出,再吸入新鲜空气 5 min,待仪表指针回零后,再关掉电源。

②气体分析仪的维护。正确保养、维修是保持仪器测量精度的关键。CO、HC 分析仪的保养周期与作业项目可参照表7.3执行。

表7.3　CO、HC分析仪的保养周期与作业项目

时间	检查部位	检查要领	备注
使用前	指示计	在不输入电源的状态下,检查指针的机械零点	偏离时,调节零点校准螺钉,直至合格
	流量计	从气体入口取下导管,用手遮住进气口,检查动作状态	当发现不能正常动作时,应由专业厂家修理
	探测器和导管	检查是否有压扁、割坏、污染等情况	当发现已压扁、割坏时应更换新件,如有污染和堵塞时,用布和压缩空气清扫
	滤清器	检查脏物程度	脏时应更换
	水分离器	检查存水量	发现有存水时取下排尽
	校正装置 (1)标准气体校正 (2)简易校正装置	接通电源进行必要的预热,吸进干净空气,检查零点调整能否进行。关闭泵开关,注入标准气体,检查能否进行标准气体校正。打开简易校正开关,检查动作状态和指针的指示位置,即刻度板的调整位置	HC测定器的标准气体是丙烷,所以应通过下式求校正的基准值 基准值=标准气体浓度×换算系数 当发现不能调整时,应送专业厂家修理
	接线	检查有无损伤和接触不良的地方	如发现有接触不良和断线,应更换新

3. 双怠速测量法知识简介

双怠速测量法用于对汽油车怠速、高速工况下排气中的 CO 和 HC 浓度进行监测,所谓高怠速工况是指发动机无负载稳定运转在 50% 额定转速或制造厂技术文件规定的某一高转速时的工况。GB 18285—2005 在双怠速法测量中将轻型汽车的高怠速转速规定为($2\,500 \pm 100$) r/min,重型车的高怠速规定为($1\,800 \pm 100$) r/min。

高怠速时,混合气的雾化及燃烧条件有所改善,CO 和 HC 的排放有所下降。为全面反映汽车 CO 和 HC 的排放状况,提高测量精度,并监控因催化转化器效率低造成的汽车排放恶化,应将高怠速工况纳入检测范围。我国《点燃式发动机汽车排气污染物排放限值及测量方法》(GB 18285—2005)规定,装用点燃式发动机的新生产汽车的形式核准和生产一致性检查以及在用汽油车的排放检查采用双怠速法。怠速和高怠速检测的 CO、HC 浓度应分别符合排放标准要求。对于使用闭环控制电子燃油喷射系统和三元催化转化器技术的汽车,其高怠速时检测的过量空气系数应在 1.00 ± 0.03 或制造厂规定的范围内,否则为不合格。

(1)双怠速检测原理。

双怠速检测基于发动机在怠速工况 CO 和 HC 排放物含量较大,在高怠速工况下由于发动机排气温度较高,CO 和 HC 在排气中含量有所下降,对尾气进行的综合性评价。实际上双怠速法测量的排放值并不能真实反应汽车实际运行的排放特性,它只是无载荷测试到有载荷测试的中间过渡的折中办法。

(2)双怠速检测工作过程。

①测量仪器。

a. 对于按照《轻型汽车排气污染物排放标准》(GB 14761.1—93)的要求生产制造的点燃式发动机汽车以及装用符合《车用汽油机排气污染物排放标准》(GB 14761.2—93)的点燃式发动机汽车,使用的排放测量仪器应符合《汽油机动车怠速排气监测仪技术条件》(HJ/T 3—93)的规定。

b. 对于按照《轻型汽车污染物排放限值及测量方法(Ⅰ)》(GB 18352.1—2001)或《轻型汽车污染物排放限值及测量方法(Ⅱ)》(GB 18352.2—2001)的要求生产制造的点燃式发动机汽车及装用符合《车用点燃式发动机及装用点燃式发动机汽车排气污染物排放限值及测量方法》(GB 14762—2002)第二阶段排放限值的点燃式发动机汽车,使用的排放测量仪器有:取样管、连接软管、泵、水分离器、过滤器、零气端口和校准端口、探测元件、数据系统、显示器件和控制调整装置等。

②测量程序(图7.10)。

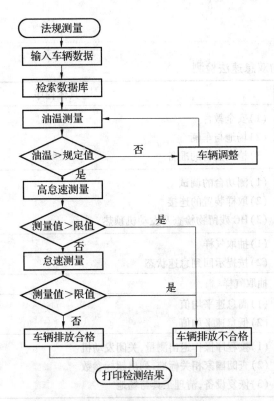

图7.10 双怠速法仪器测量程序

a.应保证被检测车辆处于制造厂规定的正常状态,发动机进气系统应装有空气滤清器,排气系统应装有排气消声器,并不得有泄漏。

b.应在发动机上安装转速计、点火正时仪、冷却液和润滑油测温计等测量仪器。测量时,发动机冷却液和润滑油温度应不低于80 ℃,或者达到汽车使用说明书规定的热车状态。

c.发动机从怠速状态加速至70%额定转速,运转30 s后降至高怠速状态。将取样探头插入排气管中,深度不少于400 mm,并固定在排气管上。维持15 s后,由具有平均值功能的仪器读取30 s内的平均值,或者人工读取30 s内的最高值和最低值,其平均值即为高怠速污染物测量结果。对于使用闭环控制电子燃油喷射系统和三元催化转化器技术的汽车,还应同时读取过量空气系数(λ)的数值。

d.发动机从高怠速降至怠速状态15 s后,由具有平均值功能的仪器读取30 s内的平均值,或者人工读取30 s内的最高值和最低值,其平均值即为怠速污染物测量结果。

e.若为多排气管时,取各排气管测量结果的算术平均值作为测量结果。

f.若车辆排气管长度小于测量深度时,应使用排气加长管。

③单一燃料车和两用燃料车。

对于单一燃料汽车,仅按燃用气体燃料进行排放检测;对于两用燃料汽车,要求对两种燃料分别进行排放检测。

④测量结果判定。

a.如果检测污染物有一项超过规定的限值,则认为排放不合格。

b.对于使用闭环控制电子燃油喷射系统和三元催化转化器技术的车辆,如果检测的过量空气系数(λ)超出相应要求,则认为排放不合格。

⑤在用汽车的排放监控。自2005年7月1日之日起,全国点燃式发动机在用汽车排放监控,采用本标准规定的双怠速法排气污染物排放限值及测量方法;在机动车保有量大、污染严重的地区,也可按简易工况法。

任务实施

点燃式发动机排气污染物双怠速法检测。

操作环节	对应项目	具体程序
1	准备工作	(1) 安全教育 (2) 场地与车辆 (3) 检测设备的准备
2	车辆进入工位	(1) 测功台的调试 (2) 取样装置的连接 (3) HC 残留物检查及发动机预热
3	高怠速状态	(1) 抽取气样 (2) 按提示回到怠速状态
4	低怠速状态	抽取气样
5	读取数据	(1) 高怠速平均值 (2) 低怠速平均值
6	测量结束	(1) 按程序操作退出测量,关闭发动机 (2) 查阅国家相关标准,列出超标参数 (3) 恢复设备,清理工具与场地

7.2.2 点燃式发动机排气污染物稳态工况法检测

情境导入

客户报修：

一辆宝来 1.6 L 轿车,客户反映油耗增加,动力性下降,90 km/h 等速油耗初步测定达到 8 L,对该车排气直观检测,看不出什么问题,客户要求进行尾气分析。

故障原因分析：

汽车发动机油耗增加,主要是由各传感器性能下降、汽缸磨损、活塞环磨损或没有弹性、气门密封不严、喷油器泄漏等原因造成,通过检测发动机尾气中的 HC 含量即可确定燃油消耗。

理论引导

1. 稳态工况法简介

上文已述的汽车尾气检测方法有很多,工况法就是其中一种。工况法是要求被检测的汽车在底盘测功机上运转,并按汽车在一定道路上的实际行驶情况所编制的试验程序进行测定。这种方法通过试验可以近似地再现实际汽车行驶工况,但是它需要配备复杂而价高的分析仪器,底盘测功机以及按试验程序运转所需的程序控制系统,因此不便于普遍配置。

2. 稳态工况法

稳态工况法也就是加速模拟工况(ASM),稳态工况法检测的排放包括 CO、HC 和 NO。稳态工况法由两个试验组组成,分别称为 ASM 5025 和 ASM 2540。5025 的含义是指试验时以车辆的输出功率的 50% 作为设定功率对车辆加载。经预热后的车辆加速至 25.0 km/h,测功机据此相应设计制动模式。2540 的含义与 5025 相似,毋需加以解释。

(1)测试运转循环。

在底盘测功机上的测试运转循环由 ASM 5025 和 ASM 2540 两个工况组成,如图7.11和表7.4所示。

(2)测试工作流程。

①车辆驱动轮位于测功机滚筒上,将分析仪取样探头插入排气管中,深度为400 mm并固定于排气管上。对独立工作的多排气管应同时取样。

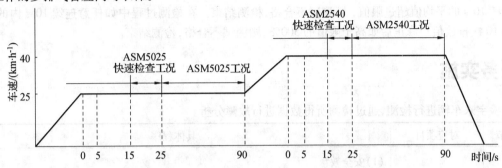

图7.11 稳态工况法(ASM)试验运转循环

② ASM 5025 工况。车辆经预热后,加速至25 km/h,测功机根据测试工况要求加载,工况计时器开始计时($t=0$ s),车辆保持$(25±1.5)$ km/h等速5 s后开始检测。当测功机转速和扭矩偏差超过设定值的时间大于5 s时,检测应重新开始。然后系统根据规定预置10 s后开始快速检查工况,计时器为$t=15$ s时分析仪器开始测量,每秒测量一次,并根据稀释修正系数及湿度修正系数计算10 s内的排放平均值。运行10 s ($t=25$ s) ASM 5025 快速检查工况结束。车辆运行至90 s ($t=90$ s) ASM 5025 工况结束。

表7.4 稳态工况法(ASM)试验运转循环表

工况	运转次序	速度/(km·h^{-1})	操作时间/s	测试时间/s
5025	1	25	5	
	2	25	15	
	3	25	25	10
	4	25	90	65
2540	5	40	5	
	6	40	15	
	7	40	25	10
	8	40	90	65

③注意:测功机在车速$(25.0±1.5)$ km/h的允许误差范围内,加载扭矩应随车速的变化做相应的调整,保证加载功率不随车速改变。扭矩允许误差为该工况设定扭矩的±5%。

在测量过程中,任意连续10 s内的车速变化相对于第一秒小于±0.5 km/h,测试结果有效。快速检查工况的10 s内的排放平均值经修正后如果等于或低于限值的50%,则测试合格,检测结束,否则应继续进行至90 s工况。如果所有检测污染物连续10 s的平均值均低于或等于限值,则该车应判定为ASM 5025 工况合格,继续进行ASM 2540 检测;如任何一种污染物连续10 s的平均值超过限值,则测试不合格,检测结束。在检测过程中如任意连续10 s内的任何一种污染物10次排放值经修正后均高于限值的500%,则测试不合格,检测结束。

④ASM 2540 工况。车辆从25 km/h直接加速至40 km/h,测功机根据测试工况要求加载,工况计时器开始计时($t=0$ s),车辆保持$(40±1.5)$ km/h等速5 s后开始检测。当测功机转速和扭矩偏差超过设定值的时间大于5 s,检测应重新开始。然后系统根据规定预置10 s之后开始快速检查工况,计时器为$t=15$ s时分析仪器开始测量,每秒测量一次,并根据稀释修正系数及湿度修正系数计算10 s内的排放平均值。运行10 s ($t=25$ s) ASM 2540 快速检查工况结束。车辆运行至90 s ($t=90$ s) ASM 2540 工况结束。

⑤注意:测功机在车速(40.0±1.5) km/h 的允许误差范围内,加载扭矩应随车速的变化做相应的调整,保证加载功率不随车速改变。扭矩允许误差为该工况设定扭矩的±5%。

在测量过程中,任意连续10 s 内的车速变化相对于第一秒小于±0.5 km/h,测试结果有效。快速检查工况的10 s 内的排放平均值经修正后如果等于或低于限值的50%,则测试合格,检测结束,否则应继续进行至90 s 工况。如果所有检测污染物连续10 s 的平均值均低于或等于限值,则该车应判定为合格,如任何一种污染物连续10 s 的平均值超过限值,则测试不合格,检测结束。在检测过程中如任意连续10 s 内的任何一种污染物10次排放值经修正后如高于限值的500%,则测试不合格,检测结束。

任务实施

对报检宝来车辆进行检测,通过检测所得数据进行故障分析。

操作环节	对应项目	具体程序
1	准备工作	(1)安全教育 (2)车辆预热 (3)底盘测功机配置功率吸收装置和惯性飞轮 (4)气体分析仪
2	进入工位	检测仪器打开进入工位
3	ASM 5025 工况	按技术要求对汽车加载,抽取气样
4	ASM 5040 工况	按技术要求对汽车加载,抽取气样
5	结束检测	(1)清洁取样装置 (2)车辆退出工位 (3)读取打印测量数据
6	报告分析	结合技术标准,对五气体写出鉴定结果

项目7.3 压燃式发动机汽车排气烟度检测

7.3.1 在用汽车自由加速试验不透光烟度法检测

情境导入

客户报修:
一辆陕汽德隆汽车,客户要求对车辆烟度检测,主要是加速时黑烟较重。
故障原因分析:
柴油机加速时排气管排出黑烟只是在一瞬间,当随着加速时间的延长,正常的黑烟应该消失,如果仍然存在,说明是由于发动机燃油供给系统中喷油器性能不好、喷油泵供油时间过早、柱塞磨损严重导致出油压力不足或燃油品质不好等原因造成。

汽车排放与噪声检测

理论引导

柴油机以其优良的动力和经济性能,占据了汽车发动机的主要成分,目前世界各国汽车用发动机只有轿车还有较大比例的汽油机,其他的都是柴油机。柴油机作为机械动力的优势是其卓越的性能,随着全球化石燃料日趋紧张,环境恶化,对柴油机也提出很高的要求。首先提出的是柴油机烟度的要求,自20世纪60年代国外开始对柴油机排放烟度的限制,到现在已经历时近半个世纪,美国于1963年率先制定了大气清净法,1970年美国国会又通过了大气净化法(马斯基法),到了1982年美国对重型车柴油机排放提出微粒限值。我国1983年开始对柴油机全负荷下的烟度值进行了限制,其限值为4.0波许烟度单位,柴油车自由加速度法的烟度值为5.0波许烟度单位。现在限值更加苛刻,《车用压燃式发动机和压燃式发动机汽车排气烟度排放限值及测量方法》(GB 3847—2005)中关于柴油车排放限值的规定为光吸收系数不大于自然吸气式:$2.5\ m^{-1}$,涡轮增压式:$3.0\ m^{-1}$。

烟度的测定可分为稳态与非稳态两种,稳态烟度测定适于在发动机台架上进行,但难于在汽车行驶时测定。由于实际汽车加速过程排烟度较高,因此稳态下的烟度并不能反映柴油机的全部冒烟特性。柴油车排气烟度检测方法主要有自由加速试验、不透光烟度法、滤纸烟度法和稳态试验法。

1. 柴油机排气污染物的检测设备

(1)滤纸式烟度计的结构和工作原理。

从测量原理上来说,滤纸式烟度计是一种非直接测量的计量仪器,它通过检测测量介质被所测量烟度污染的程度大小来间接得出烟度的大小。仪器的取样系统在规定时间内,通过抽气泵、取样探头从柴油车的排气管中,抽取规定容积的废气,经过测量介质(测试过滤纸)过滤,废气中的炭粒附着在过滤纸上,形成一个规定面积的烟斑,然后通过测量系统的光电测量探头对烟斑的污染程度进行测量,转化为电信号,经过放大处理,再将测试结果通过显示装置显示出来。

滤纸式烟度计结构如图7.12所示,由采样器和检测器两部分组成。采样抽气系统由抽气汽缸、抽气电机、取样探头及气路管道系统和控制电路组成。采样时,在控制电路的控制下,电机带动汽缸运动,汽缸通过气路管道系统,取样枪从柴油车的排气管内抽取规定容积的废气,并通过测试过滤纸过滤,完成采样过程。

测量系统主要由走纸机构、压纸机构、光电测量探头及测量电路和结果显示电路组成。测量时压纸机构张开,走纸电机带动走纸机构,将被采样系统污染后的测试过滤纸带到光电测量探头下,光电测量探头对其进行测量,通过其内部的测量装置(如图7.13所示的光电池)将滤纸污染程度转化为电信号,进行测量电路放大处理,最后通过显示电路在数字表上将测量结果显示出来。

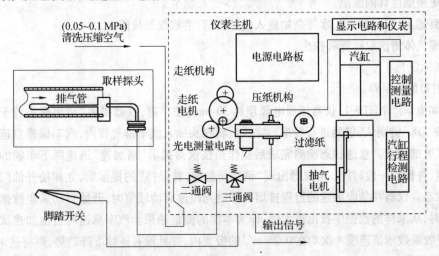

图7.12 滤纸式烟度计结构图　　图7.13 排气烟度计内部测量装置示意图

(2)不透光烟度计的结构与原理。

不透光烟度计(又称透光式烟度计、透射式烟度计)是利用透光衰减率来测量排气烟度的典型仪器。其原理是使光束通过一段给定长度的排烟管,通过测量排烟对光的吸收程度来决定排烟对环境的污染程度,是一种直接测量的计量仪器。

如图7.14所示,测量单元的测量室是一根分为左右两半部分的圆管,被测排气从中间的入口进入,分别穿过左圆管和右圆管,从左出口和右出口排出。透镜装在左出口的左边,反射镜装在右出口的右边。在透镜的左侧是一个放置成45°的半反射半透射镜,它的下方是绿色发光二极管,它的左边光电转换器,发光二极管及光电转换器到透镜的光程都等于透镜的焦距。因此,发光二极管发出的光经过半反射镜的反射,再通过透镜后就成为一束平行光。平行光从测量室的左出口进入,穿过左右圆管(测量室)中的烟气从右出口射出,被反射镜反射后折返,从测量室的右出口重新进入测量室,再次穿过烟气从左出口射出。射出的平行光经过透镜,穿过半透射镜,聚焦在光电转换器上,并转换成电信号。排气中含烟越多,平行光穿过测量室的光能衰减越大,经光电转换器转换的光电信号就越弱。

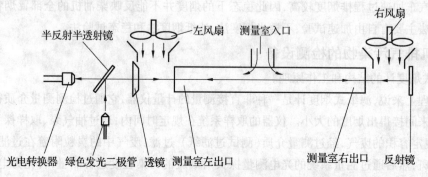

图7.14 透光式烟度计的测量原理

(3)滤纸式烟度计的使用和维护保养。

①滤纸式烟度计的使用。仪器接通电源预热15 min,使仪器处于待测试状态。将取样枪夹接于测试车辆排气管上。脚踏开关挂接在油门踏板上,将踏板开关和油门踏板一并迅速踏到底,保持4 s后松开,连续测三次,以三次的平均值作为测量值。每次测量后仪器自动复位,准备下次测量,测量过程中不允许手动复位。每两次测量之间的时间间隔应大于15 s。

②滤纸式烟度计的保养。

a. 滤纸使用完毕后及时更换烟度计的滤纸。

b. 取样探头不得随意扔到地上,以免沙、泥、水等杂物进入仪器内部,造成仪器故障。

c. 每周用空气压缩机压缩气体清洗取样管和探头。

d. 每周对仪器进行校准(标定)。

(4)透光式烟度计的使用和维护保养。

①不透光度计的使用。如南华产NHT—1,仪器接通电源预热30 min,按↑键,仪器提示"请将探头放于清洁处,准备校准",操作员按"OK"键确认,仪器进行校准。完成后将探头插入汽车排气管内,汽车保持怠速状态,仪器确定启动和停止试验的域值。怠速状态检测完成后操作员按仪器提示"请加速"迅速踩下车辆的油门踏板,使发动机至高转速,并保持一段时间,当仪器出现"请减至怠速,并保持"的提示后,立即松开油门踏板,使发动机恢复到怠速状态。仪器在急剧加速的过程排烟的不透光超过启动域值时,开始自动采集数据一直到不透光降到停止域值时,从采样的数据中找出最大值,作为本次的测量结果。汽车急速时自由加速试验至少应重复6次,如果光吸收系数示值连续4次均在0.25 m^{-1} 的带宽内,并且没有连续下降趋势,则将这4次示值的算术平均值作为测量结果。

②不透光度计的保养。

a. 每周清洗温度传感器。

b. 取样探头不得随意扔到地上,以免沙、泥、水等杂物进入仪器内部,造成仪器故障。

c. 每周用清水和干净的布清洁取样探头、取样管内部和外部。

2. 在用汽车自由加速试验不透光烟度法检测

(1)试验条件。

①试验应在汽车上进行。

②试验前不应长时间怠速,以免燃烧室温度降低或积污。

③规定的关于取样及测量仪器的条件亦适用本试验。

④试验采用符合国家标准的燃料。

(2)车辆准备。

①车辆在不进行预处理的情况下也可进行试验。出于安全考虑,必须确保发动机处于热状态,并且机械状态良好。

②发动机应充分预热,发动机机油标尺孔位置测得的机油温度应至少为 80 ℃,如果温度低于 80 ℃,发动机也应处于正常运转温度。因车辆结构,无法进行温度测量时可以通过其他方法使发动机处于正常运转温度,例如,通过控制发动机冷却风扇。

③采用至少三次自由加速过程或其他等效方法对排气系统进行吹拂。

④试验方法。

a. 目测检测车辆的排气系统的相关部件是否泄漏。

b. 所有装有废气涡轮增压的发动机,在每个自由加速循环的起点处均为怠速状态。对重型发动机,将油门踏板放开后至少等待 10 s。

c. 在进行自由加速测量时,必须在 1 s 内,将油门踏板快速、连续地完全踩到底,使喷油泵在最短时间内供给发动机最大油量。

d. 对每一个自由加速测量,在松开油门踏板前,发动机必须达到断油点转速。对带自动变速箱的车辆,则应达到制造厂标明的转速(如果没有该数据值,则应达到断油转速的 $\frac{2}{3}$)。

关于这一点,在测量过程中必须进行检查,例如:通过监测发动机转速,或延长油门踏到底后与松开油门前的间隔时间。对于重型汽车,该间隔时间应至少为 2 s。

e. 计算结果取最后三次自由加速测量结果的算术平均值。在计算平均值时可以忽略与测量平均值相差很大的测量值。

⑤在用汽车自由加速试验不透光烟度法排放合格性判定。上述测试结果应满足在用汽车光吸收系数的限值要求,那么该车排放合格。

任务实施

对陕汽德隆车进行自由加速试验不透光烟度检测。

操作环节	对应项目	具体程序
1	准备工作	(1)安全教育 (2)打开仪器并检查系统仪器预热 (3)待检车辆预热

续表

操作环节	对应项目	具体程序
2	检测	(1)仪器进入"实时测试"测试界面 (2)先踩2~3脚油门然后插入取样管 (3)读取数据 (4)打印结果
3	检测结束	(1)取出取样探头 (2)长按取消键退出界面 (3)清理工作场地
4	报告分析	将检测结果与国家环保标准比对,给出结论

7.3.2 在用汽车自由加速试验滤纸烟度法检测

情境导入

客户报修:

一台山东聊城中通客车,行驶中加速时发动机排出的黑烟较重,严重污染环境,对其排出的黑烟环保部门要求进行检测。

故障原因分析:

柴油汽车发动机在加速过程中产生黑烟一般不允许时间太长,烟度也不允许太重,出现轻微的黑烟,还勉强满足使用和环保要求。究其在正常工作温度下加速排出大量黑烟,主要是供油时间过早、供油压力不足、喷油器滴漏或燃油质量不好等原因。

理论引导

1.在用汽车自由加速试验滤纸烟度法

本标准适用于柴油发动机,最大总质量大于400 kg,最大设计车速等于或大于50 km/h 的汽车。

(1)自由加速工况。

在发动机急速下,迅速但不猛烈地踏下油门踏板,使喷油泵供给最大油量。在发动机达到调速器允许的最大转速前,保持此位置。一旦达到最大转速,立即松开油门踏板,使发动机恢复至急速。

(2)自由加速滤纸式烟度。

在自由加速工况下,从发动机排气管抽取规定长度的排气柱所含的炭烟,使规定面积的清洁滤纸染黑的程度,称为自由加速滤纸式烟度。

(3)测量仪器技术要求。

①规定采用滤纸式烟度计(以下简称烟度计)。该烟度计由取样系统和测量系统组成,除本标准提出的特殊要求外,其技术参数和要求应符合《柴油车滤纸式烟度计技术条件》(HJ/T 4—93)的规定。

②取样系统。取样系统由取样探头、抽气装置、清洗装置和取样用连接管组成。

a.取样探头应符合图7.15 的要求。

b.滤纸有效工作面直径为 $\phi 32$ mm。

c.取样用连接管长度为5.0 m,内径等于 $\phi 5_{-0.2}$ mm,取样系统局部内径不得小于 $\phi 4$ mm。

③测量系统。测量系统由光电反射头、指示器和试样台组成。

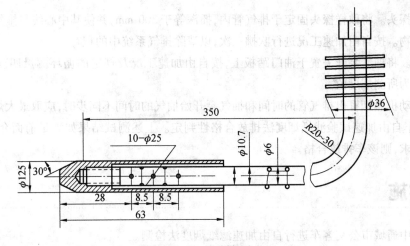

图 7.15　取样探头

④滤纸规格:反射因数(92±3)%,当量孔径为 45 μm,透气度为 3 000 ml/(cm²·min)(滤纸前后压差为 1.96～3.90 kPa),厚度为 0.18～0.20 mm。

⑤烟度卡:烟度卡的技术要求应符合 GB 9804 的规定。

⑥烟度计必须定期标定,在有效期内方可使用。

(4)受检车辆。

①进气系统应装有空气滤清器,排气系统应装有消声器并且不得有泄漏。

②柴油应符合国家标准的规定,不得另外使用燃油添加剂。

③测量时发动机的冷却水和润滑油温度应达到汽车使用说明书所规定的热状态。

④自 1995 年 7 月 1 日起新生产柴油车装用的柴油机,应保证启动加浓装置在非启动工况不再起作用。

(5)测量循环。

①测前准备。用压力为 300～400 kPa 的压缩空气清洗取样管路,把抽气泵置于待抽气位置,将洁白的滤纸置于待取样位置,将滤纸夹紧。

②循环组成。

a. 抽气泵抽气:由抽气泵开关控制,抽气动作应和自由加速工况同步。

b. 滤纸走位:每次抽气完毕后应松开滤纸夹紧机构,把烟样送至试样台。

c. 抽气泵回位:可以手动也可以自动,以准备下一次抽气。

d. 滤纸夹紧:抽气泵回位后手动或自动将滤纸夹紧。

e. 指示器读数:烟样送至试样台后由指示器读出烟度值。

③循环时间。应于 20 s 内完成所规定的循环,对手动烟度计,指示器的读数的规定可以在完成下述测量程序后一并进行。

④清洗管路。在按测量程序完成四个测量循环后,用压力为 300～400 kPa 的压缩空气清洗取样管路。

(6)测量程序(图 7.16)。

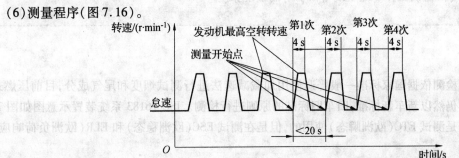

图 7.16　测量烟度时发动机运行工况模式

①安装取样探头。将取样探头固定于排气管内,插深等于300 mm,并使其中心线与排气管轴线平行。

②吹除积存物。按自由加速工况进行吹拂三次,以清除排气系统中的积存物。

③测量取样。将抽气泵开关置于油门踏板上,按自由加速工况及规定的循环测量四次,取后三次读数的算术平均值即为所测烟度值。

④当汽车发动机黑烟冒出排气管的时间和抽气泵开始抽气的时间不同步时,应取最大烟度值。

(7)在用汽车自由加速试验滤纸烟度法排放合格性判定。上述测试结果如满足前面介绍的在用汽车排气烟度的限值要求,则该车排放合格。

任务实施

对山东聊城中通城市公交客车进行自由加速滤纸烟度法检测。

操作环节	对应项目	具体程序
1	准备工作	(1)安全教育 (2)车辆和仪器预热 (3)安装滤纸 (4)仪器校准
2	检测	(1)插入取样探头 (2)一并迅速踏下加速踏板和脚踏开关 (3)重复测量3次 (4)读取数据,取3次算数平均值
3	检测结束	(1)用0.3~0.4 MPa压缩空气吹净采样管路 (2)关闭电源和气源

7.3.3 稳态工况法检测

情境导入

客户报修:

一辆宇通客车在行驶中每变换一次挡位,就会从排气管排出黑烟,当由低速挡增至高速挡时,发动机转速提升困难。

故障原因分析:

汽车换挡一般由离合器配合进行,在换挡时排黑烟,主要看加挡还是减挡,加挡一般收油,挂入后再加油,这样发动机排黑烟供油时间偏早。减挡加一脚空油,发动机无负荷,应该正常燃烧,但是出现排黑烟,其原因为供油量过多、喷油器调压弹簧过软或喷油器有滴漏现象。

理论引导

对于柴油机尾气检测依据国家标准一般普遍使用加载减速法进行测试烟度和尾气成分,目前压燃式发动机在尾气检测方面仍然以新车新标准,旧车旧标准的原则进行检测。ISO 16183系统装置示意图如图7.17所示。该系统实际上是测试ETC(欧洲瞬态)使用的,但是在测试ESC(欧洲稳态)和ELR(欧洲负荷响应)仍然可以使用。

ESC试验控制范围内的随机检测点测得的氮氧化物的比质量,不得超出相邻试验工况内插值的10%。试验发动机在测功机上的运行应遵循表7.5列出的ESC13工况循环。

表 7.5 ESC13 工况循环试验数据要求

工况号	发动机转速/(r·min⁻¹)	负荷/%	加权	工况时间/min
1	急速	—	0.15	4
2	A	100	0.08	2
3	B	50	0.10	2
4	B	75	0.10	2
5	A	50	0.05	2
6	A	75	0.05	2
7	A	25	0.05	2
8	B	100	0.09	2
9	B	25	0.10	2
10	C	100	0.08	2
11	C	25	0.05	2
12	C	75	0.05	2
13	C	50	0.05	2

表中发动机转速与负荷是相互对应的,①急速一个工况;②转速 A 时负荷分别为 25%、50%、75% 和 100% 四个工况。③转速 B 时负荷分别为 25%、50%、75% 和 100% 四个工况。④转速 C 时负荷分别为 25%、50%、75% 和 100% 四个工况。

其中转速 $A = n_{lo} + 25\%(n_{hi} - n_{lo})$;转速 $B = n_{lo} + 50\%(n_{hi} - n_{lo})$;转速 $C = n_{lo} + 75\%(n_{hi} - n_{lo})$。转速 A、B、C 由制造厂按高转速 n_{hi} 是最大净功率 $P(n)$ 70% 下的最高发动机转速;低转速 n_{lo} 是最大净功率 $P(n)$ 50% 下的最低发动机转速确定。

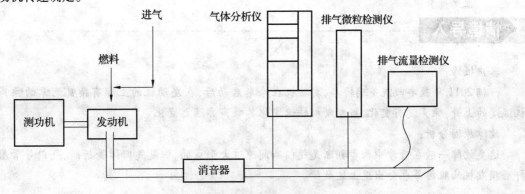

图 7.17 ISO16183 系统装置示意图

1. 烟度测量原理

利用一种适当的采样装置,从柴油机排气总管或延长总管中抽取定量容积的排气,并使之通过一张一定面积的白色滤纸。排气中的炭粒就存留在滤纸上,使滤纸染黑而带烟痕。该滤纸上烟痕的浓淡程度可用光电测量装置测定的吸光率来评定柴油机的排气烟度。

2. 测量方法

柴油机稳态排气烟度规定在发动机试验台架上进行。

(1)测定排气烟度时柴油机运转工况。

汽车发动机应在全负荷速度特性范围内,以大致均匀的间隔测定六种稳定转速下的排气烟度,其中必须包括最大扭矩转速在内。转速范围规定从标定转速到 45% 标定转速或 1 000 r/min(取两种转速中较高的一种)。转速范围从标定转速到最大扭矩转速。

(2)限值。

ESC实验测得的一氧化碳、总碳氢化合物、氮氧化物和颗粒物的比质量,以及ELR试验测得的不透光烟度,都不应超出表7.6给出的数值。

表7.6 ESC和ELR试验限值

阶段	CO 的比质量/ (g·kW^{-1}·h^{-1})	HC 的比质量/ (g·kW^{-1}·h^{-1})	NO$_x$ 的比质量/ (g·kW^{-1}·h^{-1})	PM 的比质量/ (g·kW^{-1}·h^{-1})	烟度/ m^{-1}
Ⅲ	2.1	0.66	5.0	0.10 0.13(1)	0.8
Ⅳ	1.5	0.46	3.5	0.02	0.5
Ⅴ	1.5	0.46	2.0	0.02	0.5
EEV	1.5	0.25	2.0	0.02	0.15

注:(1)对每缸排量低于 0.75 dm³,及额定功率转速超过 3 000 r/min 的发动机

说明:柴油机排放稳态工况法检测是一个多工况检测,目前国内检测普遍使用自由加速不透光烟度法检测或者是自由加速滤纸烟度法检测。柴油机排放稳态工况法检测还处于试验阶段,所以成型的模式还没完全出现。

项目 7.4 汽车噪声

7.4.1 分析汽车噪声原因

情境导入

客户报修:

一辆 2011 年款丰田凯美瑞轿车,发动机在冷车启动后,在发动机的上部有杂乱无章的噪声,随着发动机温度的上升,噪声没有变化,当发动机转速变化其噪声亦随之变化。

故障原因分析:

这类故障一般在听诊中初步判断是气门脚间隙过大形成的,但是气门弹簧折断、气门导管磨损、液力挺杆磨损或机油脏污等也会出现上述故障。

理论引导

我们生活在一个有声的世界中,既有让人们感到喜悦与兴奋的悦耳声音,也有使人们感到难以接受的嘈杂声音。所谓的噪声就是一种人们生理和生活不予接受的杂乱无章的声音。噪声不仅能够引起人体的生理变化和损伤,而且还能破坏人们的心里、生活和工作。当环境噪声达到 45 dB 人会感到明显不适,当环境噪声达到 60~80 dB 时会影受听者的睡眠,当环境噪声达到 90 dB 以上时,就会对受听者身体健康产生明显影响,所以世界各国都把噪声列为环境污染的重要内容,都以法规的形式对噪声加以控制。

1. 汽车产生噪声的原因分析

按照噪声产生的过程,可将汽车噪声源大致分为与发动机运转有关的噪声和与汽车行驶有关的噪声类。与发动机运转有关的噪声主要包括发动机运转时发出的燃烧噪声、机械噪声、进排气噪声、风扇噪声,以

及发动机运转时所带动的各种附件(如空气压缩机、发电机、水泵和冷却风扇等)发出的噪声;与汽车行驶有关的噪声主要包括传动机构(变速器、传动轴及驱动桥)的机械噪声、轮胎发出的噪声、车身振动及车身和空气摩擦所发出的噪声。

(1)发动机噪声。

如图7.18所示是对发动机噪声进行的分类。发动机噪声主要有燃烧噪声和机械噪声。发动机的燃烧噪声是指汽缸内燃料燃烧产生的声音,而机械噪声是由于发动机运转而产生的声音。为了研究方便起见,通常把燃烧时汽缸压力通过活塞、连杆、曲轴、缸体及汽缸盖等引起发动机结构表面振动而辐射出来的噪声及吸气排气噪声称为燃烧噪声。把活塞对缸套的敲击声、配气机构工作噪声、正时齿轮啮合噪声和喷油泵工作的噪声称为机械噪声。

①燃烧噪声,是由于汽缸内周期性变化的气体压力的作用而产生的。主要表现为气体燃烧时急剧上升的汽缸压力通过活塞、连杆、曲轴缸体及缸盖等引起发动机结构表面振动而辐射出来的噪声。压力升高率是影响燃烧噪声的根本因素。因而,燃烧噪声主要集中于速燃期,其次是缓燃期。柴油机由于压缩比高,压力升高率过大,其燃烧噪声比汽油机高得多。吸、排气噪声是由于发动机在吸、排气过程中的气体压力波动和高速气体流动所引起的振动而产生的噪声。吸、排气噪声的强弱受发动机转速和负荷影响较大。随发动机转速的提高,进气噪声增大,负荷对进气噪声影响较小;随着发动机转速的增加,空负荷比满负荷增加的比率更大些。降低进气噪声的最有效措施是设计合适的空气滤清器或采用进气消声器。

②机械噪声是指由于气体压力及机件的惯性作用,使相对运动零件之间产生撞击和振动而形成的噪声,主要包括活塞连杆组噪声(活塞、连杆、曲轴等运动件撞击汽缸体产生的噪声)、配气机构噪声、齿轮机构噪声和柴油机供给系统噪声等。

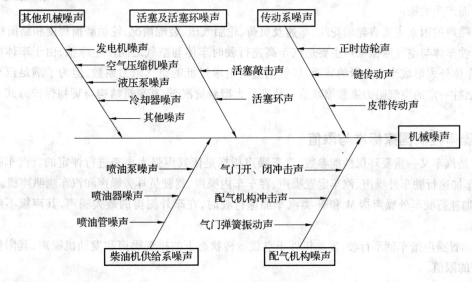

图7.18 发动机噪声分类

③活塞连杆组噪声是发动机最主要的机械噪声源,其噪声大小与活塞和缸壁间隙、发动机转速、负荷、活塞与缸壁间润滑条件、活塞的结构及材料、活塞环数及张力和缸套厚度等有关。配气机构噪声是由于气门开启和关闭时产生的撞击及系统振动而形成的噪声。气门运动速度、气门间隙、配气机构结构形式、气门弹簧等零部件刚度及质量是影响配气机构噪声的主要因素。齿轮机构噪声是由齿轮啮合时所产生的噪声和齿轮固有振动噪声组成的。影响齿轮噪声的因素主要有齿轮的运转状况、齿轮的设计参数、齿轮的加工精度等。正时机构选用链条与齿形带产生噪声差别较大。

④柴油机供油系统噪声主要是由喷油泵、喷油器和高压油管系统动引起的。其中喷油泵形成的噪声是主要的机械噪声。为降低喷油泵噪声,可提高泵体刚度,采用特种金属、塑料材料或隔声罩等。

⑤汽车发动机冷却风扇产生噪声是避免不了的,风扇噪声由旋转噪声和涡流噪声组成。旋转噪声是由风扇旋转时叶片切割空气,而引起空气振动产生的。涡流噪声是由风扇旋转时叶片周围产生的空气涡流造

成的。影响风扇噪声的主要因素是风扇转速,以及一些机械噪声。不被重视的还有散热器形式以及发动机周围附件的分布,也会给冷却风扇送风带来一定的噪声。

(2)汽车行驶噪声。

①变速器噪声主要是因齿轮振动引起的,此外还包括轴承运转声、润滑油搅拌声、发动机振动传至变速器箱体而辐射的噪声等。提高齿轮加工精度,选择合适的齿轮材料,设计固有振动频率高、密封性好、隔声性强的齿轮箱等均可减小变速器噪声。传动轴噪声主要表现为汽车行驶中传动轴发出的周期性响声,且车速越高响声越严重,甚至引起车身抖动或驾驶员握转向盘的手有麻木感等情况,这是由于传动轴变形、传动轴外圆损伤、轴承松旷及装配不良等原因造成的。提高装配精度,检查平衡片有无脱落,避免超速行驶可减小传动轴噪声。

②驱动桥噪声是在汽车行驶时主减速器部位发出的较大的响声,且车速越高响声越大,主要是由齿隙不合适、齿轮装配不当、轴承调整不当等原因造成的。

③制动噪声是汽车制动过程中由制动器摩擦片与制动蹄(鼓)之间接合引起制动器等部件振动发出的声响,通常称为制动尖叫声。鼓式制动器比盘式制动器产生的噪声大,通常发生在制动蹄摩擦片端部和根部与制动鼓接触的情况下,其噪声大小取决于制动蹄摩擦片长度方向上的压力分布规律,还受制动系统及零部件刚度的影响。气压制动系统产生的制动噪声要比液压制动系统产生的噪声大。

④轮胎噪声包括轮胎花纹噪声、道路噪声、弹性振动噪声及轮胎旋转时搅动空气引起的风噪声。轮胎花纹噪声和道路噪声都是轮胎和路面相互作用而产生的噪声。汽车行驶时,轮胎接地部分胎面花纹沟槽内的空气、路面的微小凹凸与地面间的空气,在轮胎离开地面时会受到一种类似于泵的挤压作用,从而引起周围空气压力变化进而产生噪声。弹性振动噪声是由于轮胎不平衡、胎面花纹刚度变化或路面凹凸不平等原因激发胎体振动而产生的噪声。

影响轮胎噪声的因素主要有轮胎花纹、车速及负荷、轮胎气压、装配情况、轮胎磨损程度和路面状况等。

⑤汽车行驶车体与空气摩擦噪声主要是汽车高速行驶时车体与空气之间产生摩擦,由于车体要安装附件,不可能使车体外表形成十分光滑的球面,尽管制造时追求过低的空气阻力系数,但为了满足汽车的使用性能,还是要牺牲一定的空气阻力系数缩减值。特别是大型载货汽车,其车箱结构与货物保护方式直接影响噪声。

2. 汽车噪声控制国家标准与限值

汽车噪声是汽车又一重要环保性能参数,汽车噪声指标是依其声强大小来进行评定的。汽车噪声指标的项目有:汽车加速行驶车外噪声、汽车定置噪声、客车车内噪声、驾驶员耳旁噪声和汽车喇叭声级。

(1)汽车加速行驶车外噪声指 M 和 N 类汽车加速行驶时,在车外测得的最大噪声,其声级不应超过表 7.7 规定的限值。

(2)汽车定置噪声指车辆不行驶,发动机处于空载运转状态下的排气噪声和发动机噪声,其限值不应超过表 7.8 规定的限值。

(3)客车车内噪声指客车在行驶过程中,乘员所感受到的噪声强度,其声级应不大于 82 dB(A),中级以上营运客车车内噪声声级应不大于 79 dB(A)。

(4)汽车驾驶员耳旁噪声指声级应不大于 90 dB(A)。

(5)喇叭声级指汽车喇叭鸣叫的声强,其也会造成噪声污染,但为了保证其应有的警示功能必须有一定的声强,因此对 M、N 类汽车,其声级应不小于 93 dB(A),且不大于 112 dB(A)。

表7.7 汽车加速行驶车外噪声限值

汽车分类	噪声限值 dB(A)	
	第一阶段 2002.10.1~2004.12.30 期间生产的汽车	第二阶段 2005.1.1以后 生产的汽车
M_1	77	74
M_2($GVM \leq 3.5$ t),或 N_1($GVM \leq 3.5$ t)		
$GVM \leq 2$ t	78	76
$2t < GVM < 3.5$ t	79	77
M_2($3.5 t < GVM \leq 5$ t),或 M_3($GVM > 5$ t)		
$P < 150$ kW	82	80
$P \geq 150$ kW	85	83
N_2($3.5 t < GVM < 12$ t,或 N_3($GVM > 12$ t)		
$P < 75$ kW	83	81
75 kW $\leq P < 150$ kW	86	83
$P \geq 150$ kW	88	84

说明:

a. M_1、M_2($GVM < 3.5$ t)和 N_1 类汽车装用直喷式柴油机,其限值增加 1 dB(A)。

b. 对于越野汽车,其 $GVM > 2$ t 时:如果 $P < 150$ kW,其限值增加 1 dB(A);如果 $P \geq 150$ kW,其限值增加 2 dB(A)。

c. M_1 类汽车,若其变速器前进挡多于 4 个,$P > 140$ kW,P/GVM 之比大于 75 kW/t,并且用第三挡测试时其尾端出现的速度大于 61 km/h,则其限值增加 1 dB(A)。

表7.8 汽车定置噪声限值(dB(A))

车辆类型	燃料种类		车辆出厂日期	
			1998年1月1日以前	1998年1月1日及以后
轿车	汽油		87	85
微型客车	汽油		90	88
轻型客车、货车、越野车	汽油	$n_1 \leq 4\ 300$ r/min	94	92
		$n_1 > 4\ 300$ r/min	97	95
	柴油		100	98
中型客车、货车、大型客车	汽油		97	95
	柴油		103	101
重型货车	$N \leq 147$ kW		97	95
	$N > 147$ kW		103	101

任务实施

对丰田凯美瑞轿车进行听诊,并分析故障。

操作环节	对应项目	具体程序
1	准备工作	(1)安全教育 (2)听诊车辆进入工位 (3)起重设备试运行 (4)听诊器准备与拆除妨碍听诊附件
2	进行听诊	(1)上位听诊 (2)下位听诊 (3)中位听诊 (4)中速听诊 (5)高速听诊 (6)断火听诊
3	听诊结束	(1)安装被拆附件 (2)清理场地
4	写出听诊报告	对发动机产生异响分析,确定故障部位,写出维修方案

7.4.2 汽车噪声检测

情境导入

客户报修:

一辆丰田卡罗拉轿车,客户反应汽车在行驶中听到后排座位右侧有沉闷的响声,特别是车辆出现颠簸时更为严重。

故障原因分析:

丰田卡罗拉是典型的前驱发动机前置轿车,在后排右侧座位有沉闷响声,一般是右后减震器组件有故障的原因。

理论引导

1. 汽车噪声检测设备

(1)声级计的结构与工作原理。

声级计是一种能将汽车噪声,按人耳听觉特性近似地测定其噪声级的仪器。如图 7.19 所示,为声级计的外形图。声级计有精密声级计和普通声级计两类。噪声级是指用声级计测得的并经过听感修正的声压级(dB)或响度级(phon)。

图 7.19 声级计外观图

声级计一般由传声器、电子线路(包括放大器、衰减器、计权网络、检波器等)、指示仪表及电源等组成。其结构原理方框图如图7.20所示。

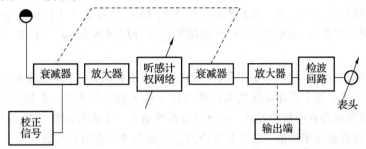

图7.20 声级计结构原理方框图

(2)传声器。

传声器也称为话筒或麦克风,是将声压信号(机械能)转变为电信号(电能)的传感器,是声级计中的关键元器件之一,传声器的种类很多,按照它们的构造不同,可以分为动圈式、电容式压电式、半导体式传声器等多种形式,常用的传声器是动圈式和电容式两种传声器。动圈式传声器由振动膜片、可动线圈、永久磁铁和变压器等组成。振动膜片受到声波压力以后开始振动,并带动着和它装在一起的可动线圈在磁场内振动以产生感应电流。该电流根据振动膜片受到声波压力的大小而变化,声压越大,产生的电流就越大;声压越小,产生的电流也越小。

电容式传声器主要由金属膜片和靠得很近的金属电极组成,实质上是一个平板电容,示意图如图7.21所示,金属膜片与金属电极构成了平板电容的两个极板。当膜片受到声压作用时,膜片发生变形,使两个极板之间的距离发生了变化,电容量也发生变化,从而产生交变电压,其波形在传声器线性范围内与声压级波形成比例,实现了将声压信号转变为电压信号的作用。

电容式传声器是声学测量中比较理想的传声器,具有动态范围大、频率响应平直、灵敏度高和在一般测量环境下稳定性好等优点,因而应用广泛。由于电容式传声器输出阻抗很高,因而需要通过前置放大器进行阻抗变换,前置放大器装在声级计内部靠近安装电容式传声器的部位。

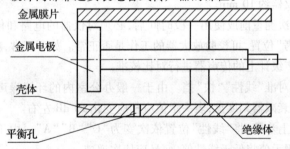

图7.21 电容式传声器结构示意图

(3)放大器和衰减器。

由于传声器将声压转变为电压的能量很小,所以在声级计中安装有低噪声放大器。在放大电路中一般采用两级放大器,即输入放大器和输出放大器,其作用是将微弱的电信号放大。输入衰减器和输出衰减器是用来改变输入信号的衰减量和输出信号衰减量,以便使表头指针指在适当的位置,其每一挡的衰减量为10 dB。输入放大器使用的衰减器调节范围为测量低端(如0~70 dB),输出放大器使用的衰减器调节范围为测量高端(如70~120 dB)。输入和输出两个衰减器的刻度盘常做成不同的颜色,目前以黑色与透明配对为多。由于许多声级计的高低端以70 dB为界限,故在旋转时要防止超过界限,以免损坏装置。

(4)计权网络。

为了模拟人耳听觉在不同频率有不同的灵敏性,在声级计内设有一种能够模拟人耳的听觉特性,把电信号修正为与听感近似值的网络,这种网络称作计权网络。通过计权网络测得的声压级,已不再是客观物理量的声压级,而是经过听感修正的声压级,称作计权声级或噪声级。

计权网络一般有 A、B、C 三种。A 计权声级模拟人耳对 55 dB 以下低强度噪声的频率特性，B 计权声级模拟 55~85 dB 的中等强度噪声的频率特性，C 计权声级模拟高强度噪声的频率特性。A 计权网络测得的噪声值比较符合人耳对噪声的感觉。在汽车和发动机噪声测试时，大多采用 A 计权网络。从声级计上得出的噪声级读数，必须注明测量条件，如单位为 dB，且使用的是 A 计权网络，则应记为 dB（A）。

（5）检波器。

为了使经过放大的信号通过仪表显示出来，声级计还需要有检波器，以便把迅速变化的电压信号转变成变化较慢的直流电压信号。这个直流电压的大小要正比于输入信号的大小。根据测量的需要，检波器有峰值检波器、平均值检波器和均方根值检波器。峰值检波器能给出一定时间间隔中的最大值，平均值检波器能在一定时间间隔中测量其绝对平均值。在多数噪声测量中采用均方根值检波器。均方根值检波器能对交流信号进行平方、平均和开方，得出电压的均方根值，最后将均方根电压信号输送到指示仪表。

（6）指示仪表。

指示仪表是一只对其刻度进行一定的标定的电表，可从表头上直接读出噪声级的 dB 值。声级计表头阻尼一般都有"快"和"慢"两个挡。"快"挡的平均时间为 0.27 s，很接近于人耳听觉器官的生理平均时间；"慢"挡的平均时间为 1.05 s。当对稳态噪声进行测量或需要记录声级变化过程时，使用"快"挡比较合适；在被测噪声的波动比较大时，使用"慢"挡比较合适。

声级计面板上一般还备有一些插孔。这些插孔如果与便携式倍频带滤波器相连，可组成小型现场使用的简易频谱分析系统；如果与录音机组合，则可把现场噪声录制在磁带上储存起来，待以后再进行更详细的研究；如果与示波器组合，则可观察到声压变化的波形，并可存储波形或用照相机把波形摄制下来；还可以把分析仪、记录仪等仪器与声级计组合、配套使用，这要根据测试条件和测试要求而定。声级计一般都备有安放的三脚调整支架，根据测量现场的具体情况将声级计固定在三脚调整架上。

（7）声级计使用前的检查与校准。

①在未接通电源时，先检查仪表指针是否在机械零点上。

②检查电池容量。把声级计功能开关对准"电池"，衰减器任意，此时电表指针应达到额定红线或规定区域，否则读数不准，应更换电池。

③打开电源开关，预热仪器约 10 min。

④对仪器进行校准。每次测量前或使用一段时间后，必须对仪器的电路和传声器进行校准。声级计上一般都配有电路校准的"参考"位置，可校验放大器的工作是否正常。如不正常，应调节微调电位器。电路校准后，再利用标准传声器对声级计上的传声器进行对比校准。

⑤将声级计的功能开关对准"线性""快"挡。由于一般办公室内的环境噪声约为 40~60 dB，因此声级计上应有相应的示值。变换衰减器刻度盘，表头示值应相应变化 10 dB 左右。

⑥检查计权网络。按以上步骤，将"线性"位置依次变为"C""B""A"。由于室内环境噪声多为低频成分，故经频率计权后的噪声级示值将低于线性值，而且应依次递减。

⑦考查"快""慢"挡。将衰减器刻度盘调至高 dB 值处（例如 90 dB）。通过操作人员发出声响，并注意观察"快"挡时的指针摆动能否跟上发声速度，"慢"挡时的指针摆动是否明显迟缓。

⑧经过上述检查和校准后，声级计便可投入使用。在不知道被测声级多大时，必须把衰减器刻度盘预先放在最大衰减位置（即 120 dB），在实测中再逐步旋至被测声级所需要的衰减挡。

（8）声级计的使用与维护注意事项。

①使用前，应注意查看连线有无损伤和接触不良等。

②检测时要注意仪表量程的选择应由高到低，防止指针超出刻度线以外。测量前应根据被测声音的大小将量程开关置于合适的挡位，如无法估计其大小，应先将量程开关置于最高挡。

③检测时要避免声级计受反射声、大风和电磁波的影响。

④声级计要避免受震动和冲击，注意防潮和避免阳光直射。

⑤电池式声级计在不使用期间，应取下干电池。电池低于规定的工作电压时，需要更换。在更换电池时，要特别注意将电源开关置于"关"的位置。用完后应及时关掉电源开关，否则电池的电能将耗尽。

⑥声级计前端的多孔泡沫塑料圆球是风罩,在室外测量或当风速超过 0.5 m/s 时应使用风罩,以减少风噪声的影响。风罩还能保护传声器不受尘埃的损害,因此在检测站内也应使用风罩。

⑦使用 1 个月后,应检查传声器有无灰尘。

⑧长期不使用时,因湿度的影响,易发生故障,需对声级计的内部进行干燥。

⑨每年要接受计量部门的检定。

2. 汽车噪声检测方法及合格性评定

(1)汽车加速行驶车外噪声检测方法。

汽车加速行驶车外噪声的测量场地和测量仪器要求见《汽车加速行驶车外噪声限值及测量方法》(GB 1495—2002)规定。

①气象条件要求。测量应在良好天气中进行,测量时传声器高度的风速不应超过 5 m/s,必须注意测量结果不受阵风的影响。可以采用合适的风罩,但应考虑到它对传声器灵敏度和方向性的影响。气象参数的测量仪器应置于测量场地附近,高度为 1.2 m。

②其背景噪声要求:背景噪声(A 计权声级)至少应比被测汽车噪声低 10 dB(A)。

③车辆状态。

a. 被测汽车应空载,不带挂车或半挂车(不可分解的汽车除外)。

b. 被测汽车装用的轮胎由汽车制造厂选定,必须是为该车型指定选用的形式之一,不得使用任一部分花纹深度低于 1.6 mm 的轮胎,必须将轮胎充至厂定的空载状态气压。

c. 在开始测量之前,被测汽车的技术状况应符合该车型的技术条件(特别是该车的加速性能)和 GB/T 12534 的有关规定。

d. 如果汽车有两个或更多的驱动轴,测量时应采用道路上行驶常用的驱动方式。

e. 如果汽车装有带自动驱动机构的风扇,在测量期间应保持其自动工作状态。如果该车装有诸如水泥搅拌器、空气压缩机(非制动系统用)等设备,测量期间禁止启动。

④测量区和传声器的布置。

a. 测量区和传声器的布置如图 7.22 所示。O 点为测量区的中心,加速段长度为 $2(10 \pm 0.05)$ m,AA' 线为加速始端线,BB' 线为加速终端线,CC' 线为行驶中心线。

b. 传声器位置高为 (1.2 ± 0.02) m,距行驶中心线 CC' (5 ± 0.05) m 处,其参考轴线必须水平并垂直指向行驶中心线 CC'。

⑤汽车挡位选择。

a. 装用手动变速器的 M_1 和 N_1 类汽车。

b. 手动变速器不多于四个前进挡时,应用第二挡进行测量。

c. 装用多于四个前进挡的变速器时,应分别用第二挡和第三挡进行测量。

如果应用第二挡测量,汽车尾端通过 BB' 线时发动机转速超过了 S(发动机的额定转速),则应逐次按 $5\%S$ 降低 N_A(接近 AA' 线时发动机的稳定转速),直到通过 BB' 线时的发动机转速不再超过 S。如果 N_A 降到了怠速,而通过 BB' 线时的转速仍超过 S,则只用第三挡测量。但是,对于前进挡多于四个并采用额定功率大于 140 kW 的发动机,且额定功率/最大总质量 之比大于 75 kW/t 的 M_1 类汽车,假如该车用第三挡其尾端通过 BB' 线时的速度大于 61 km/h,则只用第三挡测量。

d. 装用手动变速器的非 M_1 和 N_1 类汽车,手动变速器前进挡总数为 X(包括由副变速器或多级速比驱动桥得到的速比)的汽车,应该用等于或大于 X/n 的各挡分别进行测量。对于发动机额定功率不大于 225 kW 的汽车,取 $n=2$;对于额定功率大于 225 kW 的汽车,取 $n=3$。如 X/n 不是整数,则应选择较高整数对应的挡位。从第 X/n 挡开始逐渐升挡测量,直到该车在某一挡位下尾端通过 BB' 线时发动机转速第一次低于额定转速时为止。

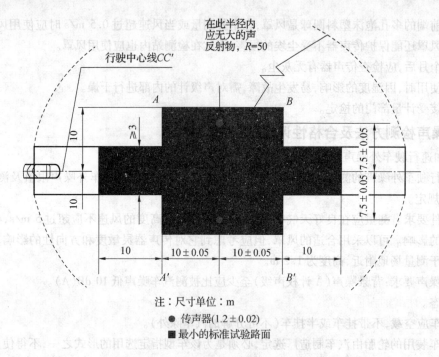

图7.22 汽车加速行驶车外噪声检测示意图

例：如果该车主变速器有八个速比，副变速器有两个速比，则传动系共有16个挡位。如果发动机的额定功率为230 kW，$X/n = (8 \times 2)/3 = 16/3 = 5\frac{1}{3}$，则开始测量的挡位就是第六挡（也就是由主副变速器组合得到的16个挡位中的第六挡），下一个测量挡位就是第七挡等。

e. 装用自动变速器的汽车，且自动变速器装有手动选挡器，则应使选挡器处于制造厂为正常行驶而推荐的位置来进行测量。

⑥接近速度的确定。

a. 对于手动选挡器的汽车，其接近 AA' 线时的稳定速度取下列速度中的最小值：50 km/h。

b. 对于 M_1 类和发动机功率不大于225 kW 的其他各类汽车：对应于 $\frac{3}{4}S$（发动机额定转速）的速度。

c. 对于 M_1 类以外的且发动机功率大于225 kW 的其他各类汽车：对应于 $\frac{1}{2}S$（发动机额定转速）的速度。

对于装用自动变速器，且自动变速器有手动选挡器的汽车，其接近速度仍按上述规定确定。但如果该车的自动变速器有两个或更多的挡位，在测量中自动换到了制造厂规定的在市区正常行驶时不使用的低挡（包括慢行或制动用的挡位），则可采取以下任一措施。

措施一 将接近速度提高，最大到60 km/h，以避免换到上述低挡的情况；

措施二 保持接近速度为50 km/h，加速时将发动机的燃油供给量限制在满负荷所需的95%以下操作可以认为满足这个条件。

条件一 对于点燃式发动机，将节气门开到全开角度的90%。

条件二 对于压燃式发动机，将喷油泵上供油位置控制在其最大供油量的90%。

条件三 装设防止换到上述低挡的电子控制装置。

对于装有无手动选挡器的自动变速器的汽车，应分别以30 km/h、40 km/h、50 km/h（如果该车道路上最高速度的3/4低于50 km/h，则以其最高速度3/4的速度）的稳定速度接近 AA' 线。

⑦加速及检测过程。

a. 汽车以上述规定的挡位和稳定速度接近 AA' 线，速度变化应该控制在 ±1 km/h 之内，若控制发动机转速，则转速变化应控制在 ±2% 或 ±50 r/min 之内（取两者中较大值）。

b. 当汽车前端到达 AA' 线时，必须尽可能地迅速将加速踏板踩到底（即节气门或油门全开）加速行驶，并保持不变,直到汽车尾端通过 BB′线时再尽快地松开踏板(即节气门或油门关闭)。

c. 汽车应直线加速行驶通过测量区,其纵向中心平面应尽可能接近中心线 CC′。

d. 如果该车是由牵引车和不易分开的挂车组成,确定尾端通过 BB′线时不考虑挂车。

⑧检测数据的确定。

a. 声级测量在汽车每一侧至少应测量四次,测量汽车加速驶过测量区的最大声级,每一次测得的读数值应减去 1 dB(A)作为测量结果。

b. 如果在汽车同侧连续四次测量结果相差不大于 2 dB(A),则认为测量结果有效。

c. 将每一挡位(或接近速度)条件下每一侧的四次测量结果进行算术平均,然后取两侧平均值中较大的作为中间结果。

⑨最大噪声级的确定。

a. 对应于⑤条中 a 的挡位条件,装用不多于四个前进挡的变速器时,直接取中间结果作为最大噪声级。

b. 对应于⑤条中除 a 的其他挡位条件,若分别用第二挡和第三挡测量时,取其两挡中间结果的算术平均值作为最大噪声级;如果只用了第三挡测量时,则将该挡位的中间结果作为最大噪声级。

c. 对应于⑤条中 b 的挡位条件,取发动机未超过额定转速的各挡中间结果中最大值作为最大噪声级。

d. 对应于⑥条中 a 和 b 的条件,取中间结果作为最大噪声级。

e. 对应于⑥条中 c 的条件,取各速度条件下中间结果作为最大噪声级。

(2)如果按上述规定确定的最大噪声级超过了该车型允许的噪声限值,则应在该结果对应的一侧重新测量四次,此四次测量的中间结果应作为该车型的最大噪声级。并将最大噪声级的值按有关规定修约到一位小数。

(3)测量记录的填写。

测量记录必须按表 7.9 的要求填写,内容有被测汽车和测量仪器的技术参数、测量条件和测量结果等数据,如有其他需要说明的情况,应填写在"其他说明"栏中。

3. 定置噪声检测方法

(1)定置噪声的测量场地和测量仪器见《声学机动车辆定置噪声测量方法》(GB 14365—1993)规定的要求。

(2)车辆状况。

①车辆位于测量场地的中央,变速器挂空挡,拉紧手制动器、离合器接合。

②发动机机罩、车窗与车门应关上,车辆的空调器及其他辅助装置应关闭。

③测量时,发动机出水温度、油温应符合生产厂的规定。

(3)排气噪声的测量。

①传声位置。

a. 传声器与排气口端等高,在任何情况下距地面不得小于 0.2 m,如图 7.23 所示。

b. 传声器参考轴与地面平行,并和通过排气口气流方向且垂直于地面的平面成 45°±10°的夹角。传声器朝向排气口,距排气口端 0.5 m,放在车辆外侧。如图 7.24 所示。

c. 车辆装有两个或更多的排气管,且排气管之间的间隔不大于 0.3 m,并连接于一个消声器时,只需取一个测量位置。传声器应位于最靠近车辆外侧的那个排气管,如果两个或两个以上的排气管同时在垂直于地面的直线上,则选择离地面最高的一个排气管。

d. 装有多个排气管,并且各排气管的间隔又大于 0.3 m 的车辆对每一个排气管都要测量,并记录下其最高声级。

e. 排气管垂直向上的车辆,传声器放置高度应与排气管口等高,传声器朝上,其参考轴应垂直地面。传声器应放在离排气管较近的车辆一侧,并距排气口端 0.5 m。

f. 车辆由于设计原因(如备胎、油箱、蓄电池等)不能满足上述放置条件 a 和 b 时应画出测点图,并标注传声器选择的位置。传声器朝向排气口,应放在尽可能满足上述条件,并距最近障碍物大于 0.2 m 地方。

表 7.9 汽车加速行驶车外噪声测量记录

测量日期_____ 测量地点_____ 路面状况_____ 天气_____
气温(℃)_____ 风速(m/s)_____ 汽车:型号_____ 出厂日期_____
已驶里程(km)_____ 额定载客人数或最大总质量(kg)_____
汽车分类($M_{1~3}$,$N_{1~3}$)_____ 发动机:形式_____ 型号_____
额定功率(kW)_____ 额定转速(r/min)_____ 变速器:型号_____ 前进挡位数_____
形式(手动、自动或其他)_____ 声级计:型号_____ 准确度等级_____
检定有效日期_____ 校准器:型号_____ 准确度等级_____ 检定有效日期_____
校准值:测量前_____ dB(A) 测量后_____ dB(A) 背景噪声_____ dB(A)
转速(车速)仪:型号_____ 准确度_____ 检定有效日期_____
温度计:型号_____ 准确度_____ 检定有效日期_____ 风速仪:型号_____
准确度_____ 检定有效日期_____

选用的挡位或车速	位置	次数	发动机转速/(r·min⁻¹)或车速/(km·h⁻¹)		测量结果	各侧平均值 dB(A)	中间结果 dB(A)	备注 dB(A)
			入线	出线				
	左侧	1						
		2						
		3						
		4						
	右侧	1						
		2						
		3						
		4						
	左侧	1						
		2						
		3						
		4						
	右侧	1						
		2						
		3						
		4						
	左侧	1						
		2						
		3						
		4						
	右侧	1						
		2						
		3						
		4						

汽车加速行驶最大噪声级 dB(A)_____ 测量员_____ 驾驶人员_____

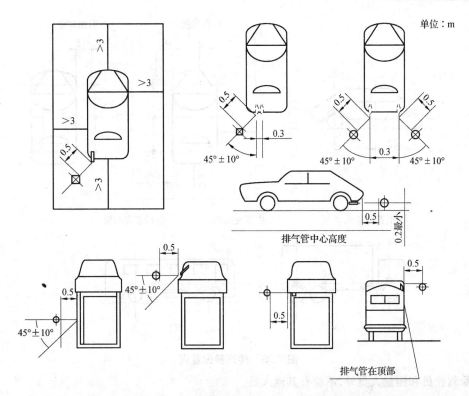

图7.23 排气噪声的测量场地和传声位置

②发动机运转条件。

a.发动机测量转速:汽油机车辆取$(\frac{3}{4}n_r \pm 50)$ r/min;柴油机车辆$(\frac{3}{4}n_r \pm 50)$ r/min;其中n_r指生产厂家规定的额定转速。

b.测量时,发动机稳定在上述转速后,测量由稳定转速尽快减速到怠速过程的噪声,然后记录下最高声级。

③测量数据的确定。

每类试验的每个测点重复进行试验,直到连续出现三个读数的变化范围在2 dB(A)之内为止,并取其算术平均值作为测量结果。

图7.24 传声器与排气管相对位置图

(4)发动机噪声测量。

①传声器位置(图7.25)。

传声器放置高度距地面0.5 m,并朝向车辆,放在没有驾驶员位置的车辆一侧。距车辆外廓0.5 m,传声器参考轴与地面平行,位于一垂直平面内,该垂直平面的位置取决于发动机的位置。前置发动机垂直平面通过前轴;后置发动机垂直平面通过后轴;中置发动机垂直平面通过前后轴距的中点。

②发动机运转条件。

测量时,发动机从怠速尽可能快地加速到前面所规定的转速,并用一种合适的装置保持必要长的时间。测量由怠速加速到稳定转速过程的噪声,然后记录下最大噪声。

(5)车内噪声测量。

①车内噪声测量条件。

a.测量跑道应是平直、干燥的沥青路面或水泥路面,并应有足够的试验长度。

b.测量时风速应不大于3 m/s。

c.车辆门窗关闭。车辆带有其他辅助设备是噪声源的,测量时是否开动,应按正常使用状况而定。

d.车内本底噪声应比所测车内噪声低10 dB(A)以上,并注意不被偶然的其他噪声源所干扰。

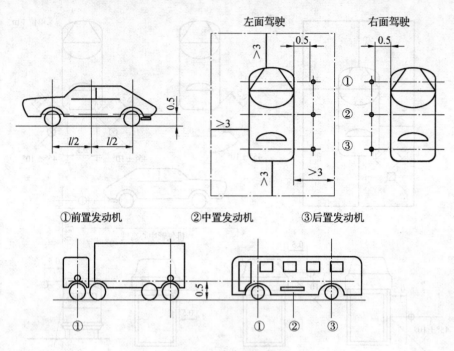

图 7.25 传声器位置图

e. 车内除驾驶员和测量人员外,不应有其他人员。

②车内噪声测点位置。

a. 车内噪声测量通常在人耳附近布置测点,话筒向车辆前进方向。

b. 驾驶室内测点可选在离驾驶员耳朵较近的地方,如图 7.26(a)所示。

c. 测量客车室内噪声测点可选在车厢中部及最后一排座的中间位置,话筒高度如图 7.26(b)所示。

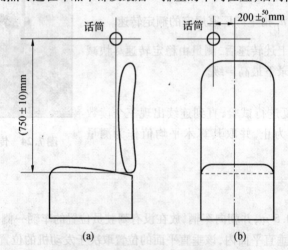

图 7.26 驾驶室内噪声测点位置示意图

③测量方法。

a. 车辆以常用挡位在 50 km/h 以上不同车速匀速行驶,分别进行测量。

b. 声级计"慢"挡测量 A、C 计权声级,分别读取表头指针最大读数的平均值。

c. 进行车内噪声频谱分析时,应按中心频率为 31.5 Hz、63 Hz、125 Hz、250 Hz、500 Hz、1 000 Hz、2 000 Hz、4 000 Hz、8 000 Hz 的倍频带,依次测量各中心频率下的噪声级。

(6)装于汽车上的喇叭性能检测。

①试验仪器。

a. 声压级的测量应采用符合 IEC 651 规定的一级精度的声级计进行。测量时应采用快速时间常数"F",总声压级的测量使用"A"计量挡,基准声压为 20 μPa。

b.电气测量仪表的精度为0.5级。

②试验环境。

喇叭应装于机动车辆的前部,车辆停放在尽可能平坦的空地上,背景噪声应比被测量喇叭的声压级至少低10 dB(A)。

③检测过程。

a.声压级的测量应在车辆前方7 m处。测量时,对直流推动喇叭,应关掉发动机。

b.测量仪器的传声器应放置在接近车辆纵向平面的位置处,最大声压级应在离地面0.5~1.5 m处测得。

c.除观察仪表人员外,其他人员不得在喇叭和传声器附近停留。观察仪表时,与被测声压级无关的指针摆动应忽略不计。

d.将最大噪声级的值按规定修约到一位小数。

(7)汽车噪声合格性评定。

用上述检测方法对噪声进行检测,汽车满足7.4.1小节中规定的相应限值要求,则噪声合格。

①车外最大允许噪声限值标准。汽车加速行驶时,其车外最大噪声级不应超过表7.7规定的限值。

②汽车定置噪声限值标准。汽车定置噪声限值标准见表7.8。

③车内最大允许噪声级限值标准。客车车内最大噪声级不大于79 dB。

④汽车驾驶员耳旁噪声级限值标准。汽车驾驶员耳旁噪声级应不大于90 dB。

⑤机动车喇叭声级限值标准。根据《机动车运行安全技术条件》(GB 7258—2004)的规定,机动车喇叭声级在距车前2 m、离地高1.2 m测量时,其值对发动机最大净功率为7 kW以下的摩托车和轻便摩托车为80~112 dB(A),其他机动车为90~115 dB(A)。

任务实施

对丰田科罗拉进行车外加速噪声检测。

操作环节	对应项目	具体程序
1	准备	(1)安全教育 (2)场地符合要求 (3)被测车辆挡位准确 (4)话筒安放正确
2	测试	(1)2挡50 km/h速度进入始端 (2)进入始端立即将油门踩到底到终点 (3)读取数据
3	测试结束	清理场地
4	填写报告	(1)按照要求填写检测报告 (2)根据标准与检测结果比对得出结论 (3)提出维修方案

评价体会

	评价与考核项目	评价与考核标准	配 分	得 分
知识点	1.汽车点燃式发动机排放超标的原因	能说出点燃式发动机尾气成分及产生的原因	10	
	2.汽车压燃式发动机排放超标的原因	能说出压燃式发动机尾气成分及产生的原因	10	
	3.汽车噪声产生的原因	能说出汽车噪声产生的原因,不同部位噪声的特征	10	
技能点	1.会用五气体分析仪检测点燃式发动机尾气	操作合格,检测结果准确	20	
	2.会用不透光烟度计对压燃式发动机烟度检测	操作合格,检测结果准确	20	
	3.会用定置法检测汽车内部噪声	操作合格,检测结果准确	20	
情感点	团队协作精神	能进行团队合作,正确做出检测结果和提出正确维修方案	5	
	安全环保意识	能注重环保和健康卫生,不发生检测中的任何事故,及时保养清洁设备	5	
合 计			100	

任务工单

任务名称	汽车排放与噪声检测		课时	8	班级	
学生姓名			学生学号		任务成绩	
实训设备	轿车(使用点燃发动机)一辆;重卡(使用压燃发动机)一辆;底盘测功机;五气体分析仪;不透光烟度计;声级计		实训场地		日期	
客户任务	客户甲反应轿车发动机油耗增加,并伴有蓝烟,要求对发动机尾气进行检测 客户乙反应重卡动力不足,尾气黑烟较浓,对眼睛刺激很严重,要求检测尾气 客户丙反应轿车内部噪声较大,影响正常驾驶,要求对车辆内部噪声检测					
任务目的	1.熟练掌握对汽车排放与噪声的检测 2.学会正确查阅资料,会参照国家标准判断被检车辆不合格指标项					

★ 资讯
(1)五气体分析仪中的五气体是指_____。
(2)汽车用点燃式发动机尾气常用的检测方法有_____。
(3)汽车噪声检测设备是_____。其误差不大于_____dB。
(4)汽车排放污染物主要有_____、_____、_____、_____和_____等。
(5)汽车排放中的NO_x主要包括_____和_____。汽油机排出的氮氧化物_____占99%,而柴油机排出的氮氧化物中_____比例稍大。
(6)微粒(PM)是发动机排气中各种_____和_____微粒的总称。
(7)汽车噪声主要包括_____、_____、_____以及车身扰动空气所发出的响声。

★ 决策与计划
请根据任务要求,确定所需的检测设备、检测仪器和工具,并对小组成员进行合理分工,制定检测计划。
1.需要的检测设备、仪器和工具。
_____
_____

2.小组成员分工。
_____

3.实施计划。
_____
_____
_____

★ 实施
1.用五气体分析仪对点燃式发动机尾气检测。
● 检测前的准备
(1)配件组装与检查。
(2)仪器预热。
(3)仪器泄漏检查。
(4)调零。
(5)校准。
(6)设置。
● 通用测量
通用测量一般测量发动机的即时排放值,主要反映_____情况。
● 怠速排放测量
在测量子菜单中进入怠速排放测量,注意转速测量钳口背面的箭头应该指向火花塞,如果反了会得不到正确的_____信号。
● 双怠速排放测量
分别测量2 500 r/min和正常怠速时两种情况下的_____值。
2.用不透光烟度计对压燃式发动机尾气检测。
● 检测前的准备
(1)连接好通信电缆和电源线,预热仪器。

(2)线性校正。
(3)采样模式选择。
(4)进入自由加速界面。
(5)发动机充分预热,机油温度应该达到_____℃。
(6)检查系统密封情况。
(7)三次以上自由加速,目的是_____排气道内的烟气。
(8)转速传感器卡在_____上。
(9)将取样探头插入排气管内_____mm 深处。
● 自由加速测量
必须在_____秒内将加速踏板快速、连续地完全踩到底,使喷泵在最短时间内供给最大油量。
● 读取数据
反复测量三次以上,取算术平均值。

3. 车内噪声检测
(1)测量条件要求:跑道平直干燥的沥青或_____路面。风速不大于_____m/s。测量时车门窗应关闭。周围环境噪声至少要比所测车辆噪声低_____dB。
(2)检测
①挡位合适,车速用 50 km/h 以上的不同车速匀速行驶,分别进行测量。
②用声级计"慢挡"测量 A、C 计权声级,分别读取最大读数的平均值,并对测量结果进行记录。

拓展与提升

1. 国家标准实用的基本术语

(1)排气污染物。

排气污染物主要包括气态污染物和颗粒物。

气态污染物指一氧化碳(CO)、碳氢化合物(HC)[假定碳氢比:柴油为 CH 1.85,LPG 为 CH 2.525,NG 的非甲烷碳氢化合物 NMHC 为 CH 2.93,NG 的甲烷碳氢比为 CH_4] 和氮氧化物(用二氧化氮(NO_2)当量表示)。

颗粒物(PM)指在温度不超过 325 K(52 ℃)的稀释排气中,由规定的过滤介质上收集到的所有物质。

(2)试验循环。

试验循环指发动机在稳态工况(ESC 试验)或瞬态工况(ETC、ELR 试验)下按照规定的转速和扭矩进行试验的程序。

(3)发动机(或发动机系族)形式核准。

就排气污染物排放水平核准一种发动机(或发动机系族)形式。

(4)源机。

源机指从发动机系族中选出的,能代表这一发动机系族排放特性的发动机。

(5)烟。

烟指悬浮在柴油机排气流中,能吸收、反射或折射光线的颗粒。

(6)自适应性。

自适应性指使发动机保持恒定空燃比的任何装置。

(7)沃泊指数(Wobbe index)。

沃泊指数指在同一基准条件下,单位容积燃气的高位发热量与其相对密度的平方根的乘积。

$$W = H_{Gas} \sqrt{\rho_{Air} - \rho_{Gas}}$$

(8) EEV。

EEV 指环境友好汽车(Enhanced Environmentally Friendly Vehicle)(这是一种车型),它所装用的发动机应符合《车用压燃式气体燃料,点燃式发动机与汽车排气污染物排放限值及测量方法(中国Ⅲ、Ⅳ、Ⅴ阶段)》(GB 17691—2005)标准第7.2.1条的表1和表2中规定的 EEV 排放限值。

(9) 车载诊断系统(OBD)。

车载诊断系统指排放控制用车载诊断(OBD)系统。它必须具有识别可能存在故障的区域的功能,并以故障代码的方式将该信息储存在电控单元存储器内。

(10) 车载测量系统(OBM)。

车载测量系统指一种随车安装的排放测量系统,它具有实时监测汽车(发动机)排放水平的能力,鉴别并记录汽车(发动机)排放超标的测量数据。

(11) 轻型汽车。

轻型汽车指最大总质量不超过 3 500 kg 的 M_1 类、M_2 类和 N_1 类车辆。

(12) 在用汽车。

在用汽车指已经登记注册并取得号牌的车辆。

(13) 基准质量。

基准质量指整车整备质量加 100 kg 质量。

(14) 最大总质量。

最大总质量指汽车制造厂规定的技术上允许的车辆最大质量。

(15) 一氧化碳(CO)、碳氢化合物(HC)和一氧化氮(NO)的体积分数。

排气中的一氧化碳(CO)的体积分数以"% vol"为单位表示;排气中的碳氢化合物(HC)的体积分数以"10^{-6} vol"为单位表示;排气中的一氧化氮(NO)的体积分数以"10^{-6} vol"为单位表示。

(16) 气体燃料。

气体燃料指液化石油气(LPG)或天然气(NG)。

(17) 两用燃料车。

两用燃料车指能用汽油和一种气体燃料做燃料的汽车。

(18) 稳态工况(Acceleration Simulation Mode, ASM)。

稳态工况指《点燃式发动机汽车排气污染物排放限值及测量方法(双怠速法及简易工况法)》(GB 18285—2005)附录 B 规定的测试工况,包括 ASM 5025 和 ASM 2540 两个测试工况。

(19) 排放测试设备(Emission Inspection System, EIS)。

排放测试设备指能根据《点燃式发动机汽车排气污染物排放限值及测量方法(双怠速法及简易工况法)》(GB 18285—2005)附录 B 规定的测试工况进行在用汽油车排气污染物测试的设备,主要包括底盘测功机、五气体分析仪和计算机控制软件。

(20) 底盘测功机基本惯量(Dynamometer Inertia Weight, DIW)。

底盘测功机基本惯量指考虑到底盘测功机的各转动件转速与滚筒转速的速比后,其实际基本惯量除以滚筒半径的平方后所得的商等效的汽车质量。

(21) 底盘测功机最大允许轴荷。

底盘测功机最大允许轴荷指底盘测功机允许承载的最大质量。

(22) 底盘测功机最大吸收功率。

底盘测功机最大吸收功率指底盘测功机 1 min 持续时间可吸收的最大功率。

(23) 底盘测功机最大车速。

底盘测功机最大车速指底盘测功机允许测试的最大车速。

(24) 底盘测功机功率吸收装置(Power Absorb Unit, PAU)。

底盘测功机功率吸收装置指能吸收作用在底盘测功机滚筒上的被试车辆轮边功率的装置,包括电力式和电涡流式。

(25)电惯量。

电惯量指底盘测功机功率吸收装置通过其励磁电流形成的加载阻力,该阻力用来补偿被试车辆在底盘测功机上做变速运动时的惯量。

(26)总吸收功率(P_a)。

总吸收功率指底盘测功机作用于被试汽车驱动轮的阻功率,包括指示功率和寄生功率两部分。

(27)指示功率(IHP)。

指示功率指底盘测功机功率吸收装置的加载功率。

(28)寄生功率(PLHP)。

寄生功率指底盘测功机的转动件的摩擦功率。

(29)加载滑行时间计算值(Calculated Cost Down Time,CCDT)。

加载滑行时间计算值指底盘测功机在PAU一定加载功率下执行某一速度段减速滑行的理论计算时间值。

(30)加载滑行时间实测值(Actual Cost Down Time,ACDT)。

加载滑行时间实测值指底盘测功机在PAU一定加载功率下执行某一速度段减速滑行的实测时间值。

(31)五气体分析仪。

五气分析仪指能进行汽车排气中HC、CO、CO_2、NO和O_2体积分数测量的仪器。

2. 测功机与检测设备常识

(1)轻型测功机(图7.27)

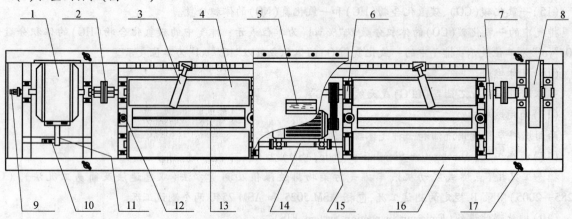

图7.27 测功机结构简图

1—功率吸收装置(电涡流测功机);2—联轴器;3—手动挡轮;4—滚筒;5—产品铭牌及中间盖板;
6—滚筒轴承;7—同步带及同步轮;8—飞轮;9—速度传感器;10—扭力传感器;11—力臂;
12—轮胎挡轮;13—气囊举升器;14—万向联轴器;15—反拖电机及传动带;16—框架;17—起重吊环

对于在用的汽油车和柴油车来说,按照以往的做法,在用汽车排放检测时用的是急速法、双急速法和自由加速法,但由于这几种方法与汽车行驶时的工况有较大差异,不能完全反映汽车的实际排放水平,而且,汽油车排放物中的NO只是在汽车有负荷,且发动机温度较高时才生成,在急速工况下,NO的生成都很少,但NO却是汽油车排放物中的一种主要的污染物,对环境空气的污染后果较严重,所以有必要进行有效的检测和控制。

为了解决这几种方法与汽车运行情况差异太大的问题,汽油车的ASM工况法(稳态工况法)和柴油车的加载减速试验法,成为在用车的汽车排放检测的实用方法。

可依据《点燃式发动机汽车排气污染物排放限值及测量方法》(GB 18285—2005)、《车用压燃式发动机和压燃式发动机汽车排气烟度排放限值和测量方法》(GB 33847—2005)、《汽油车稳态工况法排气污染物测量设备技术要求》(HJ/T 291—2006)、《汽油车简易瞬态工况法排气污染物测量设备技术要求》(HJ/T 290—2006)、《确定压燃式发动机在用汽车加载减速法排气烟度排放限值的原则和方法》(HJ/T 241—2005)为标准。

(2)底盘测功机

底盘测功机是一种可用于辅助机动车尾气排放检测的试验设备。用测功机模拟汽车在实际行驶时的不同负载及各种运动阻力,实现对不同尾气排放检测工况的模拟。检测时,被测汽车的驱动轮先停在举升器上,举升器下降后车轮落在滚筒之间。驱动轮带动滚筒转动,滚筒相当于活动路面,使汽车产生相对行驶。利用功率吸收装置(电涡流机)来模拟各工况中需加载的不同负载,检测过程中,驱动轮的转速由安装在滚筒轴上的测速传感器测量,驱动轮的输出力矩(或功率)由安装在功率吸收装置定子上的测力传感器测量。控制系统按照检测方法的要求,根据测力和测速传感器反馈的信息,调整功率吸收装置控制电流的大小,进而调节和控制所模拟的不同负载,与此同时由气体分析仪对不同工况下的尾气排放进行记录,由主控计算机进行数据处理、结果判定以实现环保检测的目的。

检测设备组成如图7.28所示。

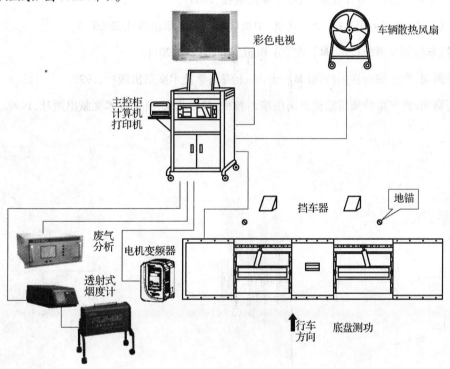

图7.28 检测设备组成

气体分析仪与烟度计前已述及,这里不再重复。一般检测站对机动车检测主要服务项目是综合检测,但是安全检测是核心。交通运输管理部门以及公安交通安全管理部门不再垄断机动车的在线检测,已全部进入社会化。

参考文献

[1] 杨益明.汽车使用性能与检测[M].北京:人民交通出版社,2011.

[2] 张建俊.汽车诊断与检测技术[M].北京:人民交通出版社,2010.

[3] 赵胜全.汽车使用性能与检测[M].天津:天津科学技术出版社,2009.

[4] 戴汝泉.汽车运行性能[M].北京:机械工业出版社,2010.

[5] 赵英勋.汽车运用技术[M].北京:机械工业出版社,2009.

[6] 韩爱民,周大森.汽车运用基础[M].北京:中央广播电视大学出版社,2006.

[7] 赵英勋.汽车检测与诊断技术[M].北京:机械工业出版社,2011.

[8] 交通部公路司.汽车综合性能检测[M].上海:上海科学技术文献出版社,1999.

[9] 交通部公路司.汽车维修质量检验员岗位培训教材[M].北京:科学技术文献出版社,1999.

汽车使用性能与检测技术教学资源库

全国汽车类情境·体验·拓展·互动"十二五"理实一体化规划教材

主 编 栾庭森
副主编 付华山 刘 涛 李佳民
　　　 常俊涛
编 者 邬 婧 徐 伟 高 岩
　　　 谢计红 李小庆

哈尔滨工业大学出版社

目录 CONTENTS

学习任务 1 汽车使用性能及检测技术认知 / 1

 检测宝典 / 1

 实践演练 / 3

 模拟试卷 / 3

 任务解析 / 4

 推荐链接 / 7

学习任务 2 车辆外观、灯光系统及底盘动态检查 / 8

 检测宝典 / 8

 实践演练 / 13

 模拟试卷 / 15

 任务解析 / 16

 推荐链接 / 20

学习任务 3 汽车动力性检测 / 21

 检测宝典 / 21

 实践演练 / 22

 模拟试卷 / 24

 任务解析 / 25

 推荐链接 / 26

学习任务 4 汽车燃油经济性检测 / 27

 检测宝典 / 27

 实践演练 / 29

 模拟试卷 / 33

 任务解析 / 34

 推荐链接 / 35

CONTENTS

学习任务 5   汽车行驶安全性能检测 / 36

    检测宝典 / 36

    实践演练 / 39

    模拟试卷 / 43

    任务解析 / 44

    推荐链接 / 44

学习任务 6   前照灯检测 / 45

    检测宝典 / 45

    实践演练 / 47

    模拟试卷 / 49

    任务解析 / 50

    推荐链接 / 52

学习任务 7   汽车排放与噪声检测 / 53

    检测宝典 / 53

    实践演练 / 56

    模拟试卷 / 57

    任务解析 / 58

    推荐链接 / 58

学习任务 1　汽车使用性能及检测技术认知

检测宝典

一、汽车检测站的任务

根据交通部第 29 号令《汽车运输业车辆综合性能检测站管理办法》的规定,汽车检测站(Vehicle Inspection Station)的主要任务如下:

(1)对在用运输车辆的技术状况进行检测诊断。

(2)对汽车维修行业的维修车辆进行质量检测。

(3)接受委托,对车辆改装、改造、报废及其有关新工艺、新技术、新产品、科研成果等项目进行检测,提供检测结果。

(4)接受公安、环保、商检、计量和保险等部门的委托,为其进行有关项目的检测,提供检测结果。

二、综合检测站的检测内容

1. 检测种类

汽车综合检测站对机动车实施检测的种类主要划分为五类,即:综合性能检测、安全环保性能检测、修理质量测检、二级维护竣工检测、委托检测。

2. 检测项目

(1)综合性能检测。

综合性能检测项目主要是对发动机性能、驱动轮输出功率、制动性能、驻车制动器性能、前照灯特性、车速表性能、车轮定位、车轮动平衡、转向性能、侧滑性能、尾气排放物含量、噪声、轴荷、客车防雨密封性、悬架特性、使用可靠性以及外部检视进行检测。

(2)安全环保性能检测。

安全环保性能检测项目主要是对制动性能、前照灯特性、车速表性能、侧滑性能、尾气排放物含量、噪声、轴荷、使用可靠性以及外部检视进行检测。

(3)修理质量检测。

修理质量检测项目主要是对发动机性能、制动性能、前照灯特性、车速表性能、车轮定位、转向性能、侧滑性能、尾气排放物含量、轴荷、客车防雨密封性、使用可靠性以及外部检视进行检测。

(4)二级维护竣工检测。

二级维护竣工检测项目主要是对发动机性能、制动性能、车轮定位、转向性能、车轮动平衡、侧滑性能、尾气排放物含量、轴荷以及外部检视进行检测。

(5) 委托检测。

委托检测项目由用户指定,可以是检测线上的任何检测项目,也可以是路试检测项目。

三、汽车检测站检测流程

1. 检测流程

2. 记录单据

3. 合格证的发放

四、车辆年检

1. 车辆年检在法律中的规定

车辆年检也就是我们平时所说的验车。《道路交通安全法实施条例》第十六条规定:机动车应当从注册登记之日起,按照下列期限进行安全技术检验。

(1) 营运载客汽车5年以内每年检验1次;超过5年的,每6个月检验1次;

(2) 载货汽车、大型和中型非营运载客汽车10年以内每年检验1次;超过10年的,每6个月检验1次;

(3) 小型、微型非营运载客汽车6年以内每2年检验1次;超过6年的,每年检验1次;超过15年的,每6个月检验1次;

(4) 摩托车4年以内每2年检验1次;超过4年的,每年检验1次;

(5) 拖拉机和其他机动车每年检验1次。营运机动车在规定检验期限内经安全技术检验合格的,不再重复进行安全技术检验。

(6) 超过报废年限的车辆不可以再过户(买卖),但可以继续使用;买卖的话可以先到车管所办理该车的报废单(注销该车的档案),然后买卖。

2. 年检内容

(1) 检查发动机、底盘、车身及其附属设备是否清洁、齐全、有效,漆面是否均匀美观,各主要总成是否更换,与初检记录是否相符;

(2) 检验车辆的制动性、转向操纵性、灯光、排气及其他安全性能是否符合"机动车安全运行技术条件"的要求;

(3) 检验车辆是否经过改装、改型、改造,行驶证、号牌、车辆档案所有登记是否与现在车况相符,有无变化,是否办理了审批、异动、变更手续;

(4) 号牌、行驶证和车上喷印的号牌放大字样有无损坏、涂改或字迹不清等情况,以及是否需要更换;

(5) 大型汽车是否按照规定在车门两边用汉字仿宋体喷写单位名称或车辆所在地街道、乡、镇名称和驾驶室限坐人数;货车后栏板(包括挂车后栏板)外侧是否按规定喷写放大2~3倍的车号;个体或联营户的汽车,门的两侧是否喷写有"个体"字样。喷写字迹要求清晰,不得喷写单位代号或其他图案(特殊情况需经车管所批准)。

实践演练

演练项目:车辆年检
车辆年检的具体流程。

操作环节	对应项目	具体程序
1	尾气检测	先排好队,到收费窗口交检测费,等候上线。检测前会有工作人员进行初检,主要是核对发动机号与行驶证是否一致,再简单检查外观、车况等,然后填写尾气检测表。检测时,由检测员开车上线,一般新车都很容易过关,拿到合格的尾气检测表就可以到窗口交钱领尾气合格标。如果不合格,需要到汽修厂调试后重新上线,当然要再交一次检测费
2	查违章	在查询窗口凭行驶证领取并填写"机动车定期检验登记表",填好表中事项后交工作人员查询有无违章记录,没问题的表上会加盖"已核对,可验车"章,有违章记录的,拿着违章告知单尽快处理违章
3	交押金	到押金窗口缴押金,拿好押金条,领取并填写外观检验单
4	外观检验	持外观检验单到外观工位,先查相关手续,核验第三者保险(强制性保险)是否在有效期内。手续查完之后再开始外观检验,这项检查主要看灯光有无破损、车身外观是否符合原样、悬架有无变动,还要检查天窗、轮胎等
5	上线检测	外观检验没问题,排队等候上线检测。检测线负责刹车、大灯(远光)、底盘等内容的检测,大概5~10 min,车开下线后就可以领到一张打印有制动、灯光、喇叭等项目的表,合格的项目打印"O",不合格的打印"X"。一般情况都是灯光和刹车不合格,但是不要紧,检测场都有调整灯光和刹车的地方,刹车调整后要重新上线,灯光调整后不用上线,调完以后即可盖章
6	总检审核	审核通过后,准备一张身份证复印件,到大厅总检处签字盖章即可
7	交费,领标	到各窗口交相关费用,退回押金,交工本费领"机动车检验合格标志",标志后和行驶证副证上均打印有效期。绿标背后会写上有效期,即下一次检验的月份。检字会打孔,有孔的月份就是下次检验的月份

模拟试卷

一、选择题

1. 某零件经过修理后可完全恢复技术要求的标准,但修理成本非常高,该件应定为( )。
   A. 报废件　　　　B. 待修件　　　　C. 可用件　　　　D. 需修件

2. 汽车满载时的最大爬坡能力称为( )。
   A. 最大爬坡度　　B. 最小爬坡度　　C. 爬坡度　　　　D. 功率

3. 整车装备质量是汽车( )的质量。
   A. 装备　　　　　B. 完全装备　　　C. 大修　　　　　D. 行驶

4. ( )安装在发动机机油泵进油口之前。
   A. 机油粗滤器　　B. 机油细滤器　　C. 机油散热器　　D. 机油集滤器

5.（　　），车辆支承平面与车辆最低点之间的距离,称为最小离地间隙。
    A.满载时　　　　B.空载时　　　　C.停车时　　　　D.行驶时
6.（　　）是汽车的动力装置。
    A.车身　　　　　B.底盘　　　　　C.电气设备　　　D.发动机
7.各类汽车的总体构造有所不同,但基本上都由发动机、底盘、（　　）和电气设备四部分组成。
    A.车架　　　　　B.车轮　　　　　C.蒙皮　　　　　D.车身
8.底盘是汽车构成的基础,由（　　）、行驶系、转向系和制动系四大部分组成。
    A.变速系　　　　B.发动机　　　　C.传动系　　　　D.减速器
9.汽车车身用以乘坐驾驶员、旅客或装载（　　）。
    A.货物　　　　　B.食品　　　　　C.饮料　　　　　D.固体
10.增压器故障会造成柴油发动机功率不足,其主要原因之一是（　　）。
    A.增压器压力下降　　　　　　　　B.转子转速不符合要求
    C.油量调节拉杆卡滞　　　　　　　D.柴油滤清器脏

二、判断题

1.轮胎表面上标注的层级就是实际的帘布层数。　　　　　　　　　　　　　　　（　　）
2.无内胎轮胎近年来应用日益广泛,它没有内胎和垫带,空气直接压入外胎中,其密封性是由外胎和轮辋来保证的。　　　　　　　　　　　　　　　　　　　　　　　　　（　　）
3.中级轿车发动机的排量为 1～1.6 L。　　　　　　　　　　　　　　　　　　（　　）
4.乘坐人数 9 人以下的载客汽车称为客车。　　　　　　　　　　　　　　　　（　　）
5.最大总质量与整车装备质量之差称为最大装载质量。　　　　　　　　　　　（　　）
6.冷却系的功用是使发动机温度最低。　　　　　　　　　　　　　　　　　　（　　）
7.汽车底盘用以乘坐驾驶员、旅客或装载货物。　　　　　　　　　　　　　　（　　）
8.传动系是汽车构成的基础。　　　　　　　　　　　　　　　　　　　　　　（　　）
9.正极板的组成材料为二氧化铅。　　　　　　　　　　　　　　　　　　　　（　　）
10.蓄电池正接线柱刻有"+"号。　　　　　　　　　　　　　　　　　　　　（　　）

任务解析

★资讯

1.动力性 燃油经济性 制动性 操控稳定性 平顺性 通过性

2.安全环保检测站 综合性能检测站

3.5 m/km

4.车速表指示车速 v_1(km/h)与实际车速 v_2(km/h)之间应符合下列关系式：

$$0 \leq v_1 - v_2 \leq (v_2/10 + 4)$$

5.答:(1)对在用运输汽车的技术状况进行检测诊断。

(2)对汽车维修行业的维修汽车进行质量检测。

(3)接受委托,对汽车改装、改造、报废及有关新工艺、新技术、新产品、科研成果项目进行检测,提供检测结果。接受公安、环保、商检、计量和保险等部门的委托,为其进行有关项目的检测,提供检测结果。

6.答：

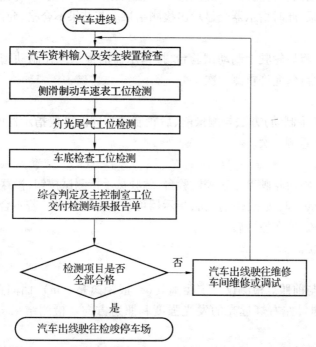

★决策与计划

(1)一辆桑塔纳轿车、汽车资料登录计算机、侧滑试验台、轴重仪、制动试验台、车速表试验台、前照灯检测仪、废气检测仪、烟度计等。

(2)略。

(3)①汽车资料输入及安全装置检查；②侧滑制动车速检查；③灯光尾气检查；④车底检查；⑤综合判定。

★实施

(1)①汽车资料输入及安全装置检查工位。

a.汽车资料输入。

汽车资料登录计算机一般放置在进线控制室或检测线入口处，由登录员操作。将经过清洗并已吹干的汽车停在检测线入口处等候进线。进线指示灯显示红色为等待，绿色(或蓝色)为开进。当绿色指示灯亮时，汽车进入检测线停在第一工位上，由登录员根据行车执照和报检单，向登录计算机输入被检车辆资料，并发往主控制微机，由主控制微机安排检测程序。

b.安全装置检查工位。

汽车在本工位停稳后，由检查人员进行汽车上部的灯光和安全装置的外观检查，可简称为L工位。

②侧滑制动车速表工位。

a.侧滑检测。

让汽车低速驶过侧滑试验台，此时不可转动转向盘。车辆通过后，第二指示器即可显示侧滑检测结果。

b.将前轮驶上轴重仪测量前轴重。

c.将前轮驶上制动试验台测量前轴制动力。

将前轮驶上制动试验台测量前轴制动力。按工位指示器的提示,将制动踏板踩到底,即可测得前轴制动效果,此时指示器会显示出检测结果。若结果不合格,允许重测一次。

d. 后制动检测。

后制动检测时,将后轮驶上制动试验台,按指示器的提示踩住制动踏板,指示器会显示后制动结果。若不合格,允许重测一次。

e. 测量驻车制动。

测量驻车制动(手制动)方法与测量前、后轮制动相同。可按指示器的提示拉住手制动杆。若不合格,允许重测一次。

f. 车速表校验。

车速表校验时,将后轮驶上车速表试验台,驾驶员手持测试按钮,慢踩加速踏板(油门),当车速表指示 40 km/h 时按下测试控钮,指示器可显示检测结果。若不合格允许重测一次。测完后放松加速踏板,使车轮停转。

③灯光尾气工位。

检测步骤:

a. 将汽车停在与前照灯检测仪一定距离处(一般距离是 3 m),面向正前方。前照灯仪会自动驶入,分别测量左右灯远光的发光强度和照射方向。检测结果会在工位指示器上显示。

b. 按指示器要求检测废气或烟度。测废气时,令发动机处于急速状态,将探头插入排气管,几秒之后指示器即显示检测结果。测烟度时,应在发动机急速状态下,将加速踏板迅速踩到底,几秒之后指示器也会显示检测结果。烟度检测要求测三次,取平均值。

c. 噪声或喇叭音量测试时,按提示要求按喇叭约 2 s,或按要求测量车内噪声。测完后,指示器会显示检测结果。

④车底检查工位。

检测步骤:

车底检查(Pit Inspection)工位,简称为 P 工位,此工位以人工方式检查车底情况,如部件连接是否牢固、有无变形、断裂,水、电、油、气有无泄漏等。检测人员通过对讲机或自制的按钮板等设备,将结果送至主控计算机。

⑤综合判定及主控室工位。

检测步骤:

汽车到达本工位时检测项目已全部检测完毕,主控制微机对各工位检测结果进行综合判定后,由打印机集中打印检测结果报告单,并由检测长送给被检车汽车驾驶员。

⑥根据上述检查结果,提出合理建议。

(2)对车辆做悬架特性检验实验

①用悬架装置检测台检验车辆悬架特性。

检测内容:

a. 汽车轮胎规格、气压应符合规定值,车辆需空载,不乘人(含驾驶员);

b. 将车辆每轴车轮驶上悬架装置检测台,使轮胎位于台面的中央位置;

c. 启动检测台,使激振器迫使汽车悬挂产生振动,使振动频率增加过振荡的共振频率;

d. 在共振点过后,将激振源关断,振动频率减少,并将通过共振点;

e. 记录衰减振动曲线,纵坐标为动态轮荷,横坐标为时间。测量共振时动态轮荷。计算机显示动态轮荷与静态轮荷的百分比及其同轴左右轮百分比的差值。

②用平板检测台检验车辆悬架特性。

检测内容:

a. 平板检测台平板表面应干燥,没有松散物质及油污;

b. 驾驶员将车辆对正平板台以 5~10 km/h 的速度驶上平板,置变速器于空挡,急踩制动,使车辆停住;

c. 测量制动时的动态轮荷,记录动态轮荷的衰减曲线;

d. 计算并显示悬架效率和同轴左右轮悬架效率之差值。

★检查与评估

略。

推荐链接

1. 爱卡汽车论坛
http://club.xcar.com.cn/
2. 汽车论坛
http://www.qclt.com/
3. 汽车技术网
http://bbs.vw8848.com/forum.php

学习任务2　车辆外观、灯光系统及底盘动态检查

检测宝典

丰田轿车保养外观检查摘要

一、检查准备

1. 驾驶员座椅

（1）安装座椅套；

（2）安装地板垫；

（3）安装方向盘套；

（3）拉起发动机盖释放杆。

2. 车辆前部

（1）打开发动机盖；

（2）安装翼子板布；

（3）安装前盖；

（4）安装车轮挡块。

二、驾驶室内检查

1. 车灯检查

（1）检查示宽灯点亮；

（2）检查牌照灯点亮；

（3）检查尾灯点亮；

（4）检查大灯（Lo）点亮；

（5）检查大灯（Hi）和指示灯点亮；

（6）检查大灯闪光器和指示灯点亮；

（7）检查转向信号灯和指示灯点亮；

（8）检查危险警告灯和指示灯点亮；

（9）检查停车灯点亮（尾灯一起点亮）；

（10）检查倒车灯点亮；

（11）检查变光器开关自动返回功能；

（12）检查仪表板灯点亮；

(13)检查顶灯点亮；

(14)检查组合仪表警告灯:点亮和熄灭。

2. 挡风玻璃喷洗器检查

(1)检查喷射力；

(2)检查喷射位置。

3. 挡风玻璃刮水器检查

(1)检查 Lo 工作情况；

(2)检查 Hi 工作情况；

(3)检查间歇功能工作情况；

(4)检查雾灯功能工作情况；

(5)检查停止位置；

(6)检查刮拭状况。

4. 喇叭工作检查

5. 驻车制动器检查

(1)检查驻车制动杆行程；

(2)检查驻车制动器指示灯点亮。

6. 制动器检查

(1)制动器踏板响应性检查；

(2)制动器踏板完全踩下检查；

(3)制动器踏板异常噪声检查；

(4)制动器踏板过度松动；

(5)制动踏板高度检查；

(6)制动器踏板自由行程检查；

(7)制动器踏板行程余量检查；

(8)制动助力器工作情况检查；

(9)制动助力器气密性检查；

(10)制动助力器真空功能。

7. 离合器检查

(1)总泵液体泄漏检查；

(2)离合器踏板回弹无力检查；

(3)离合器踏板异常噪音检查；

(4)离合器踏板过度松动检查；

(5)离合器踏板沉重感觉检查；

(6)离合器踏板高度检查;

(7)离合器踏板自由行程检查。

8. 方向盘检查

(1)自由行程检查;

(2)松驰和摆动检查;

(3)ACC 上的转向锁检查。

9. 外部检查准备

(1)打开行李箱门和燃油盖;

(2)将顶灯开关旋至"DOOR";

(3)将换挡杆置于空挡;

(4)释放驻车制动杆。

三、车辆外部检查

1. 门控灯开关检查

检查顶灯和指示器灯工作情况。

2. 车身螺母和螺栓检查

(1)检查座椅安全带的螺栓和螺母是否松动;

(2)检查座椅的螺栓和螺母是否松动;

(3)检查车门的螺栓和螺母是否松动。

3. 悬架检查

(1)减振器的减振力检查;

(2)车辆倾斜度检查。

4. 车灯检查

(1)安装状况检查;

(2)检查是否损坏和有污垢。

四、车辆下部检查

1. 发动机漏油检查

(1)检查发动机各部位的配合表面是否漏油;

(2)检查油封是否漏油;

(3)检查排放塞是否漏油。

2. 手动传动桥油

(1) 检查壳配合面是否漏油；

(2) 检查轴和拉索伸出的区域是否漏油；

(3) 检查油封是否漏油；

(4) 检查排放塞和加注口塞是否漏油；

(5) 检查油位。

3. 自动传动桥液

(1) 检查壳配合面是否漏油；

(2) 检查轴和拉索伸出的区域是否漏油；

(3) 检查油封是否漏油；

(4) 检查排放塞和加注口塞是否漏油；

(5) 检查管件和软管连接是否漏油；

(6) 检查机油冷却器软管是否损坏。

4. 驱动轴护套检查

(1) 检查是否有裂纹和其他损坏；

(2) 检查润滑脂是否渗漏。

5. 转向连接机构检查

(1) 检查是否松动和摇摆；

(2) 检查有无弯曲和损坏；

(3) 检查防尘套是否开裂和撕破。

6. 手动转向机检查

检查有无油和脂的渗漏。

7. 动力转向液（齿条和小齿轮型）检查

(1) 检查齿轮箱是否泄漏；

(2) 检查油泵是否泄漏；

(3) 检查液体管路和接头处是否泄漏；

(4) 检查动力转向软管的裂纹或其他损坏。

8. 制动管路检查

(1) 检查是否泄漏；

(2) 检查制动管路上的压痕或其他损坏；

(3) 检查制动管路软管扭曲、裂纹和凸起；

(4) 检查制动器管道和软管的安装状况。

9. 燃油管路检查

（1）检查燃油泄漏；

（2）检查燃油管路损坏。

10. 排气管和安装件检查

（1）检查排气管损坏；

（2）检查消声器损坏；

（3）检查排气安装件的O型圈是否损坏或脱落；

（4）检查密封垫片损坏；

（5）检查排气泄漏。

11. 车轮轴承检查

（1）检查有无摆动；

（2）检查转动状况和噪声。

12. 轮胎检查

（1）检查是否有裂纹和损坏；

（2）检查是否嵌入金属碎片和异物；

（3）测量胎面沟槽深度；

（4）检查轮胎异常磨损；

（5）测量轮胎气压；

（6）检查轮胎漏气；

（7）检查轮圈和轮盘损坏。

五、道路测试

（1）制动器系统测试；

（2）驻车制动器系统测试；

（3）离合器系统测试；

（4）转向系统测试；

（5）自动传动桥系统测试；

（6）振动和不正常噪声测试；

（7）拆卸方向盘套、地板垫和座椅套。

实践演练

任务名称	车辆外观、灯光系统及底盘动态检查		课时	4	班级	
学生姓名			学生学号		任务成绩	
实训设备	1. 实验用车辆 2. 轮胎气压表 3. 轮胎花纹深度计 4. 透光率计 5. 长度测量工具 6. 手锤、铁钩及照明器具 7. 车辆举升器		实施场地		日期	
客户任务		客户对改装车辆是否符合国标要求申请检查				
任务目的	1. 能够对车辆外观、灯光系统检查并进行评价 2. 能够对车辆底盘动态系统进行检测并进行评价					

	检验项目	检验内容	判 定
车辆外观、灯光系统检查及结果分析	车辆唯一性认定	1. 车辆号牌	
		2. 车辆类型、品牌/型号	
		3. 车身颜色	
		4. VIN(整车出厂编号)	
		5. 发动机号码	
		6. 主要特征及技术参数	
	车身外观	7. 保险杠	
		8. 后视镜*、下视镜*	
		9. 车窗玻璃*	
		10. 车体周正、尖锐突出物*	
		11. 漆面	
		12. 货箱、安全架、车外顶行李架*	
		13. 车身广告与文字标志*	
		14. 自行加装装置*	
		15. 整车3C标志	
		16. 其他注册登记检验增加项目*	
	照明和电气信号装置	17. 前位灯、后位灯、侧标志灯	
		18. 后牌照灯	
		19. 示廓灯、挂车标志灯	
		20. 转向信号灯(前、后、侧)、危险警告信号灯	

续表

检验项目		检验内容	判 定
车辆外观、灯光系统检查及结果分析	照明和电气信号装置	21. 前照灯(远光、近光)	
		22. 制动灯	
		23. 后反射器、侧反射器	
		24. 后雾灯	
		25. 倒车灯	
		26. 道路运输危险货物车辆标识	
		27. 附加灯具、反射器或附属装置	
		28. 喇叭	
	发动机舱	29. 发动机各系统机件	
		30. 蓄电池桩头及连线	
		31. 电器导线、各种管路*	
		32. 液压制动储液器液面*	
		33. 发动机标识*	
	驾驶室(区)	34. 门锁及门铰链	
		35. 驾驶员座椅*	
		36. 安全带*	
		37. 风窗玻璃驾驶员视区部位*	
		38. 刮水器*	
		39. 洗涤器	
		40. 仪表数量和类型*	
		41. 操纵件、指示器及信号装置的图形标志*	
		42. 警告性文字的中文标注*	
		43. 车辆产品标牌*	
	发动机运转状况	44. 启动*	
		45. 急速、仪表、电源充电	
		46. 加速踏板控制	
		47. 漏水、油、气、水温、油压	
		48. 关电熄火	
	底盘件	49. 燃料箱、燃料箱盖*	
		50. 挡泥板、牵引钩、蓄电池、蓄电池架	
	轮胎	51. 轮胎型号、规格、速度级别*	
		52. 胎冠花纹深度、胎面*	
		53. 轮胎螺栓、半轴螺栓*	
		54. 备胎标识*	

续表

检验项目		检验内容	判定
底盘动态检查	转向系	55. 方向盘最大自由转动量*	
		56. 转向沉重*	
		57. 自动回正、直线行驶能力	
	传动系	58. 离合器	
		59. 变速器	
		60. 传动轴、传动链	
		61. 驱动桥	
	制动系驾驶区	62. 点制动跑偏(20 km/h)	
		63. 低气压报警装置*	
		64. 弹簧储能制动器	
		65. 防抱制动装置*	
	驾驶区	66. 仪表和指示器	

注：判定栏中√为合格；数字为相应不合格项。带*项为否决项，否决项不合格，车辆检验为不合格。

模拟试卷

一、填空题

1. 乘用车、公路客车、_____、未设置乘客站立区的公共汽车、_____和旅居车的所有座椅均应装置汽车安全带。
2. 车身(车箱)及其漆面不应有明显的_____、_____、_____现象。
3. 制动主缸、轮缸、制动管路不得有_____、_____现象。
4. 制动软管不得有_____、_____等异常现象。

二、判断题

1. 乘用车轮胎胎冠上花纹深度应大于等于 3.2 mm。（ ）
2. 同一轴上的轮胎规格和花纹应相同。（ ）
3. 同一辆机动车上的前照灯不得左、右的远、近光灯交叉开亮。（ ）
4. 机动车在车身前部外表面的易见部位上应至少装置一个能永久保持的商标或厂标。（ ）

三、选择题

1. 乘用车每面号牌板(架)上应设有（ ）个号牌安装孔。
   A. 2　　　　B. 4　　　　C. 3　　　　D. 6
2. 申请变更登记的，机动车所有人应当填写申请表，交验机动车，并提交（ ）证明、凭证。
   A. 机动车所有人的身份证明
   B. 机动车所有人的工作证
   C. 机动车行驶证
   D. 机动车登记证书

3. （　　）必须加装行驶记录仪。
   A. 校车　　　　B. 公务车　　　　C. 越野车　　　　D. 警车

4. 车体应周正，车体外缘左右对称部位高度差应小于等于（　　）mm。
   A. 10　　　　　B. 20　　　　　　C. 30　　　　　　D. 40

5. 校车应配备统一的校车（　　）和停车指示标志。
   A. 前照灯　　　B. 标志灯　　　　C. 警告灯　　　　D. 转向灯

四、问答题

1. 简述已注册登记的机动车有哪些情形之一，机动车所有人应当向登记地车辆管理所申请变更登记。
2. 车辆有什么情形之一，不予办理变更登记？
3. 车轮检查的内容有哪些？
4. 简述车辆外观检测的基本内容？
5. 简述照明和电气信号装置检查的基本要求。

任务解析

资料查询

1. 答：车辆唯一性认定、车身外观、照明和电气信号装置、发动机舱、驾驶室（区）、发动机运转状况、客车内部、底盘件、轮胎及其他，应符合《机动车运行安全技术条件》（GB 7258—2012）要求。

2. 答：转向系、传动系、制动系及驾驶区。应符合《机动车运行安全技术条件》（GB 7258—2012）要求。

车辆外观、灯光系统检查及结果分析

（一）车辆唯一性认定

1. 车辆号牌：前号牌板应设于前面的中部或右侧，后号牌板（架）应设于后面的中部或左侧。每面号牌板应牢固可靠地安装在车辆上。

2. 车辆类型、品牌及型号：与行驶证相符。

3. 车身颜色：与行驶证相符。

4. VIN（整车出厂编号）：与行驶证相符。

5. 发动机号码：与行驶证相符。

6. 主要特征及技术参数：与行驶证相符。

（二）车身外观

7. 保险杠：乘用车前后部应设置保险杠。

8. 后视镜*、下视镜*：机动车应在左右至少各设置一面后视镜。

9. 车窗玻璃*：机动车的门窗应使用安全玻璃。

装有电动窗的机动车，其控制装置应确保车窗玻璃在上升过程中能在任意位置可靠停住或遇障碍可自动下降。

10. 车体周正、尖锐凸起物*：车体应周正，无尖锐凸起物。

11. 漆面：外部不应产生明显的镜面反光。车身(车箱)及其漆面不应有明显的锈蚀、破损现象。

12. 货箱、安全架、车外顶行李架(略)。

13. 车身广告与文字标志、标识*：机动车标注的警告性文字应有中文，车身广告应不影响安全驾驶。

14. 自行加装装置*：不影响安全和识别号牌。

15. 整车3C标志(略)。

16. 其他注册登记检验增加项目*(略)。

(三)照明和电气信号装置

17. 前位灯、后位灯、侧标志灯：齐全，符合《机动车运行安全技术条件》(GB 7258—2012)要求。

18. 后牌照灯：齐全，符合《机动车运行安全技术条件》(GB 7258—2012)要求。

19. 示廓灯、挂车标志灯：齐全，符合《机动车运行安全技术条件》(GB 7258—2012)要求。

20. 转向信号灯(前、后、侧)、危险警告信号灯：齐全，符合《机动车运行安全技术条件》(GB 7258—2012)要求。

21. 前照灯(远光、近光)：齐全，符合《机动车运行安全技术条件》(GB 7258—2012)要求。

22. 制动灯：齐全，符合《机动车运行安全技术条件》(GB 7258—2012)要求。

23. 后反射器、侧反射器：齐全，符合《机动车运行安全技术条件》(GB 7258—2012)要求。

24. 后雾灯：齐全，符合《机动车运行安全技术条件》(GB 7258—2012)要求。

25. 倒车灯：齐全，符合《机动车运行安全技术条件》(GB 7258—2012)要求。

26. 道路运输危险货物车辆标识(略)。

27. 特种车辆标志灯具(略)。

28. 附加灯具、反射器或附属装置(略)。

29. 喇叭：齐全，符合《机动车运行安全技术条件》(GB 7258—2012)要求。

30. 车身反光标识：齐全，符合《机动车运行安全技术条件》(GB 7258—2012)要求。

(四)发动机舱

31. 发动机各系统机件：齐全，符合《机动车运行安全技术条件》(GB 7258—2012)要求。

32. 蓄电池桩头及连线：齐全，符合《机动车运行安全技术条件》(GB 7258—2012)要求。

33. 电器导线、各种管路*：齐全，符合《机动车运行安全技术条件》(GB 7258—2012)要求。

34. 液压制动储液器液面*：齐全，符合《机动车运行安全技术条件》(GB 7258—2012)要求。

35. 发动机标识*：齐全，符合《机动车运行安全技术条件》(GB 7258—2012)要求。

(五)驾驶室(区)

36. 门锁及门铰链：门锁及门铰链完好。

37. 驾驶员座椅*：齐全，符合《机动车运行安全技术条件》(GB 7258—2012)要求。

38. 安全带*：安全带是否齐全有效。2005年8月1日起出厂的座位数不大于5的乘用车及2006年2月1日起出厂的座位数大于5的乘用车的所有座椅（第三排及第三排以后的可折叠座椅除外）是否均配置了有效的安全带。

39. 风窗玻璃驾驶员视区部位*：前风窗玻璃及风窗以外玻璃用于驾驶员视区部位的可见光透射比是否不小于70%。

40. 刮水器*：刮水器能正常工作。

41. 洗涤器：洗涤器能正常工作。

42. 汽车行驶记录仪*：（略）。

43. 驾驶室固定、安全带*：（略）。

44. 仪表数量和类型*：齐全，符合《机动车运行安全技条件》(GB 7258—2012)要求。

45. 操纵件、指示器及信号：车辆是否设置了符合规定的操纵件、指示器及信号装置的图形标志。

46. 警告性文字的中文标注*：齐全，符合《机动车运行安全技术条件》(GB 7258—2012)要求。

47. 车辆产品标牌*：齐全，符合《机动车运行安全技术条件》(GB 7258—2012)要求。

（六）发动机运转情况

48. 启动*：能够正常启动。

49. 怠速、仪表、电源充电正常。

50. 加速踏板：检查发动机急加速过程中及在较高转速时急松油门能否回至怠速状态和有无"回火""放炮"等异常状况。

51. 漏水、油、气、水温、油压：检查有无漏水、漏油、漏气现象及水温、油压指示是否正常。

52. 关电熄火、柴油车停机：检查点火开关关闭后发动机能否迅速熄火，对柴油车还应检查停机装置是否灵活、有效。

（七）客车内部

53~60 略。

（八）底盘件

61. 燃料箱、燃料箱盖

燃料箱及燃料管路应固定可靠，燃料箱盖应关闭可靠。不允许用户加装燃料箱。

62. 挡泥板、牵引钩、蓄电池

挡泥板齐全、完好；牵引钩应安装牢固；蓄电池、蓄电池架安装应牢固、可靠。

63. 贮气筒排污阀

排污阀排污、关闭功能应正常。

64. 钢板弹簧

钢板弹簧不得有裂纹和断片现象，同一轴上的弹簧形式和规格应相同，中心螺栓和U形螺栓应紧固、无裂纹且不得拼焊。钢板弹簧卡箍不得拼焊或残损。

空气弹簧应无裂损、变形及漏气，控制系统应齐全有效。

65. 侧面及后下部防护装置

厂定最大总质量大于 3 500 kg 的载货汽车和挂车应装备符合要求的侧面及后下部防护装置，并在空载状态检查。侧面防护装置下缘离地高度应不大于 550 mm。后下部防护装置整个宽度上的下边缘离地高度应不大于 450 mm（后下部防护装置的状态可以调整），下边缘离地高度应不大于 550 mm（后下部防护装置的状态不可以调整），其强度要求应符合 GB 11567.2—2001 的有关规定。注：对结构本身已具备防护功能的除外。

66. 牵引连接装置：连接装置应坚固耐用。

牵引车和被牵引车连接装置的结构应能确保相互牢固的连接。

牵引车和被牵引车的连接装置上应装有防止机动车在行驶中因振动和撞击而使连接脱开的安全装置。

（九）轮胎

67. 轮胎型号、规格、速度级别：轮胎型号、速度等级、负载能力应符合出厂规定。

68. 胎冠花纹深度、胎面：轮胎充气压力（用轮胎气压表检验）、轮胎胎冠花纹深度（用轮胎花纹深度尺检验）等均应符合要求，乘用车和挂车轮胎胎冠上花纹深度不允许小于 1.6 mm，其他机动车转向轮的胎冠花纹深度不允许小于 3.2 mm，其余轮胎胎冠花纹深度不允许小于 1.6 mm。轮胎的胎面和胎壁上不得有长度超过 25 mm 或深度足以暴露出帘布层的破裂和割伤。

69. 轮胎螺栓、半轴螺栓：轮胎螺母和半轴螺母应完整齐全，并应按规定力矩紧固。

70. 备胎标识：乘用车轮胎应有胎面磨耗标志。乘用车备胎规格与该车其他轮胎不同时，应在备胎附近明显位置（或其他适当位置）装置能永久保持的标志，以提醒驾驶人正确使用备胎。

（十）其他

71. 整车必须具有整车 3C 标志。

底盘动态检查。

（十一）转向系

72. 方向盘最大自由转动量*：最大设计车速大于等于 100 km/h 的机动车方向盘最大自由转动量为 15°。

73. 转向沉重：机动车在平坦、硬实、干燥和清洁的水泥或沥青道路上行驶，以 10 km/h 的速度在 5 s 之内沿螺旋线从直线行驶过渡到外圆直径为 25 m 的车辆通道圆行驶，施加于方向盘外缘的最大切向力应小于等于 245 N。

74. 自动回正、直线行驶能力：机动车正常行驶时，转向轮转向后应有一定的回正能力，以使机动车具有稳定的直线行驶能力。

（十二）传动系

75. 离合器：机动车的离合器应接合平稳，分离彻底，工作时不应有异响、抖动或不正常打滑等现象。

76. 变速器：应能正常换挡，应有挡位标志，倒挡能锁止。

77. 传动轴、传动链：运行中传动轴、传动链应无异响。

78. 驱动桥：驱动桥壳、桥管不得有变形和裂纹，驱动桥工作应正常且不得有异响。驱动桥的主减速器和差速器应无异响。

（十三）制动系

79. 点制动跑偏(20 km/h)：车辆应无明显跑偏现象，制动协调时间和释放时间应无异常。

80. 低气压报警装置：当制动系统的气压低于起步气压时，报警装置应能连续向驾驶人发出容易听到或看到的报警信号。

81. 弹簧储能制动器（略）。

82. 防抱制动装置：安装具有防抱死制动装置的汽车，当防抱死制动装置失效时，报警装置应能连续向驾驶人发出容易听到或看到的报警信号。

（十四）驾驶区

83. 仪表和指示器：车辆配备的各种仪表和指示器工作正常。

检查结果判定

判定栏中 √ 为合格，数字为相应不合格项；带 * 项为否决项，否决项不合格，车辆检验为不合格。

推荐链接

1. 帮帮我汽车网
WWW.885CAR.COM
2. 汽车维修技术网
http://bbs.ephua.com/
3. 汽车维修网
WWW.VW8848.COM

学习任务 3　汽车动力性检测

检测宝典

一、试验内容

汽车动力性是对汽车最高车速和最低稳定车速的检测,并进行直接挡和起步连续换挡检验技巧。

二、仪器设备

五轮仪、发动机转速表、秒表、综合气象观测仪、钢卷尺、标杆、试验车等。

三、试验条件

(1)试验车总成、部件及附属装置,必须装备齐全,调整状况应符合该车技术条件。

(2)试验车使用的燃料及润滑油应符合该车技术条件,实验时应使用同一批燃料及润滑油。

(3)轮胎气压应符合技术条件的规定,误差不超过规定值 ±10 kPa。

(4)试验车载荷和乘员数应符合规定,承载物应在车箱内均匀分布,乘员质量按每人 65 kg计算,可用相同质量的沙袋代替。

(5)试验前,应按使用说明书要求对试验车进行技术保养。新车在试验前应进行磨合行驶(一般磨合里程不少与 2 500 km)。

(6)试验时,试验车各总成的热状态应符合技术条件的规定,并保持稳定,如技术条件无规定时,发动机出水温度为 80 ~ 90 ℃;发动机机油温度为 50 ~ 95 ℃。

(7)试验时的气候条件应在晴天或阴天,风速不超过 3 m/s,气温应在 0 ~ 35 ℃,气压应在 99.32 ~ 102 kPa(745 ~ 765 mmHg)。

(8)试验道路最好选择专用试验跑道。如果没有专用场地,可选择平直、干燥的硬路面(沥青或水泥路面)进行。跑道长度为 2 ~ 3 km,宽度不小于 8 m,纵向坡度在 0.1% 以内。

四、准备工作

(1)登记试验车的生产厂名、牌号、型号、发动机号、底盘号和出厂日期等。

(2)检查车辆外部紧固件的紧固程度,各总成润滑油及润滑状态和密封状况。

(3)检查油、电路,并按技术条件进行调整,使其达到最佳工作状态。

(4)检查发动机风扇皮带张力、发动机气缸压力、机油压力机、发动机怠速转速。

(5)检查照明灯和信号灯等能否正常工作。

(6)检查转向系、离合器、制动系统工作状况,使其保持良好的技术状态。

(7)对测试仪器进行校验。

实践演练

一、汽车动力性试验报告

试验日期：_____   试验地点：_____
试验车型号：_____   制造厂名：_____
底盘号：_____   发动机号：_____
变速器型号：_____   出厂日期：_____
装载质量：_____ kg   乘车人数：_____
总质量：_____ kg   轮胎型号：_____
轮胎气压：前轮_____ kPa   路面状况：_____
　　　　　后轮_____ kPa   使用燃料：_____
里程表读数：_____ km   天气：_____   气温：_____ ℃
气压：_____ kPa   相对湿度：_____ %   风向：_____
风速：_____ m/s
测试仪器和设备：_____
试验指导：_____
驾驶员：_____

1. 汽车最高车速和最低稳定车速试验

(1) 汽车最高车速和最低稳定车速测试结果（表3.1和表3.2）。

表3.1　最高车速试验记录表

试验序号	行驶方向	测量路段长度 L/m	时间 t/s	速度 v/(km·h^{-1})	备 注
1					
2					
3					
4					
5					

表3.2　最低车速试验记录表

试验序号	行驶方向	测量路段长度 L/m	时间 t/s	速度 v/(km·h^{-1})	备 注
1					
2					
3					
4					
5					

(2) 计算最高车速和最低稳定车速
① 最高车速计算。

②最低稳定车速计算。

2. 汽车加速性能试验

(1)直接挡加速试验测试结果(表3.3和表3.4)。

表3.3 直接挡加速试验记录表

行驶方向 →			行驶方向 →		
达到速度 $v/(\text{km}\cdot\text{h}^{-1})$	行程 s/m	加速时间 t/s	达到速度 $v/(\text{km}\cdot\text{h}^{-1})$	行程 s/m	加速时间 t/s

表3.4 直接挡加速试验数据处理表

加速时间 t/s		达到速度 $v/(\text{km}\cdot\text{h}^{-1})$			加速度 $a/(\text{m}\cdot\text{s}^{-2})$	动力因数
t_1	t_2	v_1	v_2	平均速度		

(2)计算直接挡加速度和动力因数,绘制 $v-t$、$v-s$、$a-v$、$D-v$ 曲线图。

加速度

$$a = (v_i - v_0)/t_i \quad (\text{m/s}^2)$$

式中,v_0——初速度,单位为 m/s;

t_i——加速时间,单位为 s;

v_i——加速时间 t_i 对应的车速,单位为 m/s。

动力因数

$$D = f + \frac{\delta}{g} \cdot a$$

式中,f——滚动阻力系数,$f = 0.0076 + 0.000056 v_i$;

δ——旋转质量换算系数,$\delta = 1 + \delta_1 + \delta_2 \cdot i_g^2$,$\delta_1 \approx \delta_2 = 0.03 \sim 0.05$;

i_g——变速器传动比;

g——重力加速度,取 $g = 9.8 \text{m/s}^2$。

(3)起步连续换挡加速试验测试结果(表3.5、表3.6 和表3.7)。

表3.5 最佳转速选择试验记录表

试验序号	行驶方向	500 m 加速时间 t/s		使用挡位	备注
		最高转速的百分比/%			
1					
2					
3					
平均(最佳转速)					

表3.6 起步连续换挡加速试验记录之一

试验序号	行驶方向	加速时间 t/s					备注
		200 m	400 m	600 m	800 m	1 000 m	
1							
2							
3							

表3.7 起步连续换挡加速试验记录之二

试验序号	行驶方向	加速时间 t/s 距离 s/m									
		达到的速度 $v/(\text{km} \cdot \text{h}^{-1})$									
		0	10	20	30	40	50	60	70	80	90

(4)绘制起步连续换挡加速试验 $v-t$、$v-s$ 曲线图。

二、试验结果分析

模拟试卷

一、问答题

(1)汽车动力性的评价指标及其含义?
(2)写出平路等速行驶、平路加速行驶和上坡加速行驶时的驱动力平衡方程式、动力平衡方程式及功率平衡方程式的详细表达式,说明其代表的含义,式中各符号的名称和单位。

(3)画出四挡汽车三种平衡图的一般趋势,说明三种平衡图的组成、各曲线代表的含义、做法和用途。

(4)设定汽车的标定功率点为最大功率点,用有三个挡汽车的驱动力平衡图、动力平衡图和功率平衡图分别说明,在最大转矩转速处换挡和在标定转速处换挡,哪种情况下汽车的起步加速时间短,为什么?

(5)某货车总质量为 9 800 kg,$C_D A = 4$ m^2,要求达到的最高车速为 100 km/h 时,滚动阻力系数 $f = 0.01 + 0.000\ 056v$,$\eta_t = 0.85$。求该工况时,滚动阻力小号的功率 P_f 及空气阻力消耗的功率 P_w 为多少 kW?问发动机的标定功率不得小于多少 kW?

二、辨析题

汽车总质量为 16 600 kg,各挡传动比为:$i_I = 7.31$,$i_{II} = 4.31$,$i_{III} = 2.45$,$i_{IV} = 1.54$,$i_V = 1$,主减速器传动比 $i_0 = 6.33$,传动系的机械效率 $\eta_t = 0.90$,车轮半径 $r = 0.485$,空气阻力系数与迎风面积 $C_D A = 4.32$ m^2,直接挡的旋转质量换算系数 $\delta = 1.03$,滚动阻力系数按 $f = 0.007\ 6 + 0.000\ 056v$。

发动机外特性数据为

转速 $n/(\text{r}\cdot\text{min}^{-1})$	1 000	1 200	1 400	1 600	1 800	2 000	2 200	2 400	2 600	2 800	3 000
功率 P_e/kW	35	44	51.5	59	65.5	72	78.5	84.5	89.7	94.5	99

求以下内容。

(1)绘出汽车的驱动力图。
(2)绘出汽车的动力特性图。
(3)利用功率平衡确定最高车速。
(4)确定一挡和直接挡的最大爬坡度。
(5)直接挡由初速度 30 km/h 开始的加速时间曲线。

任务解析

资料查询

序号	速度/(km·h^{-1})	底盘输出功率/kW	驱动力/N
1	25	1.0	4 625
2	31	1.2	4 800
3	50	2.5	3 800
4	100	10.9	1 647
5	119	16.0	1 090
6	150	34.5	1 080
7	175	46.0	748

实验结果分析。

1.作输出功率 - 速度曲线图和驱动力 - 速度曲线图。

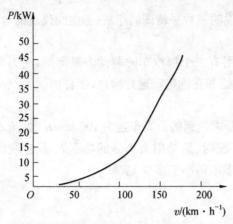
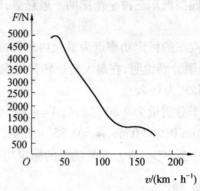

2. 滑行初速度：30 km/h

滑行距离：160 m

项目名称：汽车加速性能实验略。

推荐链接

1. 畅易汽车网

http://www.car388.com/

2. 汽车维修网

http://www.vw8848.com/

学习任务 4　汽车燃油经济性检测

检测宝典

一、汽车燃油经济性台架试验检测技巧

1. 确定模拟加载量后,将汽车驱动轮驶入底盘测功机滚筒装置,把油耗传感器接入汽车的燃油管路

设定好试验车速,启动并预热发动机,变速器挂直接挡,逐渐踩下加速踏板,使测功机指示的功率等于计算值并使之稳定,此时按下油耗测量按钮,当驱动轮在滚筒上驶过不少于 500 m 的距离时,即可以从显示装置上读取汽车的等速百公里油耗值。为消除偶然因素的影响,应重复试验三次,取其平均值作为被测汽车在给定测试条件下的百公里油耗量。

2. 等速百公里油耗特性曲线图的绘制

《汽车燃料消耗量试验方法》规定,在不同车速下进行汽车的等速百公里油耗检测后,应绘制出汽车的等速百公里油耗特性曲线。试验时,汽车使用常用挡位,试验车速从 20 km/h 开始,当最小稳定车速高于 20 km/h 时,即从 30 km/h 开始,以车速 10 km/h 的整倍数均匀选取试验车速,直到达到最高车速的 90%,至少达到 5 个试验车速,测出 500 m 内的耗油量。显然,在不同的试验车速下,底盘测功机所对应的加载功率是不同的。在不同试验车速和所对应加载功率条件下,每个试验车速测试三次,取其测试值的平均值,经上式折算后作为被测汽车在给定试验车速时的百公里油耗量。当每个规定车速下的百公里油耗量都测出后,便可在以速度为横轴、百公里油耗量为纵轴的平面直角坐标系中绘出该车的百里油耗特性曲线图。

3. 为使汽车燃油经济性检测结果准确可靠,应注意以下各点

发动机冷却液温度应在 80~90 ℃范围内,温度过高时应用冷却风扇降温,轮胎气压应符合规定,误差不超过 ±0.01 MPa,且左右轮胎的花纹一致。被测车底盘温度应随室温变化严格控制,室温低于 10 ℃时,底盘温度应控制在 25 ℃以上。

试验仪器的精度应满足车速测定仪器和燃料流量计的精度为 0.5%,计时器的最小读数为 0.1 s 的要求。

正确连接油耗仪传感器,并注意排除油路中的空气泡。

4. 为保证台架试验汽车燃油经济性的安全,应注意以下各点

(1) 被测车辆旁必须配备性能良好的灭火器。

(2) 油耗传感器所用油管应透明、耐油、耐压,油管接头用合格的环形夹箍,不得用铁丝缠绕,并确保无渗漏。

(3) 拆卸油管时,必须用沙盘接油,不允许用棉纱或其他易燃物接油,不允许将燃油流到发动机排气管上。

(4) 测试时,发动机盖应打开,以便观察有无渗漏现象。测试完毕,安装好原管路后启动

发动机,在确保无任何渗漏时,方可盖上发动机盖。

二、汽车燃油经济性道路检测技巧

1. 仪器安装
汽油机:流量计安装在汽油泵和化油器之间。
柴油机:流量计安装在滤清器和输油泵之间。

2. 12 V 电瓶一个,以及与实验车相匹配的管路接头和软管

3. 实验前,测试实验车各总成的热状态

4. 实验路段设置
实验路段应为纵坡不大于 0.3% 的混凝土或沥青路面道路,路面干燥、平坦、清洁,长度为 3 000 m。

5. 实验步骤
(1) 直接挡全油门加速燃油消耗量试验。
测试路段:500 m。
实验方法:
汽车挂直接挡(没有直接挡可挂最高挡),以 30 ± 1 km/h 的初速度稳定通过 50 m 的预备段,在测试路段的起点开始,油门全开,加速通过测试路段。测量并记录通过测试路段的加速时间、燃料消耗量和实验车在测试段终点时的速度。
测定值的确定:实验往返两次,测得同方向加速时间的相对误差不大于5%,取四次测试结果的算术平均值作为测定值。测量和计算结果记入实验报告中。

(2) 等速燃油消耗量试验。
测试路段:500 m。
实验方法:
汽车用常用挡位,等速行驶,通过 500 m 的测试路段,测量通过该路段的时间和燃油消耗量。实验车速从 20 km/h(最小稳定车速高于 20 km/h 时,为 30 km/h)开始,以 10 km/h 的整数倍均匀选取车速,直到最高车速的 90%,至少测定 5 个实验车速。同一车往返两次,测量结果经重复性检验认可后,记入实验报告中。
绘制等速燃料消耗量特性曲线:
以实验车速为横坐标,燃料消耗量为纵坐标,绘制等速燃料消耗量散点图。根据散点图,绘制等速行驶燃料消耗量特性曲线。

(3) 多工况燃油消耗量试验。
测试路段:1 000 m。
实验方法:
根据不同类型的车辆按照不同的循环图循环。要求车速偏差不大于 ±2 km/h,时间偏差不大于 ±1 s。每次试验行驶的距离相对误差不超过 5%。根据测得的燃油消耗量和行驶路程计算得到该车在多工况下的百公里燃油消耗量然后取多次试验结果的算术平均值即为该车多工况燃油消耗量试验的测定值。
实验方法说明:
①多工况燃油消耗量试验应严格按试验循环进行。换挡应迅速、平稳。
②减速工况应完全放松加速踏板,离合器仍保持接合,当车速降至 10 km/h 时,分离离合器。必要时,允许使用车辆的制动器。

③每循环实验后,应记录通过循环实验的燃料消耗量和通过的时间。当按实验循环完成一次实验后,车辆应迅速调头,重复实验。实验往返各进行两次,取四次实验结果的算术平均值为多况燃料消耗量实验的测定值。经重复性检验后,将实验数据和处理结果记入实验报告中。

6. 注意事项

(1)流量传感器在安装前必须标定正确;
(2)流量传感器应垂直放置;
(3)各连接处不得有漏油和渗油现象;
(4)注意电源的正负极,切勿接反。

实践演练

一、根据客户主述及要求对车辆进行初检(表4.1)

表4.1 对车辆进行初检

车牌		VIN 号码				车辆入厂时间	
车型		行驶里程		km	车身颜色	预计交车时间	
客户名称							
联系地址							
客户主述及要求							
初步检查	\[车辆检查示意图\] 表面划痕:○;漆面划伤:—;局部变形:△;局部破损:×					环车检查备注:	
	故障现象			故障原因		维修建议	
1							
2							
3							
4							
5							

二、维修人员接到初检单对车辆燃油经济性做准确检测（表4.2～表4.5）

表4.2　汽车燃油经济性台架检测

	检测日期		检测地点		检测人员	
检测车辆	实验车型		车架号		发动机号	
	变速器型号		车辆生产日期		整车整备质量	
	额定装载质量		总质量		里程表读数	
	使用燃料		前轮气压	左 右	后轮气压	左 右
检测环境	天气		气温		气压	
	相对湿度		风向		风速	
	测试路段长度		路面状况			
检测内容	测试车速	底盘测功机模拟加载量		等速百公里燃油消耗量		备　注
	绘制等速百公里燃油消耗特性曲线					
检测结果分析						

表4.3 汽车燃油经济性道路检测

	检测日期		检测地点		检测人员		
检测车辆	实验车型		车架号		发动机号		
	变速器型号		车辆生产日期		整车整备质量		
	额定装载质量		总质量		里程表读数		
	使用燃料		前轮气压	左	后轮气压	左	
				右		右	
检测环境	天气		气温		气压		
	相对湿度		风向		风速		
	测试路段长度		路面状况				
检测内容	行驶方向	通过测试段的加速时间	末速度		燃油消耗量		备注
检测结果分析							

表 4.4　汽车燃油经济性道路检测（等速工况）

	检测日期		检测地点			检测人员	
检测车辆	实验车型		车架号			发动机号	
	变速器型号		车辆生产日期			整车整备质量	
	额定装载质量		总质量			里程表读数	
	使用燃料		前轮气压	左		后轮气压	左
				右			右
检测环境	天气		气温			气压	
	相对湿度		风向			风速	
	测试路段长度		路面状况				
检测内容	行驶方向	通过测试段的时间	末速度		燃油消耗量		备注
	等速百公里燃油消耗特性曲线						
检测结果分析							

表4.5 汽车燃油经济性道路检测(多工况)

	检测日期		检测地点		检测人员	
检测车辆	实验车型		车架号		发动机号	
	变速器型号		车辆生产日期		整车整备质量	
	额定装载质量		总质量		里程表读数	
	使用燃料		前轮气压	左	后轮气压	左
				右		右
检测环境	天气		气温		气压	
	相对湿度		风向		风速	
	路面状况					
检测内容	循环类型	行驶方向	行驶距离		燃油消耗量	备注
检测结果分析						

模拟试卷

一、选择题

1. 燃油经济性好的汽车在规定行驶里程中( )。
   A. 耗油量多　　B. 耗油量少　　C. 不耗油　　D. 烧好油
2. 我国一般按行驶里程评价汽车燃油经济性,评价指标的单位是( )。
   A. L/100 km　　B. N/100 km　　C. kg/(100 t·km)　　D. kg/100 km
3. 以下哪项不是车辆行驶中的节油措施( )。
   A. 燃烧稀薄混合气　　B. 以中速行驶　　C. 安全滑行　　D. 减少制动
4. 以下影响汽车经济性的因素中,不属于结构因素的是( )。
   A. 采用电子控制燃油　　　　　　B. 采用流线外形
   C. 多设变速挡位　　　　　　　　D. 适时换挡

33

5. 货运汽车在增加挂车后会使汽车的经济性能（　　）。
   A. 下降　　　　　　B. 提高　　　　　　C. 保持不变　　　　D. 都有可能
6. 以下哪一个是以升(L)数为检测计量单位的油耗仪（　　）。
   A. 容积式油耗仪　　　　　　　　　　B. 质量式油耗仪
   C. 流量式油耗仪　　　　　　　　　　D. 流速式油耗仪
7. 汽车百公里油耗量是在规定车速下，以（　　）工况行驶一定的行程试验出来的。
   A. 加速　　　　　　B. 减速　　　　　　C. 等速　　　　　　D. 不等速
8. 台架检测法要求重复试验至少（　　）取其算术平均值作为汽车油耗量的检测结果。
   A. 二次　　　　　　B. 三次　　　　　　C. 四次　　　　　　D. 五次
9. 道路检测法要求重复试验（　　），取其平均值作为汽车油耗量的检测结果。
   A. 二次　　　　　　B. 三次　　　　　　C. 四次　　　　　　D. 五次
10. 台架检测法要求试验过程中汽车必须使用（　　）。
    A. 最低挡　　　　　　　　　　　　　B. 直接挡或最高挡
    C. 第二挡　　　　　　　　　　　　　D. 第三挡

二、判断题

1. 我国常用评价汽车燃油经济性的指标是每百公里耗油的升数，即 L/100 km。（　　）
2. 汽车上装配的发动机功率越大其经济性能越好。（　　）
3. 定期保养汽车可保持其应有的经济性能。（　　）
4. 熟练恰当的驾驶操作技术，可使汽车的百公里油耗量降低 10%～15%。（　　）
5. 脱挡滑行是允许采用的有效节油操作措施。（　　）
6. 台架检测法只需要油耗仪，道路检测法需要油耗仪和底盘测功机两种设备。（　　）
7. 油耗仪接入供油管路后，柴油汽车必须做放气工作，汽油汽车则无须放气。（　　）
8. 汽车说明书标出的百公里油耗量等于汽车实际行驶 100 km 的油耗量。（　　）
9. 道路检测法规定，轿车的载荷为半载，货车为满载。（　　）
10. 根据规定，台架试验检测后应绘制汽车的等速百公里油耗特性曲线。（　　）

三、问答题

1. 我国是以何种指标评价汽车经济性能的？
2. 汽车使用中有哪些节约燃油的途径？
3. 常用的汽车燃油经济性检测设备有哪些？
4. 常用汽车燃油经济性的检测方法有哪些？
5. 台架试验检测法检测步骤是怎样的？

任务解析

检测内容略。

检测结果分析：

一、油耗偏低

1. 设备连接不正确，检查并需重新检测。
2. 发动机运用了新节油技术(如马自达创驰天技术)。

二、油耗正常

建议车主继续保持良好车辆状态，随时检查维护。

三、油耗偏高

1. 发动机技术状况使油耗偏高

(1) 化油器主量孔调整不当。
(2) 点火系机件有故障或调整不当。
(3) 柴油机喷油系的油泵和喷油器调整不当。
(4) 活塞、活塞环与汽缸缸壁磨损过大。
(5) 气门机构密封不严或气门间隙过大。
(6) 发动机温度过高或过低。

2. 汽车底盘技术状况使油耗偏高

(1) 离合器有打滑故障。
(2) 变速器各轴、轴承、齿轮之间的配合间隙过小。
(3) 前束调整不当。
(4) 制动鼓有拖滞现象。
(5) 轮胎气压不符合要求,气压偏低。

3. 油耗过高的解决方法

(1) 使用中耗油率比原厂规定或定额值高,可调整主配剂针或换装合适的主量孔。运行中调整时,可运用优选法调整至经济值 14.7∶1。

(2) 机件损坏失效或调整不当(如点火过迟,火花塞间隙不当,断电器触点间隙不当等)。应正确选择点火正时,校准火花塞断电器间隙,排除和检查点火系机件的技术状况和故障。

(3) 供油量过大,各缸供油量不均匀或雾化不良等,要及时调整。如发现排气管冒黑烟、工作无力或水温过高,要正确选择供油和喷油提前角。

(4) 活塞、活塞环与气缸缸壁配合间隙过大或气门缸垫漏气,应更换活塞环或大修更换缸套,重新镗汽缸(标准压力值:在修 90%;二保 85%;最小不低于原厂设计的 75%。大修后东风车为 95%,其他车为 90%)。

(5) 进、排气门与气门座接触不良,或气门间隙调整不当。可通过声响大小和测量气缸压力来定。研磨气门,调整气门间隙。

(6) 若温度高,应清除散热器和发动机水套中的水垢,调整风扇皮带松紧度,检修水泵,检查并调整风扇叶片角度;若温度低,应检查百叶窗关闭是否严密,检查节温器的工作状况及加热加装的保温套。

(7) 制动鼓发热,刹车拖滞,温度升高阻力增大,要调整制动鼓与制动蹄片的间隙。

推荐链接

1. 汽车之家论坛

http://www.autohome.com.cn/? pvareaid = 100514

2. 爱卡汽车论坛

http://www.xcar.com.cn/bbs/

3.《汽车导购》

http://www.carguide.com.cn/

学习任务5 汽车行驶安全性能检测

检测宝典

一、汽车制动性能检测

1. 制动系常见故障原因

(1) 制动失效。即制动系出现了故障,完全丧失了制动能力。
(2) 制动距离延长,超出了允许的限度。
(3) 制动跑偏。
(4) 制动侧滑。
(5) 制动拖滞。

2. 测力式滚筒制动试验台

完成滚筒制动试验台的操作使用方法。
(1) 将制动试验台指示与控制装置上的电源开关打开,按使用说明书的要求预热至规定时间。
(2) 如果指示装置为指针式仪表,检查指针是否在零位,否则应调零。
(3) 检查并清洁制动试验台滚筒上是否粘有泥、水、砂、石等杂物。
(4) 核实汽车各轴轴荷,不得超过制动试验台允许载荷。
(5) 检查并清除汽车轮胎是否粘有泥、水、砂、石等杂物。
(6) 检查汽车轮胎气压是否符合规定,否则应充气至规定气压。
(7) 升起制动试验台举升器。
(8) 汽车被测车轴在轴重计或轮重仪上检测完轴荷后,应尽可能沿垂直于滚筒的方向驶入制动试验台。先前轴,再后轴,使车轮处于两滚筒之间。
(9) 汽车停稳后变速杆置于空挡位置,行车制动器和驻车制动器处于完全放松状态,能测制动时间的试验台还应把脚踏开关套在制动踏板上。
(10) 降下举升器,至举升器平板与轮胎完全脱离为止。
(11) 如制动试验台带有内藏式轴重测量装置,则应在此时测量轴荷。
(12) 起动电动机,使滚筒带动车轮转动,先测出车轮阻滞力。
(13) 用力踩下制动踏板,检测轴制动力。一般在1.5~3.0 s后或第三滚筒(如带有)发出信号后,制动试验台滚筒自动停转。
(14) 读取并打印检测结果。
(15) 升起举升器,驶出已测车轴,驶入下一车轴,按上述同样方法检测轴荷和制动力。
(16) 当与驻车制动器相关的车轴在制动试验台上时,检测完行车制动性能后应重新启动电动机,在行车制动器完全放松的情况下,用力拉紧驻车制动器操纵杆,检测驻车制动性能。
(17) 所有车轴的行车制动性能及驻车制动性能检测完毕后,升起举升器,汽车驶出制动试验台。
(18) 切断制动试验台电源。

二、四轮定位操作流程

(1)引车入车位(车辆上举升机必须缓慢,严禁车轮压到传感器上),车辆停稳停正,熄火拉手刹;

(2)举升过程中注意举升机高度,高度必须左右平等;

(3)检测轮胎气压是否符合原车气压,左右气压必须平等,观察钢圈是否变形,左右轮胎磨损量是否正常;

(4)检测底盘部位(如上下悬挂部位,横拉杆球头,胶砣有无松宽,方向机部位);

(5)选择调整车型;

(6)安装数据探测仪;

(7)后倾检测,外倾检测,前束检测,查看数据量;

(8)与客户分析数据量,讲解造成的影响;

(9)根据数据量,调整难度报价;

(10)根据车况情形进行调整;

(11)调整后再检测数据;

(12)分析调整后的数据;

(13)试车合格;

(14)打印数据单,开具保质卡;

(15)要求顾客一定期限内再进行检测,并保存顾客资料;

(16)买单,送车出店。

三、轮胎拆装操作程序

1. 准备工作

(1)首先检查轮辋有无损伤之处,是否有裂缝或轮辋孔成椭圆的情况,如发现轮辋有问题,就建议车主更换轮辋;

(2)空气压力准备在 8~12 MPA 之间;

(3)放尽胎气,取出气门芯;

(4)去掉车轮边缘的平衡块,以免发生危险;

(5)操作拆装由专业人士操作。

2. 开启胎唇

(1)插上电源插头,打开气管阀,把车轮放在地上竖起,靠近胎唇拆卸板位置(拆卸板不要压住轮辋),踩下踏板,轮胎压松后,放松踏板,然后成对角慢慢转动车轮,重复上述动作,直到把胎唇压松为止;

(2)换到另一面,重复上述 A 操作,直到把胎唇压松为止;

(3)使用胎唇拆卸时,注意不要把手臂伸进车轮与拆卸器之间。

3. 卸胎

(1)首先检查卡盘上有无异物,然后将锁杆向旁边移开,使锁杆成自然状态;

(2)踩下开启踏板,使卡爪张开,以便锁住轮辋外沿;

(3)用专用的润滑膏刷在胎唇、轮辋边缘,使轮辋外面朝上;

(4)把压松的轮胎轻轻地放在卡盘上,然后按住车轮,选择相应方式固定,踩下闭合踏板,锁住轮圈。

(5)向下移动端头,使拆胎头与轮圈边缘表面接触;

(6)调整悬臂,确定端头与车轮呈垂直距离,然后锁住悬臂,拆胎头的间隔,通过手轮手动调节(理想距离为 1 cm);

(7)用专用撬杆撬开胎唇,把舌形弯头放入轮辋与胎唇之间;

(8)踩下踏板,使卡盘转动,使胎唇上边完全脱离轮辋,如遇卡盘被卡住不转时,用脚向上提起踏板,使其反转,调整被卡原因后,再正转,直到胎唇脱离轮辋;

(9)后用撬杆按上 G 和 H 方法,把下面胎唇撬开,使胎唇完全脱离轮辋;

(10)盘转动时,注意不要把手伸进轮胎中间。

4. 装胎操作

(1)安装轮胎之前,选择合适的轮胎,然后用润滑油膏均匀涂于轮胎唇的内、外两侧及轮辋边缘,安装轮胎时,将轮胎注有(DOT)标识的一边装在轮辋外面(方向性及带白字轮胎的除外);

(2)移开端头,把轮胎套在轮辋上,然后把拆胎杆移到工作位置;

(3)把胎唇移到端头边缘,装胎唇与拆胎唇相反,胎唇一边放在舌形弯头的下边,另一边放在舌形弯头上边;

(4)踩下踏板,使卡盘旋转(如卡住,就反转,直到正常为止)。注意要把胎唇压进轮圈槽中间为止,为减少胎唇磨损,进行这一步时,要双手用力压在轮胎上协助操作;

(5)重复上述(3)、(4)步骤,装好另一边胎唇;

(6)外锁时,移开悬臂,踩下踏板,松开轮辋,取下车轮,准备充气。

5. 充气操作

(1)充气时,移动轮胎,将气门芯的根部装好,防止漏气,充气到 3.5 bar 时,装上气门芯(注意不要超过规定值);

(2)用肥皂水刷涂气门芯、气门嘴、轮辋边缘和轮胎结合部,查看车轮气密性,如有漏气,检查原因,直到不漏气为止;

(3)清洁车轮,然后放气到汽车的正常气压(按照厂家指定气压,轿车通常为 2.5 ~ 2.7 MPa 之间)。充气标准通常在车辆用户手册、驾驶座车门旁边的标志、驾驶座旁边的储物柜或油箱盖内侧;

(4)充气时注意安全,头不要正对着车胎,应在车胎的侧面;

(5)操作完毕,关掉电源开关,清理拆装机上杂物。

6. 将车轮在平衡机上做平衡处理

7. 将车轮安装在轮轴上,将拆胎程序反过来即可

8. 检查螺丝是否拧紧,再盖上轮盖

9. 轮胎换位原则

(1)新轮胎或好轮胎尽量装于后轮;

(2)四轮换位,前后轮双换位较理想;

(3)换位前检查所有轮胎是否需要修补。

10. 检查质量后再交车

四、轮胎平衡机的操作流程

1. 安装轮胎

(1)专人操作,非操作人员不能开动机器;

(2)选择与轮辋孔相匹配的锥度盘,先装轮胎再装锥度盘;

(3)装好后,快速用螺母锁紧。

2. 轮胎平衡

（1）打开电源开关，操作板上显示"411"为正常。

（2）输入轮辋数据，平衡机内部存有轮辋数据，一般以测量数据与轮辋数据库的数据最接近为准。

（3）输入延伸杆测量数据 A。

（4）输入轮辋宽度 L，使用宽度测量尺，测出轮辋宽。

（5）输入轮辋直径 D，在轮胎上标有直径值。

（6）按 Start 键，转动轮胎，停止后，左侧显示屏显示轮胎内侧不平衡值，右侧显示屏显示轮胎外侧不平衡值，按内、外侧不平衡值选择平衡块备用。

（7）手缓慢转动轮胎，至右侧不平衡指示灯全亮，表示此时轮辋右侧最高点位置为不平衡位置，在此位置加上相应的平衡块。

（8）用手缓慢转动轮胎，至左侧不平衡指示灯全亮，表示此时轮辋左侧最高点位置为不平衡位置，在此位置加上相应平衡块。

（9）平衡后，断开电源开关，注意清理平衡盘上的杂物。

实践演练

演练项目：

1. 汽车制动性能检测（表 5.1）

表 5.1　汽车制动性能检测

	检测日期		检测地点		检测人员	
检测车辆	实验车型		车架号		发动机号	
	变速器型号		车辆生产日期		整车整备质量	
	额定装载质量		总质量		里程表读数	
	使用燃料		前轮气压	左 / 右	后轮气压	左 / 右
检测环境	天气		气温		气压	
	相对湿度		风向		风速	
	测试路段长度		路面状况			
检测内容					备注	
检测结果分析						

2. 四轮定位(表 5.2)

表 5.2 四轮定位

<table>
<tr><td colspan="2">检测日期</td><td colspan="2"></td><td colspan="2">检测地点</td><td colspan="2"></td><td colspan="2">检测人员</td><td colspan="2"></td></tr>
<tr><td rowspan="4">检测车辆</td><td>实验车型</td><td colspan="2"></td><td>车架号</td><td colspan="2"></td><td>发动机号</td><td colspan="2"></td></tr>
<tr><td>变速器型号</td><td colspan="2"></td><td>车辆生产日期</td><td colspan="2"></td><td>整车整备质量</td><td colspan="2"></td></tr>
<tr><td>额定装载质量</td><td colspan="2"></td><td>总质量</td><td colspan="2"></td><td>里程表读数</td><td colspan="2"></td></tr>
<tr><td>使用燃料</td><td colspan="2"></td><td rowspan="2">前轮气压</td><td>左</td><td rowspan="2">后轮气压</td><td>左</td></tr>
<tr><td colspan="3"></td><td>右</td><td></td><td>右</td></tr>
<tr><td rowspan="3">检测环境</td><td>天气</td><td colspan="2"></td><td>气温</td><td colspan="2"></td><td>气压</td><td colspan="2"></td></tr>
<tr><td>相对湿度</td><td colspan="2"></td><td>风向</td><td colspan="2"></td><td>风速</td><td colspan="2"></td></tr>
<tr><td>测试路段长度</td><td colspan="2"></td><td>路面状况</td><td colspan="5"></td></tr>
<tr><td rowspan="5">检测内容</td><td colspan="7"></td><td>备注</td></tr>
<tr><td colspan="8"></td></tr>
<tr><td colspan="8"></td></tr>
<tr><td colspan="8"></td></tr>
<tr><td colspan="8"></td></tr>
<tr><td>检测结果分析</td><td colspan="8"></td></tr>
</table>

3. 汽车车速表检测（表5.3）

表5.3 汽车车速表检测

	检测日期		检测地点		检测人员		
检测车辆	实验车型		车架号		发动机号		
	变速器型号		车辆生产日期		整车整备质量		
	额定装载质量		总质量		里程表读数		
	使用燃料		前轮气压	左	后轮气压	左	
				右		右	
检测环境	天气		气温		气压		
	相对湿度		风向		风速		
	测试路段长度		路面状况				
检测内容						备注	
检测结果分析							

4. 汽车车轮动平衡检测(表5.4)

表5.4 汽车车轮动平衡检测

	检测日期		检测地点		检测人员	
检测车辆	实验车型		车架号		发动机号	
	变速器型号		车辆生产日期		整车整备质量	
	额定装载质量		总质量		里程表读数	
	使用燃料		前轮气压	左	后轮气压	左
				右		右
检测环境	天气		气温		气压	
	相对湿度		风向		风速	
	测试路段长度		路面状况			
检测内容					备注	
检测结果分析						

模拟试卷

一、选择题

1. 下列不是造成离合器打滑的原因是( )。
   A. 离合器踏板自由行程过大　　　　B. 离合器踏板自由行程过小
   C. 离合器摩擦片有油污　　　　　　D. 离合器摩擦片烧蚀或硬化

2. 最高设计车速不大于 100 km/h 的机动车,其转向盘自由行程的最大转动量不允许大于( )。
   A. 10°　　　　　B. 20°　　　　　C. 30°　　　　　D. 40°

3. 自动变速器的清洗换油周期里程一般为( )万公里。
   A. 2~4　　　　　B. 6~8　　　　　C. 14~16　　　　D. 20~22

4. 在汽车起步后提速行驶中,欲使自动变速器提前升入高挡,应该采取( )。
   A. 一直大节气门开度　　　　　　　B. 一直小节气门开度
   C. 快速连续抖动节气门　　　　　　D. 短时抬脚收油门,然后再踩下

5. 改变转向横拉杆的总长度,可以改变( )。
   A. 车轮外倾角　　　　　　　　　　B. 前束值
   C. 主销后倾角　　　　　　　　　　D. 车轮转角

6. 汽车转向 20°,前张角超差表明( )。
   A. 前轮前束失准　　　　　　　　　B. 前轮轴承磨损
   C. 转向梯形臂变形　　　　　　　　D. 球头磨损

7. 随着汽车行驶里程的提高,( )的影响愈加突出。
   A. 定位参数　　　　　　　　　　　B. 车轮平衡
   C. 轮胎磨损　　　　　　　　　　　D. 轮胎气压

8. 汽车制动过程中,附着系数达最大值时的车轮滑动率是( )。
   A. 5%~10%　　　B. 15%~20%　　　C. 20%~25%　　　D. 25%~30%

9. 如果汽车只是前轮换用扁平率小的轮胎,有使汽车产生( )转向特性的倾向。
   A. 不足转向　　　B. 中性转向　　　C. 过多转向　　　D. 瞬态转向

10. 转向车轮不平衡质量在高速旋转时所形成的不平衡力将牵动转向轮左右摆动,影响汽车的( )。
    A. 转向特性　　　B. 操纵稳定性　　C. 机动性　　　　D. 通过性

二、判断题

1. 汽车滑行距离越长,说明传动系的传动效率越低。( )
2. 离合器踏板自由行程过小,会造成离合器分离不彻底。( )
3. 指针式传动系游动角检测仪,操作方便,但精度不高。( )
4. 转向盘自由行程过大,会造成"打手"现象。( )
5. 汽车行驶自动跑偏,主要原因是两转向轮的参数不一致。( )
6. 汽车后轮没有定位参数,所以也不要检测。( )
7. 动力转向系统在调整检测时,需检查轮胎气压。( )
8. 环保检测站对检测结果往往只显示"合格""不合格"。( )

9. 双滚筒式底盘测功试验台，结构简单，安装使用方便，且成本较低，故使用广泛。（　　）

10. 汽车侧滑一定是前轮前束不准。（　　）

任务解析

★资讯

（1）制动效能　制动抗热衰退性　方向稳定性

（2）侧滑

（3）20%

（4）答：每行驶10 000 km或6个月后；直线行驶时车子往左或往右拉；直行时需要紧握方向盘；直行时方向盘不正；感觉车身会飘浮或摇摆不定；前轮或后轮单轮磨损；安装新的轮胎后；碰撞事故维修后；换装新的悬挂或转向有关配件后；新车每行驶3 000 km后。

（5）答：子午线轮胎的优点是质量轻，弹性大，减振性好，附着性好，滚动阻力小，承载力大，行驶中胎温低，胎面耐刺穿，使用寿命长。缺点是成本高，胎侧变形大，易产生裂口，侧向稳定性差。

★决策与计划

（1）答：整车一辆，汽车维修通用工具一套，四轮定位仪整套。

（2）~（3）略。

★实施

略。

推荐链接

1. 汽车之家论坛

http://www.autohome.com.cn/? pvareaid = 100514

2. 广州市网上车管所网上预约年审网

http://www.gzjd.gov.cn/vehinspection/html/

3. 汽车维修技术网

http://www.ephua.com/

学习任务 6 前照灯检测

检测宝典

1. 夜间行驶时突然前照灯不亮处理方法

在夜间行驶时,突然前照灯不亮了,只能把汽车停在路边。如果还继续强行驾车行驶,很容易造成交通事故,十分危险。这时,如果左右两侧的前照灯全都不亮,很可能是熔断器烧断了。为此,检查一下相关的熔断器。如果确实是熔断器烧断了,只要换上一个相同容量的熔断器,问题就能立刻解决,十分简单。

如果是一个前照灯不亮,很可能是前照灯的电源线插座接触不好。这时可以走向汽车前方,用手敲一下不亮的前照灯灯罩,如果前照灯能瞬间地亮灯,可以肯定是插座接触不好。这时,只要把前照灯的电源线插座拔下来,再重新插回去,问题就能获得解决。

如果是灯泡的使用寿命到了,例如近光灯的灯泡坏了,这时不得强行驾车。虽然可以行驶,但是会给对面的车辆造成许多麻烦。为了解决这个问题,可以在前照灯的灯罩上部粘贴胶带纸,用胶带纸把灯罩上部遮盖1/3左右。当然,由于行李箱中的货物重量不同,应该把灯罩上部遮盖多少,应该具体情况具体对待。

2. 汽车前照灯的使用技巧

汽车前照灯就像是我们的眼睛一样,要是它们出了问题,就会给我们带来许多不便!它的参数状态的好坏直接影响到夜间行车的安全,必须引起足够的重视。

(1)在使用前照灯时的注意事项

保持前照灯有良好的密封性,以防灰尘和潮气侵入使反射镜生锈。若发现配光玻璃与反射镜之间的衬垫密封不良或配光玻璃破损,应及时更换。

①保持接线良好。各接线、搭铁线应牢固接触,各接线柱不得存在虚接或氧化锈蚀现象,否则将导致前照灯不亮或发光微弱。

②保持装配正确。一般在配光玻璃上有定位装置或标有 L、R 等记号,装复前照灯时应注意配光玻璃的安装位置不得装错、倒置或歪斜,应保持棱面垂直,防止其松动移位。定期检查和调整前照灯光束,以保证前照灯照射距离符合要求,两侧前照灯光束上下一致。另外,当前照灯灯丝损坏时应及时换装相同规格的灯泡。

(2)前照灯出了故障要如何排除

①前照灯不亮,说明故障可能是前照灯电路断路、接线柱松脱、灯丝脱落等原因。应用导线短接法查出断路部位,并予以重接或更换。

②前照灯无近光或无远光。如果前照灯只有远光而无近光,或只有近光而无远光,说明故障可能是前照灯双丝灯泡中某灯丝已被烧断,远、近光电路中存在断路或变光开关损坏等。可用导线短接法逐一检查从变光开关到灯丝的电路,找出故障部位后予以排除。

3. 前照灯常见故障及原因分析

汽车灯具,尤其是最显眼的前照灯,在经过一段时间的使用后,会因为不同的环境和使用状况，产生不同程度的老化，这不仅会影响车辆美观而且严重时会影响车灯的照明度。车灯作为汽车夜间行驶照明的唯一工具，一旦其功能受到削弱，就会直接影响到驾驶人对夜间路况的准确判断，在一定程度上增加了发生交通事故的危险。

(1)汽车前照灯内部出现雾气。

需要注意的是，即使是原装前照灯，有些时候也会有雾气出现。这可能是少量潮湿的空气从散热通道进入到前照灯内部，由于温差原因冷凝在灯罩壁上的原因。此时只需开灯10 min左右，雾气就会消失，属于正常现象。

但经常出现大量水雾甚至水珠，并且不能用开灯的方法消除时，就是灯罩破损，水汽渗透到了大灯内部。

就前照灯整体结构而言，不管是普通卤素前照灯，还是氙气前照灯，或带有LED灯组的前照灯，在后盖位置上都会有一个通气橡胶管。在灯点亮的一瞬间和使用时都会产生大量的热量，通气管的作用就是将这些热量尽可能地排出前照灯以外，来维持它的正常工作温度，确保其使用稳定。

空气中的水分会通过通气管进入前照灯并附着到灯罩上，随着水汽的聚集，颗颗水珠也就顺着灯罩流了下来。而这种情况大多是由较大的温度差异引起的，冬季和雨水多发的季节最容易出现这种现象。

除了天气上的变化，人为因素同样也会使车灯变成"泪眼"一双，比如车辆涉水、洗车等。车辆涉水时，由于发动机及排气系统本身都是比较大的热源，雨水淋在上面会形成大量的水蒸气，顺着通气管，部分水蒸气会进到前照灯内部。

(2)前照灯亮度降低。

无论是前照灯还是后照灯，只要不亮，很可能灯泡已经烧坏，需要进行更换。但如果没有完全坏掉，只是亮度降低，灯光发红、发黄或暗淡，也绝对不能掉以轻心，因为这也是由不同故障造成的。

亮度降低的原因有以下几种。

第一，光源的工作电压偏低。光源的光通亮、发光强度和使用寿命与其工作电压有密切关系。很有可能是蓄电池充电能力下降，而导致亮度不够，这样的话就需要更换新的蓄电池。还有一种可能是线路老化或导线过细，造成电阻增加从而影响供电。

第二，灯具的散光玻璃或反光镜上积有尘垢。这时需要做的仅仅是用绒布或镜头纸将污垢清除干净即可。

第三，光源老化或产品质量差。光源长期使用会逐渐老化，其发光效率与发光强度大大下降，对此应及时更换。由于目前市场上的假冒伪劣产品较多，大部分的光源产品并不是正规厂家生产的，因而质量较差，所以在选购光源产品时，应选用质量较好的品牌。

(3)前照灯光束的照射方向改变。

前照灯是汽车在夜间或在能见度较低的条件下，为司机提供行车道路照明的重要设备，而且也是驾驶员发出警示、进行联络的灯光信号装置，所以前照灯必须有足够的发光强度和正确的照射方向。

在行车过程中，由于汽车长期受到振动可能引起前照灯部件的安装位置发生变动，从而改变光束的正确照射方向。这些变化会使驾驶员对前方道路情况辨认不清，或在与对面来车交会时造成对方驾驶员眩目等，从而导致事故的发生。因此，前照灯的发光强度和光束的照射方向被列为机动车运行安全检测的必检项目。

4. 前照灯养护常识

检查车外灯具灯泡烧坏故障是一项极其迅速而又简单的工作,但是,对车外灯具进行全面系统的维护就并非那么简单了。以下就是给大家介绍的几种养护方法。

(1) 选择符合车型的型号,抵制劣质灯泡。

前照灯的灯泡可以称得上它的"灵魂",其性能的好坏将影响夜间照明的效果,并直接关系到行车安全。因此应该使用高品质的大灯灯泡,才能充分保证安全。另外,劣质灯泡的寿命短,无法保证稳定的质量,亮度不足、聚焦不集中、射程近,在超车时,会让驾驶员产生视错觉,容易发生事故。因此,在自行改装大灯抑或是损坏原因需要更换的时候,也应选择正规品牌产品。

当然,灯泡也并非越贵越好,应当选择适合自己车型的型号,另外氙气灯改装对于照明系统线路有严格要求,不可轻易为之,如果由于改装造成车辆自燃等问题,保险公司不会赔偿!

(2) 前照灯的灯泡也需要定期更换。一般来说每行驶 50 000 km 或者两年左右,大灯灯泡的亮度就会减弱,此时最好到 4S 店进行一下检测,如果确实有亮度不足的情况,那么建议更换灯泡,推荐左右两边同时更换,以免出现两侧亮度不一样的情况。

(3) 灯光亮度减弱还有一种情况,由于环境的影响导致灯罩老化,同样会让大灯亮度减少至 50% 以上。灯罩脏污和老化还会使灯光模糊,使人产生眩晕,因此,老化的灯罩也要及时更换。

注意,高档汽车最好不要随便动手调整大灯。另外,有些车辆的大灯带随动转向功能,也不要轻易尝试自己调节。

实践演练

任务名称	前照灯检测及调整		课时	2	班级	
学生姓名			学生学号		任务成绩	
实训设备	1. 实验用车辆 2. 前照灯检测仪 3. 前照灯调整常用工具		实训场地		日期	
客户任务	客户反应夜间行驶不能看清路					
任务目的	1. 能够进行前照灯检测及评价 2. 能够进行前照灯调整					

资料查询	前照灯国标要求。 (1) 在检验前照灯近光光束照射位置时,前照灯照射在距离_____ m 的屏幕上时,乘用车前照灯近光光束明暗截止线转角或中点的高度应为_____ H (H 为前照灯基准中心高度,下同),机动车(装用一只前照灯的机动车除外)前照灯近光光束水平方向位置向左偏不允许超过_____ mm,向右偏不允许超过_____ mm。 (2) 在检验前照灯远光光束及远光单光束灯照射位置时,前照灯照射在距离_____ m 的屏幕上时,要求在屏幕光束中心离地高度,对乘用车为_____ H;机动车(装用一只前照灯的机动车除外)前照灯远光光束水平位置要求,左灯向左偏不允许超过_____ mm,向右偏不允许超过_____ mm,右灯向左或向右偏均不允许超过_____ mm。 装用远光和近光双光束前照灯以调整近光光束为主。 (3) 前照灯远光光束发光强度最小值(单位:cd)

机动车类型	检查项目及标准					
	新注册车			在用车		
	一灯制	两灯制	四灯制[a]	一灯制	二灯制	四灯制[a]
其他汽车	—	18 000	15 000	—	15 000	12 000

前照灯检测及结果分析	1. 前照灯检测结果正确。 | 左灯	近光	上下		右灯	近光	上下	| |---|---|---|---|---|---|---|---| | | | 左右 | | | | 左右 | | | | 远光 | 上下 | | | 远光 | 上下 | | | | | 左右 | | | | 左右 | | | | | 发光强度 | | | | 发光强度 | | 2. 前照灯评价。 | 左灯	近光	上下		右灯	近光	上下	| |---|---|---|---|---|---|---|---| | | | 左右 | | | | 左右 | | | | 远光 | 上下 | | | 远光 | 上下 | | | | | 左右 | | | | 左右 | | | | | 发光强度 | | | | 发光强度 | |
前照灯检测结论	被测车前照灯_____。
调整后参数		左灯	近光	上下		右灯	近光	上下		 |---|---|---|---|---|---|---|---| | | | 左右 | | | | 左右 | | | | 远光 | 上下 | | | 远光 | 上下 | | | | | 左右 | | | | 左右 | | | | | 发光强度 | | | | 发光强度 | |
前照灯调整后结论	被测车前照灯_____。

模拟试卷

一、填空题

1. 汽车前照灯由_____、_____和配光镜构成,有远、近两种灯光。
2. 汽车前照灯的检验指标有_____和_____。
3. 前照灯的配光特性有_____和_____两种。
4. 根据其测量方法的不同,聚光式前照灯检验仪可以分为_____、_____、_____等三种类型。

二、判断题

1. 前照灯检测不合格有两种情况:一是前照灯发光强度偏低,二是前照灯照射位置偏斜。(　　)
2. 发光强度的计量单位是 lx,可用前照灯监测仪测出。(　　)
3. 检验前照灯远光光束及远光单光束灯照射位置时,在距离屏幕 10 m 处,要求在屏幕上光束中心离地高度,对乘用车为 $0.9H \sim 0.95H$,其他机动车为 $0.8H \sim 0.90H$。(　　)

三、选择题

1. 汽车前照灯检测时,被测车辆需要做清除前照灯上的污垢、汽车蓄电池应处于充足电状态、(　　)等准备。
   A. 轮胎气压应符合规定　　　　　　　　B. LED 灯应该更换
   C. 轮胎尺寸符合规定　　　　　　　　　D. 车辆应该处于满载
2. 《机动车运行安全技术条件》(GB 7258—2012)规定,对于车速大于 70 km/h 装有两只前照灯的新注册机动车每只前照灯的远光光束发光强度应达到(　　)要求。
   A. 18 000 cd　　　B. 12 000 cd　　　C. 15 000 cd　　　D. 8 000 cd
3. 检验前照灯远光光束及远光单光束灯照射位置时,要求在屏幕上光束中心离地高度,对乘用车为(　　)。
   A. $0.8H \sim 0.95H$　　B. $0.9H \sim 1.0H$　　C. $0.85H \sim 0.95H$　　D. $0.95H \sim 1.0H$
4. 检验前照灯近光光束及远光单光束灯照射位置时,机动车前照灯远光光束水平位置要求:左灯向左偏移不允许超过(　　),向右偏移不允许超过(　　)。
   A. 170 mm、100 mm　　　　　　　　　B. 170 mm、170 mm
   C. 170 mm、250 mm　　　　　　　　　D. 170 mm、350 mm
5. 检验前照灯远光光束及远光单光束灯照射位置时,机动车前照灯远光光束水平位置要求,右灯向左或向右偏均不允许超过(　　)。
   A. 170 mm　　　B. 100 mm　　　C. 250 mm　　　D. 350 mm
6. (　　)都会使驾驶员对前方道路情况辨认不清,或在与对面来车交会时造成对方驾驶员眩目等,从而导致事故的发生。
   A. 发光强度变强　　　　　　　　　　　B. 发光强度变弱,照射方向变化
   C. 照射方向变化　　　　　　　　　　　D. 发光强度变弱
7. 机动车每只前照灯的远光光束发光强度对于最高设计车速小于 70 km/h 的二灯制的在用车应达到(　　)。
   A. 6 000 cd　　　B. 15 000 cd　　　C. 8 000 cd　　　D. 12 000 cd

四、问答题

1. 前照灯检测的目的?
2. 对前照灯灯光的检测有哪些要求?四灯制与两灯制的要求有什么不同?
3. 前照灯的光学特性有哪些?
4. 比较屏幕法检测和检测仪检测的特点?说明为什么在自动安检线上应使用检测仪?
5. 前照灯检测仪有哪几种类型?

任务解析

资料查询

1. 前照灯检测步骤

(1) 前照灯检测仪的准备。

① 在不受光的情况下,调整光度计和光轴偏斜量指示计是否对准机械零点。若指针失准,可用零点调整螺钉调整。

② 检查聚光透镜和反射镜的镜面上有无污物。若有,可用柔软的布料或镜头纸擦拭干净。

③ 检查水准器的技术状况。若水准器无气泡,应进行修理或更换。若气泡不在红线框内时,可用水准器调节或用垫片进行调整。

④ 检查导轨是否沾有泥土等杂物。若有,应扫除干净。

(2) 被检车辆的准备。

清除前照灯上的污垢。轮胎气压应符合汽车制造厂的规定。前照灯开关和变光器应处于良好状态。汽车蓄电池和充电系统应处于良好状态。

(3) 仪器的检测距离为1 m,应确认被检前照灯至仪器光接收箱正面的距离符合要求。

(4) 自检过程。

仪器接通电源后,"远光"指示灯绿灯闪烁,仪器自动进入"自检"程序。当仪器各部件工作正常时,5 s后,仪器的显示表显示为"000",所有指示灯熄灭。

(5) 手动检测过程。

① 控制盒控制手动检测。

a. 扳动控制盒的"上、下"开关,可使仪器的光接收箱在垂直方向上下移动。

b. 扳动控制盒的"左、右"开关,可使仪器在水平方向左右移动。

c. 当按下"远光"或"近光"按钮,仪器开始寻找光照区。当仪器进入被检前照灯的光照区时,进入自动检测状态,自动对准被检前照灯的远光灯或近光灯,自动进行测量,各显示表显示测量结果。

② 液晶屏控制手动检测。

在待机状态下,按液晶显示面板 上"上升""下降"键,将光标移动到相应的检测项目上。

a. "自动检测"选项,进行两灯制左灯远近光和右灯远近光检测。

b. "单测左灯"选项,进行两灯制左灯远、近光检测。

c. "单测右灯"选项,进行两灯制右灯远、近光检测。

(6) 自动检测过程。

①启动前,仪器必须处于导轨的左端或是右端。

②自动检测程序启动后,仪器按下述步骤自动进行检测(以左停原始位、两灯制为例)。

a. 仪器从原始位置右行寻找光照区。

b. 在仪器行走的过程中,光电扫描阵列不断进行扫描。当扫描到光照区时,仪器停止水平方向运动,并根据光电扫描阵列的光照区高度,控制光接收箱进入光照区。

c. 当光接收箱进入左灯光照区后,仪器自动转入自动跟踪状态,对被检前照灯进行检测。

d. 检测过程仪器通过"远光"、"近光"指示灯提示用户在检测远光时把前照灯切换到远光,检测近光时切换到近光。检测完成后,各表头显示检测数据。

e. 完成左灯检测后,仪器自动向右行驶寻找右灯光照区。

f. 在仪器行走的过程中,光电扫描阵列不断进行扫描。当扫描到光区时,仪器停止水平方向运动,并根据光电扫描阵列的光照区高度,控制光接收箱进入光照区。

g. 当光接收箱进入右灯光照区后,仪器自动转入自动跟踪状态,对被检前照灯进行检测。

h. 检测过程仪器通过"远光"、"近光"指示灯提示用户在检测远光时把前照灯切换到远光,检测近光时切换到近光。检测完成后,各表头显示检测数据。

i. 仪器自动返回至原始位置,并回复到"待命"状态。

2. 前照灯国标要求

(1) 10   0.7~0.9   170   50

(2) 10   0.85~0.95   170   350   350

(3)   cd

机动车类型	检查项目及标准					
	新注册车			在用车		
	一灯制	两灯制	四灯制[a]	一灯制	二灯制	四灯制[a]
其他汽车	—	18 000	15 000	—	15 000	12 000

前照灯检测及结果分析略。

前照灯检测结论略。

前照灯调整及检测仪维护

1. 前照灯调整步骤

(1) 用控制盒控制检测仪进行左前照灯照射位置检测,对不合格车辆进行前照灯调整。

①根据具体车型的调整方法进行前照灯上下调整;

②复检合格结束;

③进行前照灯左右位置调整;

④复检合格结束;

⑤综合复检左前照灯位置合格结束。

(2) 用控制盒控制检测仪进行左前照灯照射位置检测,不合格车辆进行前照灯调整(调整方法同左灯)。

2. 前照灯调整注意事项

(1) 前照灯检测使用应按操作规程进行,最好参照所使用检测仪使用说明书。

(2)前照灯光束照射位置调整应参照被检测车型维修手册进行。

3.前照灯检测仪维护内容

前照灯检测仪应制定良好的维护制度和建立维修档案。建议每个月对仪器校准或标定一次,以提高维修水平。下面以全自动前照灯检测仪为例,进行简单说明。

(1)导轨应每日清洗,其运行表面不得有砂粒、油泥及其他阻碍仪器运行的异物。

(2)前立柱应每日清洁,防止灰尘积聚。每日工作前,应为其加上适量的20号机油,以保证润滑良好。

(3)受光面正面的玻璃镜应经常用软布擦拭,不应有灰尘、油雾等阻碍光线透射的异物存在。

(4)后立柱每周至少清洁一次,并加上适量的20号机油,以保证润滑良好。

(5)传动链条每日清洁一次(可用棉布浸润汽油抹洗),并加上适量的20号机油或钙基润滑脂。

(6)传动轴承应每月加钙基润滑脂一次。

前照灯调整后参数略。

前照灯调整后结论略。

推荐链接

1. 汽车维修保养网

http://www.qqqooo.com/

2. 汽车维护技术论坛

http://bbs.ephua.com/

学习任务7 汽车排放与噪声检测

检测宝典

一、点燃式发动机使用 NHA-500 废气分析仪的测量

1. 点燃式发动机排放超标的原因
(1) 燃油品质不达标。
(2) 发动机活塞、活塞环和气缸壁之间密封不严。
(3) 配汽机构技术性能下降。
(4) 传感器检测数据失真。
(5) 发动机管理系统指令错误。

2. NHA-500 废气分析仪的操作使用方法
(1) 做好相应的准备工作,包括安全防护。打开分析仪电源,进行预热,时间不少于 30 min。
(2) 泄漏检查及自动调零,分析仪进入检测主菜单。
(3) 气体分析仪的校准
①标准气样的选择量距校准使用两种标准气体:一种是三组分,一种是单组分。其含量分别介绍如下:
a. 三组分气体。
CO:约 3.5% vol(体积分数)。
C_3H_8(丙烷):约 $2\ 000 \times 10^{-6}$(0.2% vol)。
CO_2:约 14% vol。
N_2(氮气):剩余值。
b. 单组分气体。
NO:约 $1\ 000 \times 10^{-6}$(0.1% vol)。
N_2(氮气):剩余值。
②进入校准子菜单,按提示分别进行校准 HC、CO 和 CO_2 通道的量距校准、O_2 通道的校准、NO 通道的校准、环境温度的校准以及油温的校准。
(4) 气体分析仪的相关设置,在主菜单下按 S 键,使光标移到"测量"选项上,再按下 K 键。气体分析仪将根据先前所设置的测量方式,进入相应的子菜单。
①"通用测量"子菜单的上部是子菜单的名称和操作提示区,中部是 HC、CO、CO_2、O_2、NO、n(转速)、λ(过量空气系数)和 T(润滑油温度)的即时测量值,下部是提示区和两个选项。右下角有一个指示当前流量的标尺,3 格到 5 格表示流量正常,1 格或无格则表示流量不足,如果气路阻塞,在流量标尺下方"流量"二字将出现闪烁,应及时排除阻塞。
②"怠速标准测量"子菜单的上部是子菜单的名称,中部是 HC、CO、CO_2、O_2、NO、n(转速)、λ(过量空气系数)和 T(润滑油温度)的即时测量值,下部是提示区,右下角也有流量标尺和"流量"二字。

3. 测量过程

(1)通用测量。

①插入取样探头,深度为 400 mm。显示屏将显示出发动机排气中的 HC、CO、CO_2、O_2 和 NO 的即时值以及 λ 值。

②如果要测量发动机转速和润滑油油温,当测量有分缸高压线的发动机时,将转速测量钳夹在发动机第一缸的火花塞高压线外,注意钳口背面的箭头应指向火花塞。

③如果测量润滑油油温,油温测量探头由发动机油量标尺孔插入曲轴箱,直到触及润滑油为止,显示屏上将显示发动机润滑油油温。

④如果要打印测量结果,可按下 S 键,使光标移到"打印"项上,再按下 K 键,打印机将打印按下 K 键时的数值,同时光标将自动回到"停止"项上。

⑤如果终止"通用测量"方式,退出该子菜单,可按下 S 键,使光标移到"停止"项上,再按一下 K 键,显示屏将返回主菜单。

(2)怠速标准测量。

①准备工作,此项工作与"通用测量"准备工作一样。

②HC 残留物检查及发动机预热。

a. 进入"怠速标准测量"子菜单后,首先对气体分析仪 HC 残留物检查。显示屏上有提示,根据提示进行操作。

b. 当显示屏上子菜单的名称变换为提示"额定转速:5 000▲▼修改,K 确认"。应按下"▲"键或"▼"键,将该提示中的额定转速值设定为被测车辆发动机的额定转速标称值(精确到 100 r/min),然后按 K 键确认。

c. 按下 K 键进入发动机预热阶段,显示屏上部显示"请加速到 3 500 r/min"。看见此提示后立即使发动机加速,直到屏上显示转速为 3 500 r/min 为止。

d. 当转速达到 3 500 r/min 时,显示屏上部将显示"请保持 3 500 r/min",下部则以倒计时方式显示:"××秒"(共 60 s),这时应将 3 500 r/min 保持到倒计时结束。倒计时结束发动机预热完成,将进入排放测量。

③怠速下的排放测量。

a. 预热结束显示屏提示"请减速至怠速",此时应该松开加速踏板,使发动机减速达到 1 100 r/min,显示屏上显示"请保持怠速",下部显示"请插入取样探头"。

b. 取样注意提示区的提示,取样倒计时结束,怠速工况下的测量完毕。

④读取测量数据及结束本次测量。

其操作过程与"通用测量"基本一样。

(3)双怠速测量。

①准备工作与其他测量基本一样。

②HC 残留物检查及发动机预热同其他测量相同。

③检测高怠速下的排放。

a. 发动机预热 60 s 倒计时结束时,显示屏上部将出现提示:"请减速到 2 500 r/min"。见此提示应将发动机减速至要求值,当显示屏上部提示"请保持 500 r/min"下部显示:"请插入取样探头"时,应将转速保持在(2 500±50) r/min 的范围。与此同时,将取样探头插入排气管中。

b. 插入取样探头后上部仍然显示"请保持 2 500 r/min",而下部的提示改变为"正在取样××秒"(倒计时共 45 s,前 15 s 为预备阶段,后 30 s 为实际取样阶段)。

④检测怠速下的排放。

显示屏显示"请减速至怠速××"的提示时,应将发动机减速。当转速下降至

1 100 r/min以下时,显示屏上部的提示会改变为"请保持怠速",下部显示"正在取样××秒"(倒计时共45 s)。

⑤读取测量数据。

⑥结束测量。

(4)检测结束,检测工作全部结束,在关断电源前,应将分析仪设置为"通用测量"方式,并进入该子菜单,处于测量状态下10 min左右。同时将取样探头放置在洁净空气中,让洁净空气进入仪器,吹净管道内的残留的排放气体。

二、MQY-200不透光烟度计的使用

1. 不透光烟度计的链接

(1)用仪器配备的专用不锈钢螺钉将支架安装在下位机测量单元上。

(2)连接采样枪前端探头与寻管,另一端导管套在下位机排烟入口,并且拧紧导管卡箍上的螺钉,防止结合部位漏气。

(3)将上下位机通信电缆线,按照仪器后面的标志连接下位机及上位机的测量信号接口,以保证通信正常。

(4)若需要测转速,则连接转速传感器;需要测油温,则连接油温探头。

(5)把电源线插入上位机的"电源插座"上。并注意检查仪表器接地是否良好,供仪器使用的电源插座应有可靠的保护地线,以保证操作人员和仪表的安全。

2. 预热

(1)确保仪器连接正常后,确认电源插座的插头连接到AC 220 V电源,接通电源插座开关,仪器正常运行。正常工作时,显示部分应显示预热界面;若显示通信失败,则检查通信电缆是否接好。

(2)预热时间为15 min。预热倒计时结束后,仪表将自动进行校准,并进入"主菜单"界面。

3. 实时测试

(1)仪器自动进入主菜单界面后,此时"实时测试"处于菜单显示状态,按确定键确认后仪器进入实时测试界面(图1)。

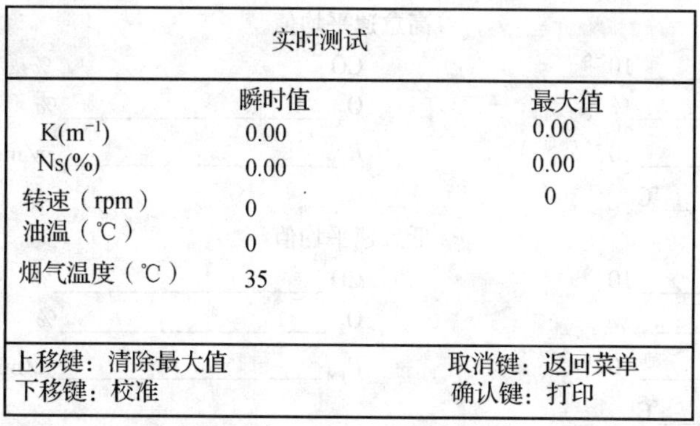

实时测试		
	瞬时值	最大值
K(m^{-1})	0.00	0.00
Ns(%)	0.00	0.00
转速(rpm)	0	0
油温(℃)	0	
烟气温度(℃)	35	
上移键:清除最大值		取消键:返回菜单
下移键:校准		确认键:打印

图1 实时测试界面

(2)被测车辆在进行测试前需预热一段时间,如车辆正在行驶,不必预热。

(3)如需要测量转速,则连接转速传感器;如需要测量润滑油油温,则连接油温测试探头。

(4)在测量每一辆汽车前,应先按向下键,使仪器自动校准一次。校准时需将仪器的下位机及取样探头放于清洁的空气环境下以便仪器校准准确。否则测量结果可能完全失准。

（5）校准完毕将下位机放于汽车排气管附近，不得放置于废气扩散的方向上。

（6）取样管插入之前，要连续踩踏加速踏板 2~3 次使发动机排气管内的烟气全部排出，以便测量准确。

（7）启动车辆进行瞬时值测量。

（8）长按取消键可退出此界面，返回主菜单。

实践演练

演练项目：用五气体分析仪对点燃式发动机进行废气检测

班　级		小组成员	
检测任务		被检车型	
检测工作过程			

1. 准备工作

（1）配件组装与检查（填写主要操作过程）

（2）仪器预热

（3）仪器泄漏检查

（4）调零

（5）校准

（6）设置

2. 通用测量

HC ＿＿＿＿＿＿＿＿　　　　　单位 ＿＿＿＿＿＿＿＿

CO ＿＿＿＿＿＿＿＿　　　　　单位 ＿＿＿＿＿＿＿＿

CO_2 ＿＿＿＿＿＿＿＿　　　　单位 ＿＿＿＿＿＿＿＿

O_2 ＿＿＿＿＿＿＿＿　　　　　单位 ＿＿＿＿＿＿＿＿

NO ＿＿＿＿＿＿＿＿　　　　　单位 ＿＿＿＿＿＿＿＿

3. 双怠速测量

高怠速平均值

HC ＿＿＿＿＿＿ 10^{-6}　　　　　CO ＿＿＿＿＿＿ %

CO_2 ＿＿＿＿＿＿ %　　　　　　O_2 ＿＿＿＿＿＿ %

NO ＿＿＿＿＿＿ 10^{-6}　　　　　R_{PM} ＿＿＿＿＿＿ r/min

T ＿＿＿＿＿＿ ℃

低怠速平均值

HC ＿＿＿＿＿＿ 10^{-6}　　　　　CO ＿＿＿＿＿＿ %

CO_2 ＿＿＿＿＿＿ %　　　　　　O_2 ＿＿＿＿＿＿ %

NO ＿＿＿＿＿＿ 10^{-6}　　　　　R_{PM} ＿＿＿＿＿＿ r/min

T ＿＿＿＿＿＿ ℃

4. 查阅国家相关标准，列出被检测汽车发动机测得数据与国家标准。

＿＿

5. 测量工作结束，清理场地，养护设备。

6. 工作小结（重点总结检测过程）。

＿＿

＿＿

模拟试卷

一、填空题

1. 汽车排放污染物主要有_____、_____、_____、铅化物、微粒物和_____等。
2. 汽车排放中的 NO_x 主要包括_____和_____。汽油机排出的氮氧化物_____占99%,而柴油机排出的氮氧化物中_____比例稍大。
3. _____与_____的混合物在紫外线作用下进行光化学反应,可产生_____。
4. 汽车噪声主要包括_____、_____、_____以及车身扰动空气所发出的响声。

二、判断题

1. 五气体分析仪测得气体单位均为 10^{-6}。(　　)
2. 红外线的波长为 0.8~600 μm。(　　)
3. 车辆尾气测量取样探头插入深度 500 mm。(　　)
4. 当噪声达到 60 dB 时会影响睡眠。(　　)
5. 1 宋(Sone)是声压级为 40 dB、频率为 1 000 Hz 纯音所产生的响度。(　　)

三、选择题

1. 汽车排放检测仪器校准一般使用(　　)校准一次。
   A. 3~6 个月　　　B. 1 年　　　C. 6 个月以上　　　D. 每个月
2. 量距校准使用两种标准气样,三组分标准气样是(　　)。
   A. CO、C_3H_8、CO_2、N_2　　　B. O_2、H_2、CO
   C. CO、CO_2、NO　　　D. H_2O、CO、CH
3. 新生产汽车排放污染物限值,2005 年 7 月 1 日起新生产的重型汽车高怠速 CO(　　)。
   A. 0.7%　　　B. 0.9%　　　C. 0.5%　　　D. 1.0%
4. 滤纸式烟度计校准一般(　　)校准一次。
   A. 每天使用前　　　B. 每次使用前
   C. 每月使用前　　　D. 每台车检测前
5. 用不透光烟度计对柴油车尾气进行烟度检测(　　)。
   A. 仪器预热完毕,进行线性校正　　　B. 仪器预热完毕,进行检测
   C. 仪器预热完毕,进行采样　　　D. 仪器预热完毕,进行加速
6. 不透光烟度计不能测量(　　)。
   A. 白烟　　　B. 蓝烟　　　C. 黑烟　　　D. 排烟总量
7. 汽车加速行驶车外噪声测量背景噪声至少应比被测汽车噪声低(　　)。
   A. 10 dB　　　B. 20 dB　　　C. 30 dB　　　D. 15 dB
8. 汽车定置噪声限值重型货车 $P>147$ kW,1998 年 1 月 1 日后出厂的车辆为(　　)。
   A. 99 dB　　　B. 101 dB　　　C. 105 dB　　　D. 103 dB

四、问答题

1. 汽车排放污染物有哪些?
2. 汽车噪声主要来源是哪里?

3. 汽车用汽油机排放 NO 超标可能是什么故障？
4. 发动机出现噪声怎样判断？
5. 汽车行驶系统异响可能发生在哪些部位？

任务解析

任务工单

★资讯

(1) HC CO CO_2 O_2 NO

(2) 双急速工况法和稳态工况法。

(3) 声级计 1%～2%

(4) CO CO_2 HC NO_x SO_2

(5) NO NO_2 NO NO_2

(6) 大相对分子质量有机物　碳烟

(7) 发动机噪声　传动系噪声，轮胎与地面摩擦噪声

★决策与计划

略。

★实施

1. 检测前的准备略。

通用测量　即时排放量。

急速排放测量　转速。

双急速排放测量　排放。

检测前的准备（5）80 ℃（7）排除（8）喷油管（9）300

自由加速测量 1。

4. (1) 车内噪声检测　混凝土 3 10

(2) 略。

推荐链接

1. 汽车之家论坛

http://www.autohome.com.cn/？pvareaid=100514

2. 上海大众汽车维修服务交流群

http://group.worlduc.com/GroupShow/Home.aspx？gid=44682

3. 汽车专业资料检索讨论交流区

http://group.worlduc.com/GroupShow/Home.aspx？gid=23115